D1725200

Günther Geyer

Das Beratungs- und Verkaufsgespräch in Banken

Günther Geyer

Das Beratungs- und Verkaufsgespräch in Banken

Mehr Erfolg durch aktiven Verkauf

7., überarbeitete und aktualisierte Auflage

GABLER

Bibliografische Information Der Deutschen Bibliothek
Die Deutsche Bibliothek verzeichnet diese Publikation in der Deutschen
Nationalbibliografie; detaillierte bibliografische Daten sind im Internet über
<http://dnd.ddb.de> abrufbar.

1. Auflage 1983
2. Auflage 1985
3. Auflage 1986
4. Auflage 1989
5. Auflage 1993
6. Auflage 1998
7. Auflage März 2003

Alle Rechte vorbehalten
© Betriebswirtschaftlicher Verlag Dr. Th. Gabler GmbH, Wiesbaden 2003

Lektorat: Susanne Kramer

Der Gabler Verlag ist ein Unternehmen der Fachverlagsgruppe BertelsmannSpringer.
www.gabler.de

Das Werk einschließlich aller seiner Teile ist urheberrechtlich geschützt. Jede Verwertung außerhalb der engen Grenzen des Urhe-
berrechtsgesetzes ist ohne Zustimmung des Verlags unzulässig
und strafbar. Das gilt insbesondere für Vervielfältigungen, Übersetzungen, Mikroverfilmungen und der Einspeicherung und Verarbeitung in elektronischen Systemen.

Die Wiedergabe von Gebrauchsnamen, Handelsnamen, Warenbezeichnungen usw. in
diesem Werk berechtigt auch ohne besondere Kennzeichnung nicht zu der Annahme, dass
solche Namen in Sinne der Warenzeichen- und Markenschutz-Gesetzgebung als frei zu
betrachten wären und daher von jedermann benutzt werden dürften.

Umschlagsgestaltung: Nina Faber de.sign, Wiesbaden
Satz: Satzwerk · Gestaltung und DTP, Dreieich
Druck und buchbinderische Verarbeitung: Wilhelm & Adam, Heusenstamm
Gedruckt auf säurefreiem und chlorfrei gebleichtem Papier
Printed in Germany
ISBN 3-409-79638-X

Zu diesem Buch

Dieses Buch bietet Ihnen ein breites Sortiment bewährter und neuer Werkzeuge, um Ihren Beratungs- und Verkaufserfolg als Bank- oder Sparkassenmitarbeiter zu erhöhen.

Denken Sie an andere Werkzeuge. – Werkzeuge werden erst dann wirklich wertvoll, wenn Sie verwendet werden und ihren Zweck erfüllen. Wie die meisten anderen Werkzeuge können Sie die hier angebotenen Kommunikationswerkzeuge geschickt oder weniger geschickt benutzen. Sie können sie auch ungenutzt verwahren oder gar vergessen. Sie können sie missbräuchlich anwenden, wie der Einbrecher das Brecheisen.

Ich bin überzeugt, dass Sie als Anwalt Ihrer Kunden und Ihres Instituts Ihren persönlichen Werkzeugkasten mit diesem Buch überprüfen, sorgfältig ordnen und ergänzen können. Nehmen Sie sich dazu Zeit, gönnen Sie sich kleinere Abschnitte dieses Buches, wählen Sie die für Sie wichtigen Teile aus, überprüfen Sie die einzelnen Ausführungen und testen Sie Anregungen, Formulierungen, Verhaltensweisen.

Dieses Buch ist nicht in wenigen Wochen entstanden. Es ist seit 1983 mit jeder Auflage gewachsen und enthält meine Erfahrungen mit vielen Verkäufern und Vertriebsmanagern aus dem Kreditgewerbe. Ich danke vor allem meinen Teilnehmern an den Führungs-, Verkaufs- und Mitarbeitertrainings bei rund 200 Kreditinstituten im gesamten deutschsprachigen Raum. Sie haben durch ihre Anregungen, Fragen und Diskussionen das vorliegende Buch erst ermöglicht.

Die 7. Auflage ist komplett überarbeitet und aktualisiert. Entwicklungen, wie der wachsende Wettbewerb, neuere Vertriebsformen und die Einführung des Euro sind dabei berücksichtigt. Das Kapitel 6 enthält jetzt zusätzlich die Formen des aktiven Verkaufs bis zur Neukundengewinnung.

Sie, liebe Leserin und lieber Leser, bitte ich um Ihre Meinung zu diesem Buch. Schreiben Sie an den Verlag oder an mich persönlich (E-Mail: info@geyer-training.de). Ich freue mich über jede Reaktion.

Viel Freude bei der Lektüre des Buches und viel Erfolg bei der Umsetzung der Inhalte.

Bensheim, Februar 2003   GÜNTHER GEYER

Inhaltsverzeichnis

Kapitel 1

Der aktuelle Bankmarkt

In Kapitel 1 geht es vor allem um:

- Den Wandel im Bankgewerbe der Bundesrepublik Deutschland
- Die aktuelle Wettbewerbssituation im Bankwesen
- Die Veränderungen bei Kunden von Banken und Sparkassen
- Die steigenden Anforderungen an Mitarbeiter von Kreditinstituten

1. Der aktuelle Bankmarkt

Die Kreditinstitute in der Bundesrepublik Deutschland stehen heute in einer scharfen Wettbewerbssituation. Dennoch spüren Sie als Bank- oder Sparkassenangestellter noch Relikte aus einer „guten, alten Bankerzeit". Kreditinstitute werden weniger als Marktgesetzen unterworfenen Dienstleistungsunternehmen gesehen, sondern häufig als Behörde, Amt oder Staatliche Verwaltung. Die Bezeichnung „Bankbeamter" und „Schalterbeamter" für einen Mitarbeiter eines Kreditinstituts sind breiten Kundengruppen bekannt und werden immer noch verwendet.

Vor wenigen Jahrzehnten waren diese Bezeichnungen voll berechtigt. Die Banken befanden sich am Rande der Marktorientierung. Sie wurden als besondere Wirtschaftseinheiten angesehen, als Steuerungszentren für den Zahlungsverkehr, die Einlagensammlung und die Kreditvergabe. Die bankbetriebliche Unternehmensführung war ausschließlich produktorientiert. Im Mittelpunkt aller Tätigkeiten stand die Erstellung der Bankleistungen. Die verschiedenen Institutsgruppen und Institute hatten ihren festen und gesicherten Kundenkreis.

Inzwischen hat sich ein stetiger Wandel vom produktbestimmten zum absatzorientierten Denken vollzogen. Ursachen waren das Wachstum der Wirtschaft, das Anwachsen der Einkommen breiter Bevölkerungskreise und die Liberalisierung der Kreditwirtschaft.

Aus einem reinen „Verkäufermarkt" ist inzwischen ein „Käufermarkt" geworden. Dieser aktuelle Markt stellt eine Rahmenbedingung für den erfolgreichen Verkauf von Bankleistungen dar.

Das Umdenken im Kreditgewerbe hat sich erst langsam und dann mit schnell wachsendem Tempo in mehreren Stufen vollzogen: Ausgangspunkt war die traditionelle Zuordnung von Kunden und Kundengruppen zu Instituten und Institutsgruppen. In der ersten Stufe zum Käufermarkt wurde das industrielle Marketing auf den Bankbereich übernommen. Der Verbraucher wurde sehr intensiv umworben, um ihn als Kunden zu gewinnen. In dieser Stufe entstand das Privatkundengeschäft vieler Kreditinstitute.

Die zweite Stufe war durch Expansionsstrategien vieler Bankhäuser gekennzeichnet. Das industriell geprägte Absatzinstrumentarium wurde für das Kreditgewerbe professionalisiert und verfeinert. Wichtigste Ziele waren hohe Zuwachsraten bei Kundenzahlen und Geschäftsvolumen sowie die Erhöhung der Marktanteile. Diese Ziele wurden über eine Ausweitung der Geschäftsstellen, die Schaffung neuer Leistungen für die angestammten und neu gewonnenen Kunden und marktorientierte Organisationsformen in den einzelnen Instituten erreicht.

Heute stehen wir in der dritten Stufe dieses Entwicklungsprozesses. Der aktuelle Bankmarkt wird geprägt durch:

1. Hohe Marktdurchdringung und zunehmenden Wettbewerb,
2. zunehmende Informationen der Kunden,
3. zunehmendes Ertragsdenken bei Banken,
4. größere und neue Risiken,
5. steigende Zahl von Bankleistungen,
6. abnehmende Profilierungsmöglichkeiten,
7. geringere Kundenbindung,
8. neue Vertriebswege und -formen.

1.1 Hohe Marktdurchdringung und zunehmender Wettbewerb

Die Bankenlandschaft in der Bundesrepublik Deutschland ist (noch) durch ein dichtes Geschäftsstellennetz gekennzeichnet. Statistisch gesehen kommt auf gut tausend Einwohner eine Geschäftsstelle eines Kreditinstituts. Diese hohe Marktdurchdringung wird ergänzt durch mobile Zweigstellen mit einer großen Zahl von Haltepunkten, die Poststellen mit steigenden Bankleistungsangeboten und Bankinstitute, die über den Brief-, Telefon- oder Online-Weg ihre Leistungen den Kunden anbieten sowie eine Vielzahl von Vertriebsstellen banknaher Anbieter wie Makler oder andere Finanzdienstleister. Im internationalen Vergleich liegt die Geschäftsstellendichte in Relation zur Bevölkerungszahl weit vorne.

Die Anzahl der Geschäftsstellen von Kreditinstituten hat 1997 in Deutschland mit fast 67.000 ihren Höhepunkt erreicht. Neben dem Rückgang von selbstständigen Instituten durch Fusionen wurden dann in nur fünf Jahren weit über 10.000 Geschäftsstellen geschlossen. Diesem Konzentrationsprozess folgt inzwischen zeitversetzt ein jährlicher Rückgang der Mitarbeiterzahlen.

Der Strukturwandel im Bankgeschäft wird auch bei den Kontoverbindungen deutlich. Fast die gesamte Bevölkerung über 14 Jahren besitzt mindestens eine Kontoverbindung bei einem Kreditinstitut. Wachstum durch Geschäftskontakte mit neuen Kundengruppen, die bisher keine Kontoverbindung bei einer Bank unterhalten, ist heute nur noch sehr eingeschränkt realisierbar. Wachstum, im Sinne der Neukundengewinnung, ist in Randbereichen der Bankenlandschaft möglich:

- Jugendmarkt,
- Markt der Wohnsitzwechselnden,
- Ausländermarkt,
- Markt der Zweit- oder Folgeverbindung mit privaten Kunden und Firmenkunden,
- Existenzgründungsmarkt usw.

Der Wettbewerb zwischen den Institutsgruppen und den einzelnen Kreditinstituten konzentriert sich schwerpunktmäßig auf die ertragsstarken Kundenschichten. Die Wunschzielgruppen decken sich bei den meisten Instituten: Firmenkunden, Freiberufler und vermögende Privatkunden. Besonders aktuell ist das Marktsegment der Senioren. Hier sind sehr schnelle Erträge erzielbar, es drohen aber auch große Verluste durch Abgänge nach Erbschaften.

Die Kreditinstitute reagieren durch geänderte Vertriebskonzeptionen auf den Wettbewerbsdruck. Kundensegmentierung, Kundenbetreuungskonzept, Qualitätssteigerungsoffensiven und ähnliche Begriffe sind die Schlagworte der Zeit. Der Begriff (aktives) Verkaufen ersetzt immer mehr den reaktiven Begriff Beraten.

1.2 Zunehmende Informationen der Kunden

Der Bankkunde wird immer mündiger. Hatte in der Vergangenheit fast nur der Geschäftskunde Finanz-Know-how, so sind heute immer breitere Kundenschichten über Bankgepflogenheiten, Bankangebote und Konditionen gut informiert. Allerdings: Die Informationsfülle verwirrt auch die Bankkunden. Denken Sie an Stichwörter wie „Euro-Kredit", „Electronic Banking" oder „Zero-Bonds" in den Äußerungen von einfachen Privatkunden. Es soll häufiger vorkommen!

Die Informationen der Medien für breite Kundenkreise der Kreditinstitute stellen nicht nur Hilfen dar. Sie verunsichern den überforderten Bankkunden, häufig erschweren sie die Beratung und Betreuung durch den Bankmitarbeiter.

Die Entwicklungen an den internationalen Börsen, die Börseneinführung großer Publikumsaktien wie Telekom und Lufthansa sowie die Kurskapriolen am Neuen Markt haben zusätzliche und vor allem unerfahrene Wertpapierkunden gebracht. Die Gratwanderung zwischen sorgfältigem Beraten und Verkaufen sowie der Beraterhaftung wird für Bank- und Sparkassenmitarbeiter gefährlicher.

Jeder Banker kennt die Situation: Ein Kunde lässt sich beraten und zeigt dem Berater seine Kenntnisse aus den Tages-, Wirtschafts- oder Unterhaltungsmedien. Er wurde aufgefordert – z. B. durch die „beratende" Presse – über den Kaufkurs des Pfandbriefs zu verhandeln. Richtig, das ist mit Erfolg möglich: Bei größeren Beträgen, nicht aber bei einem Anlagebetrag von nur 2.000 €!

Oder: Der Kunde möchte über die Buchungsgebühr bei seinem laufenden Konto verhandeln – nach dem Ratschlag des „öffentlichen" Ratgebers. Auch die Buchungsgebühr kann Gegenstand einer Verhandlung sein, selbstverständlich, doch nicht im standardisierten Privatkundengeschäft.

Oder: Der Kunde kennt eine „aktuelle" Kondition aus der monatlichen Wirtschaftspresse. Die Kondition stimmt – besser: Sie hat vor wenigen Tagen noch gestimmt. Heute ist sie nicht mehr darstellbar, der Markt ist bereits verlaufen. Die veraltete, vorteilhafte Information in der Publikation wird weiter verbreitet und gelesen.

Diese Beispiele lassen sich beliebig fortsetzen. Sie kennen diese Situationen aus Ihrer Beratungs- und Verkaufstätigkeit zur Genüge. Dies sind neue und zusätzliche Anforderungen, die „informierte" Kunden an ihren Bankberater stellen.

Das Informationsinteresse steigt mit der bisherigen Nutzung von Bankleistungen und der Anzahl von Bankverbindungen. Kennt der Kunde den Bankmarkt, die Gepflogenheiten im Kreditwesen und hat er „gute" Informationen, kann es in vielen Verkaufsgesprächen förderlich sein. Die „Fronten" klären sich schnell; manchmal zu Gunsten der Bank und manchmal zu Gunsten des Kunden.

Der Konditionen-Poker! Auch das gehört zum Themenkreis Information des Bankkunden. – Ich sehe schon die Reaktionen von Bankmitarbeitern auf die telefonischen Abfragen von Konditionen, auf kopierte Rundbriefe von Kunden an acht oder zehn Institute mit der Bitte um Konditionenabgabe, auf die „Mond"-Konditionen im Gespräch mit einem neuen Kunden, auf eine tatsächlich „belegte" Bombenkondition eines wichtigen Geschäftskunden usw.

Mit den umfasenderen Informationen sind viele Bankkunden sensibler für die Leistungen von Kreditinstituten geworden, neben der Konditionengestaltung auch für Überweisungslaufzeiten, Wertstellungspraktiken und andere Verfahrensweisen. Die Öffentlichkeit wird künftig noch mehr die Kreditwirtschaft beobachten. Bankgeschäfte und -angebote werden immer mehr zu einem öffentlichen Thema. Neben den Medien gewinnen Ratschläge und Warnungen von Fremden und Bekannten größere Bedeutung. Man spricht über Kreditinstitute, deren Mitarbeiter und deren Leistungen.

Der Kunde wird künftig noch besser informiert sein. Er ist sensibel für Konditionen und Angebote; er ist sensibel für persönliche Betreuung und er bleibt mündig im Umgang mit Kreditinstituten. Die interessierte Öffentlichkeit wird Kreditinstitute kritischer beobachten und die Bankkunden in ihren Verhandlungspositionen weiterhin stärken.

1.3 Zunehmendes Ertragsdenken bei Kreditinstituten

Das dichte, flächendeckende Geschäftsstellennetz dokumentiert die gute räumliche Versorgung mit Bankleistungen. Die Neukundengewinnung und Einlagensammlung der letzten Jahrzehnte wurde durch die Expansion der Geschäftsstellennetze erst möglich.

Der Wettbewerb unter den Instituten und Institutsgruppen hat dafür gesorgt, dass die einzelnen Marktgebiete schnell durch Geschäftsstellen abgedeckt wurden. Die Folge: In relativ kurzer Zeit waren die einzelnen Märkte weitgehend verteilt. Für die Neukundengewinnung lässt eine solche Marktsituation wenig Raum. Der gewonnene Kundenstamm und das darin liegende Geschäftspotential muss mittel- und langfristig ausreichen, die Kosten zu decken und einen angemessenen Ertrag zu erwirtschaften.

Mit der Ausweitung des Zweigstellennetzes sind einerseits die Kosten des Vertriebsapparates – Sach- und Personalkosten – ständig gestiegen, die Möglichkeiten von Ertragssteigerungen sind andererseits in der Zins- und Gebührengestaltung aufgrund der Wettbewerbssituation begrenzt.

Ansatzpunkte für eine Neuorientierung im Zweigstellenbereich sind die gegenwärtigen Schwachpunkte:

- Die Öffnungszeiten: Kreditinstitute haben gerade dann geschlossen, wenn der Kunde Zeit und Interesse an einer Beratung hat,
- die Arbeitszeiten: Mit der rückläufigen tarifvertraglichen Arbeitszeit werden die ungestörten Arbeitszeiten (außerhalb der Öffnungszeiten) immer geringer,
- das Beratungsangebot: Die Trennung in Geschäftsstellen mit Komplettangebot und in Stellen mit eingeschränktem (Beratungs-)Angebot gewinnt an Bedeutung,
- die Zahl der Kundenbesuche schwankt stark nach Tageszeiten und Monatstagen – das Bedienungs- und Beratungspersonal wird konstant gehalten,
- die Geschäftsstellen sind modern und fortschrittlich geworden – die Mitarbeiter bleiben eher passiv,
- rund 90 % der Kunden fragen Routineleistungen und kaum beratungsintensive Leistungen nach,
- die technische Ausstattung hat die Umsetzung des Gedankens „Aktiver Verkauf" nur wenig fördern können und
- das klassische Bankgeschäft ist immer noch ein Reaktionsgeschäft auf einen Kundenimpuls.

Kreditinstitute überprüfen stärker die Rentabilität ihrer Geschäftsstellen. Schließungen, Änderungen und Verkleinerungen aus Kosten- und Ertragsgründen sind heute keine Einzelentscheidungen mehr. Die Gesamtzahl der Geschäftsstellen aller Kreditinstitute nimmt inzwischen Jahr für Jahr ab. Die Anzahl der Mitarbeiter ist rückläufig.

Die Geschäftspolitik von Banken und Sparkassen orientiert sich jetzt weniger an Volumenszielen. Standen in den 70er Jahren Umsätze, Stückzahlen und Bilanzvolumina im Mittelpunkt, so hat sich in den 80er und 90er Jahren ein Wandel vollzogen. Im neuen Jahrtausend steuern Kreditinstitute ihr Geschäft nach Erträgen, Margen, Deckungsbeiträgen usw. Nicht das Geschäft um jeden Preis, sondern das rentable Geschäft ist gefragt.

Das aktuellere Problem ist die stimmige Kalkulation: Wo liegt der exakte Einstand, welche Kosten gilt es zuzurechnen, wo liegt die Gewinnschwelle? Welches Geschäft ist tatsächlich ertragreich? Welche Gesamtkundenbeziehung rechnet sich wirklich?

Der Kosten- und Ertragsdruck beeinflusst direkt den Verkaufsvorgang in der Kreditwirtschaft: Die Beratungs- und Verkaufsleistung muss kostengünstig und ertragsorientiert erbracht werden. Wie das im Einzelnen bei mündigen Kunden realisierbar ist, erfahren Sie in diesem Buch.

1.4 Größere und neue Risiken

Die hohe Marktdurchdringung und der harte Wettbewerb führen zu größeren und neuen Risiken in der Kreditwirtschaft: Länder-, Branchen- und Zinsrisiken sowie das Risiko der Verhaltensänderungen von Bankkunden.

Länderrisiken existieren, seit es internationale Bankgeschäfte gibt. Die gegenwärtige intensive Diskussion wird geführt, weil sich die Volumina dieser Risiken massiv erhöht haben. Nach unsicheren Forderungen an afrikanische und südamerikanische Schuldner standen die Staaten des ehemaligen Ostblocks im Mittelpunkt der Diskussion. Die Krisen der asiatischen Tigerstaaten haben den Blick noch weiter nach Osten geführt. Statt zusätzlicher Erträge aus den Auslandsgeschäften scheinen für die nächsten Jahre Ausfälle programmiert.

Branchenrisiken steigen mit zunehmender Ausrichtung auf bestimmte branchenbezogene Kundengruppen und ausgeprägte „Branchenkonjunkturen" an. Gerade die Ausrichtung auf das Bau- und Bauträgergewerbe hat in der Vergangenheit zu erheblichen Einbußen geführt. Denken Sie an die Situation in der Bau- und Immobilienbranche zu Zeiten hoher Zinssätze. Die direkten Auswirkungen auf Baufinanzierungen werden deutlich.

Und vergessen Sie nicht das Risiko der Verhaltensänderungen von Bank-kunden. Mit dem gesellschaftlichen Wandel ändert sich auch die Einstel-lung zu Kreditinstituten und deren Angeboten. Schon einmal haben sich große Teile der Kreditwirtschaft verkalkuliert: Entscheidungsträger ha-ben mit Bodensatz auf vielen neuen Konten gerechnet und gebührenfreie Leistungen angeboten. Wo ist heute der Bodensatz? Wo sind die ge-bührenfreien Leistungen? Und wie werden die Kosten der Privatgirokon-ten, des Zahlungsverkehrs gedeckt?

Das Verhaltensänderungsrisiko von Kunden wird noch immer unterschätzt. Heutige selbstverständliche Verhaltensweisen können nicht ohne Ein-schränkungen in die Zukunft fortgeschrieben werden. Denken Sie nur an Kreditprolongationen bei Privatkunden: Noch vor wenigen Jahren war die Kreditprolongation nach Ablauf der Zinsvereinbarungszeit bei dem gleichen Kreditinstitut für den Kunden klar. Heute ist das „Prolongationsgeschäft" fast ein vollkommen neuer Verkaufsvorgang. Der Kunde hat sein typisches Verhalten deutlich geändert. Er vergleicht, prüft und ist wechselbereiter.

Risikofragen an morgen: Wie beeinflussen die neuen Techniken das Kun-denverhalten? Wie reagieren die Kunden auf Standardisierung im Ange-bot und in der Betreuung? Wie weit akzeptieren die Kunden die Selbst-bedienung im Bankverkauf? Wie stark beeinflussen „alternative" Gedan-ken in nächster Zeit das Kundenverhalten? Wie wertvoll ist die Banklei-stung für den Kunden, bis zu welchen (kostendeckenden) Preisen? Wie offen ist er für neue (europäische) Anbieter?

1.5 Steigende Zahl von Bankleistungen

Die Zahl der unterschiedlichen Bankleistungen steigt. Gegenwärtig be-stimmen Bankleistungen, die entstehungsgeschichtlich noch sehr jung sind, den Tagesablauf von Bankmitarbeitern. Rund um das Privat- und Ge-schäftskonto gewinnen neuere Dienstleistungsangebote immer mehr Be-deutung. So hat die Kreditkarte inzwischen einen Millionenmarkt erreicht. Selbstbedienungsangebote werden zu Standardleistungen von Kreditinsti-tuten: Geldausgabeautomat, Kontoauszugsdrucker, Multifunktionstermi-nal, Datenträgeraustausch usw. Besonders bei Anlageangeboten vergeht kaum ein Tag ohne neue kreative Leistungen. Selbst Spezialisten geht der Überblick über die Angebotsvielfalt verloren. Und vergessen Sie nicht die vielfältigen neuen Investmentfonds. In wenigen Jahren wurde das Ange-bot an unterschiedlichen Fonds vervielfältigt.

Dagegen wirken die neueren Finanzierungsangebote sehr überschaubar. Doch auch hier werden die Sortimente der Kreditinstitute breiter. Variationen von traditionellen Finanzierungen und die Vielzahl von Fördermöglichkeiten machen das Geschäft nicht einfacher.

Neben der tatsächlichen Produktausweitung werden begriffliche Erweiterungen aus absatzpolitischen Gründen vorgenommen. Neue Wortschöpfungen und -kombinationen werden für zum Teil bei anderen Häusern angebotene Leistungen propagiert. Beachten Sie die vielen ähnlichen Baufinanzierungsprogramme und deren diverse Bezeichnungen.

Die Anforderungen an Sie, lieber Leser, als Bankmitarbeiter steigen mit wachsender Zahl angebotener Bankleistungen. Der Weg zum universellen Berater in allen Finanzangelegenheiten, nicht nur für die Firmenkunden, wird noch länger werden. Spezialistenwissen aus allen Gebieten des Kreditwesens wird immer umfassender.

1.6 Abnehmende Profilierungsmöglichkeiten

Die Angebote der Kreditinstitute und der Institutsgruppen gleichen sich an. Kaum ein Haus kann eine neue Leistung erfolgreich anbieten, ohne schnell mehrere Nachahmer zu finden. Die heutigen Bankleistungen – vor allem im standardisierten Geschäft – unterscheiden sich nicht wesentlich. Häufig ist der Name das deutlichste Unterscheidungsmerkmal zwischen mehreren Angeboten. Leistungsfähig sind alle Kreditinstitute, auch die kleinen Institute mit ihren Kooperationspartnern.

Was für die Leistungsfähigkeit bei einzelnen Leistungen gilt, gilt auch für das Gesamtangebot: Die Tochtergesellschaften und Beteiligungen gleichen sich bei den großen Instituten sowie bei den Verbünden. Bausparkassen, Investmentgesellschaften, Leasingpartner, Versicherungen usw. sind überall im Schlepptau.

Das Erscheinungsbild der Geschäftsstellen zeigt nur geringe Unterschiede. Es dominieren augenfreundliche rote, grüne, daneben blaue, gelbe oder orange Farbtöne. Die Zweigstellen sind kundenorientiert umgebaut und eingerichtet: Schnell- und Servicebereiche, Beratungszonen, Informationsmaterial, Formulare, Kinderecken, Besprechungszimmer, Teppichboden, Pflanzen, Glas und Licht. Beratungstische haben den Tresen ersetzt. – Dieses freundliche Bild setzt sich in den oberen Etagen fort.

Die Bankleistungen werden jeweils von Menschen für Menschen erstellt beziehungsweise verkauft. Sind im menschlichen Bereich noch Profilierungsmöglichkeiten für die Mitarbeiter und deren Institute gegeben?

1.7 Geringere Kundenbindung

Die enge Bindung zwischen dem Kunden und „seiner" Bank schwindet. Die vielfältigen Änderungen im Bankwesen haben dies bewirkt – vor allem die stark reduzierte Arbeitsteilung und die verbesserten Informationsmöglichkeiten für die Kunden. Hohe Fluktuationsraten bei Mitarbeitern in kundennahen Bereichen fördern die nachlassende Institutsbindung.

Einige Kennzeichen: 1. Mehr als die Hälfte der gehobenen Vollkunden unterhält bei zwei oder mehreren Instituten eine Kontoverbindung. Leistungs- und Preisvergleiche werden leicht. 2. Über Bankgeschäfte wird stärker gesprochen und geschrieben: Empfehlungen und Warnungen werden im Freundes-, Bekannten- und Kollegenkreis weitergegeben, in der Presse veröffentlicht. Die eine oder andere Empfehlung wird dann überprüft. 3. Bequemlichkeit bei Geldgeschäften: Beim Einkauf in der Innenstadt, nur wenige Fußminuten vom Arbeitsplatz, wird heute ein Scheck eingelöst, werden morgen die Reisezahlungsmittel gekauft und wird in Kürze ein Sparbrief erworben. 4. Direktbanken: In ganz wenigen Jahren haben die Direktbanken eine Million Kundschaft in Deutschland gewonnen – Bankgeschäfte aus der Wohnung oder vom Arbeitsplatz sind bequem.

Außerdem sind mehrere Bankverbindungen inzwischen bei Privatkunden ein Statussymbol. Bei Geschäftskunden, institutionellen und freiberuflichen Kunden sind mehrere Bankverbindungen schon immer üblich gewesen. Mit jeder zusätzlichen Bankverbindung wird die Chance auf zusätzliche Geschäfte mit dem gleichen Kunden geringer.

1.8 Neue Vertriebswege und -formen

Im Bankgewerbe gewinnen neue Absatzwege immer größere Bedeutung. Gerade die großen Nutzungszahlen von Geldausgabeautomaten bis hin zu den samstäglichen Schlangen an guten Standorten zeigen die Kundenwünsche und Kundenakzeptanz neuer Vertriebswege. Reine Selbstbedienungsgeschäftsstellen mit Geldausgabe- und Einzahlungsautomaten, Kontoauszugsdrucker, Selbstbedienungsterminal für Überweisungen und Daueraufträge usw. werden verstärkt eingerichtet und genutzt. Der persönliche Kontakt zwischen Kunden und Bankmitarbeitern wird reduziert. Kreditinstitute, auch die zögerlichen, bieten neben den klassischen Vertriebsformen Tele-Banking, Internet Banking, Direct Banking usw.

Der Vertrieb außer Haus über den Außendienst gewinnt wieder an Bedeutung, der postalische sowie der telefonische Vertrieb von Bankleistungen wird immer systematischer vorgenommen. Die Nutzung des Post- und Telefonweges ist nicht mehr nur auf Außenseiter in der Kreditwirtschaft (Tochter- und/oder Spezialinstitute) begrenzt. Aus den bekannten Arbeitsmitteln werden erfolgreiche Vertriebswege.

Mit dem technischen Fortschritt ist die Kontoführung aus dem Wohnzimmer möglich geworden. Daneben kann der Berater über das normale Telefonnetz aus der Wohnung des Kunden auf die Datenverarbeitungsanlage der Bank zurückgreifen. Die direkte Bezahlung von Käufen durch Scheckkarten wird eingeführt. Es scheint nur noch eine Frage der Form und der Zeit, bis breiteste Bevölkerungskreise ohne Scheckformulare unbar im Einzelhandel zahlen.

Und ein neuer Vertriebsweg setzt Kreditinstitute und deren Mitarbeiter in Erstaunen: Finanzdienstleister und Strukturvertriebe. Namen wie Bonnfinanz, OVB (Objektive Vermögensberatung), MLP AG (Marschollek, Lautenschläger und Partner) oder AWD (Allgemeiner Wirtschaftsdienst) sind regelmäßig für Erfolgsgeschichten gut, Erfolgsgeschichten aus Institutssicht über enorme Vertriebsleistungen sowie Erfolgsgeschichten aus Mitarbeitersicht über Karrieren und außergewöhnliche Einkommen.

Gerade Kunden mit besonderen Potentialen (Berufseinstieg) sowie gehobene Privatkunden, freiberufliche Kunden und Unternehmer sind die Zielkunden der Vertriebe. Es werden Bankleistungen (neben anderen Finanzdienstleistungen) zu banküblichen Konditionen angeboten. Die Stärke des Strukturvertriebes liegt nicht im Angebot, sondern in der Konsequenz beim Vertrieb.

Die wichtigsten Tipps aus Kapitel 1:

Tipp 001: Berücksichtigen Sie bei allen Aktivitäten den Wandel im Kreditgewerbe der letzten Jahre.

Tipp 002: Agieren Sie wie ein verkaufsorientierter Banker und nicht wie ein Bankbeamter.

Tipp 003: Informieren Sie sich über die Entwicklungen am Bankmarkt.

Tipp 004: Bedenken Sie stets, dass Ihre guten Kunden von anderen Banken umworben werden.

Tipp 005: Beachten Sie die ständig steigende Zahl gut informierter Kunden.

Tipp 006: Berücksichtigen Sie beim Verkaufen Aufwand und möglichen Ertrag.

Tipp 007: Informieren Sie sich regelmäßig über neue Bankdienstleistungen.

Tipp 008: Achten Sie auf die Abwanderungsgefahr von Kunden durch Mehrfachbankverbindungen.

Tipp 009: Nutzen Sie die neuen Vertriebswege und greifen Sie die seriösen Vertriebsmethoden Ihrer erfolgreichen Wettbewerber auf.

Kapitel 2

Berater und Kunde

In Kapitel 2 geht es vor allem um:

- Das Erscheinungsbild von Kreditinstituten aus Kundensicht
- Die Anforderungen von Kunden an den Berater
- Die Identifikation mit und die Motivation für die Verkäuferaufgabe im Kreditinstitut
- Die Allgemeinbildung des Beraters
- Erwartungen und Tendenzen im Umgang mit Kreditinstituten aus Kundensicht
- Die Grundeinstellung zum Bank- und Sparkassenkunden: Die Geschäftspartnerschaft

2. Berater und Kunde

Die persönliche Bindung zwischen dem einzelnen Bankberater und jedem Kunden entscheidet künftig verstärkt über den Erfolg aller Verkaufsbemühungen. Die Kreditinstitute wirken auf die Nachfrager über drei Ebenen (Abbildung 1):

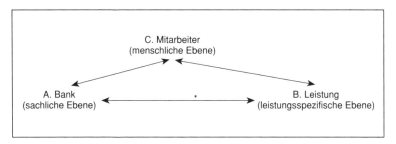

Abbildung 1: Erscheinungsbildebenen

A. Das sachliche Erscheinungsbild des Hauses wie Bankgebäude, Schalterhallen, Zweigstellen, Einrichtungen, Geschäftsberichte, Werbebotschaften, Öffentlichkeitsarbeit, Veröffentlichung von Börsen- und Devisenkursen usw. und seine Veränderungen.

B. Das leistungsspezifische Erscheinungsbild wie individuelle und standardisierte Angebote, Gesamtangebot – Leistungspalette, Kooperationspartner, einzelne Vertragsbestandteile (Konditionen, Gebühren, Provisionen, Sicherheiten, Verpflichtungen), Schnelligkeit und Zuverlässigkeit der Leistungserbringung und seine Veränderungen.

C. Das (zwischen)menschliche Erscheinungsbild wie die Persönlichkeit der Bankmitarbeiter (äußere Erscheinung, Alter, Geschlecht, Erfahrungen, Kenntnisse, Verhalten), Bankkunden, Kundenstruktur und seine Veränderungen.

Die Tendenz zur gegenseitigen Anpassung im sachlichen und leistungsspezifischen Erscheinungsbild fördert die Bedeutung des menschlichen Erscheinungsbildes der Banken. „Standardisierungsbemühungen" im Personal sind zwar zu beobachten, Unterschiede werden bleiben: Menschen sind Individuen – und verschiedene Individuen sind für unsere Mitmenschen menschlich.

Kreditinstitute heben sich durch individuelle Mitarbeiter in den Augen ihrer Kunden voneinander ab. Hier liegt die große Marktchance: Mit kundenorientiert denkendem und handelndem Personal überzeugend wirken. Bankleistungen verkaufen sich erfolgreich, wenn zwischen Bankberater und Bankkunde eine persönliche Beziehung gewachsen ist. Für den Kunden wird aus „dem" Berater „mein" Berater.

Persönliche Beziehungen anstreben, erreichen und ausbauen – das ist der zweite Schritt zum erfolgreichen Bankverkauf nach der Kenntnis des aktuellen Bankmarktes.

Im Mittelpunkt dieses Buches stehen die Bankmitarbeiter und deren Verhalten im Kundenkontakt – Erscheinungsbildebene C. Die Ebenen A und B, das sachliche und das leistungsspezifische Erscheinungsbild, beeinflussen das menschliche Erscheinungsbild. In diesem Sinne werden sie wiederholt angesprochen werden müssen.

Das (zwischen)menschliche Erscheinungsbild der Kreditinstitute ist kaum objektiv erfassbar. Es ergibt sich jeweils subjektiv aus der Kundensicht. Wer hat das noch nicht erlebt? Kundin Meier ist von Berater Krause begeistert und möchte nur mit ihm sprechen. Kundin Müller möchte keinesfalls von Berater Krause beraten werden und wartet gerne längere Zeit auf einen Kollegen von Herrn Krause. Doch im Verkaufsalltag von Kreditinstituten gibt es Erfolgsfaktoren, die bei der weit überwiegenden Zahl von Kunden ‚ankommen'.

2.1 Anforderungen an den Bankberater

Was erwartet der „typische" Kunde von Ihnen als Bankberater? – Stellen Sie diese Frage doch wieder einmal in Ihrem Freundes- und Bekanntenkreis. Sie werden eine Reihe aufschlussreicher Informationen erhalten.

Der Privatkunde wird Ihnen „gute und schnelle Bedienung", „Freundlichkeit", „günstige Zinsen und Konditionen", „verständliche Erklärungen", „kein Bankchinesisch", „Verständnis für fehlende Unterlagen und Unterschriften", „Hilfsbereitschaft" antworten, der Individualkunde „vorteilhafte Problemlösungen", „Vertrauenswürdigkeit", „fester und zuverlässiger Ansprechpartner" anfügen und der Firmenkunde ergänzt vielleicht „regelmäßige Betreuung", „gezielte Informationen", „Sachkenntnis", „adäquater Gesprächspartner", „Erfahrung auch in Details".

Fragen Sie Ihre Führungskräfte nach deren Erwartungen an einen Berater. Begnügen Sie sich nicht mit einer Antwort wie „Abschlüsse – gute Zahlen und zufriedene Kunden". Sie werden dann Antworten wie „Fachwissen", „gute Umgangsformen", „sicheres und überzeugendes Auftreten", „Menschenkenntnis", „gute Gesprächsführung", „Motivation" erhalten.

Denken Sie an Ihre beruflichen Erfolge und Enttäuschungen bei Ihrer Arbeit mit Kunden. Prüfen Sie insbesondere bei den Enttäuschungen die Erwartungen Ihrer Kunden, die Sie nicht erfüllt haben. Begrenzen Sie Ihre Aufzählung auf solche Erwartungen, die sich in Ihrem persönlichen Einflussbereich bewegen. Besondere Konditionenerwartungen des Kunden sind damit nicht gemeint.

2.1.1 Persönliche Einstellung zur Berater-Tätigkeit

Eine Ihrer wesentlichen Aufgaben ist das Verkaufen. Sie wollen Ihre Kunden überzeugen und zum Abschluss motivieren. Wer andere motiviert, muss selbst motiviert sein: Sie sind davon überzeugt, dass Sie eine wichtige und positive Arbeit tun, bei einem dynamischen und leistungsfähigen Institut arbeiten, vorteilhafte und faire Leistungen anbieten und ein guter Verkäufer sind. Die Motivation für Ihre Aufgaben und die Identifikation mit Ihrem Institut und dessen Leistungsangeboten erleichtern Ihre Beratungs- und Verkaufstätigkeit jeden Tag von neuem. Sie wirken auf Ihre Kunden überzeugender und sind damit erfolgreicher.

Motivation und Identifikation bringen Ihnen mehr Erfolg. Motivation und Identifikation heißt nicht, dass Sie Ihre Aufgaben und Ihr Institut unkritisch sehen. Hochmotivierte und sich mit Haus und Leistungen identifizierende Berater fragen konstruktiv:

- Wie lässt sich die Kundenberatung und -betreuung verbessern?
- Wie können die Leistungs- und Service-Angebote noch kundenfreundlicher werden?
- Wie lassen sich die verschiedenen Ziele der Bank und die Wünsche der Kunden kostengünstiger erreichen und erfüllen?
- Was spricht für unser Haus, unsere Zweigstelle, unsere Angebote?
- Wo haben wir Vorsprünge vor Mitbewerbern?
- Welche Leistungen könnte der Kunde X von der Bank, also von mir, erwarten?

Stehenbleiben in der persönlichen Entwicklung bedeutet Stillstand und damit Rückschritt. Denn: Das sicherste im Kreditwesen und den Erwartungen von Kunden an Kreditinstitute ist der stetige Wandel. Wer stehenbleibt, der fällt im Wettbewerb zurück. Mit den Methoden, Vorgehens- und Verhaltensweisen der vergangenen Jahrzehnte werden Sie die verkäuferischen Herausforderungen der nächsten Jahre nicht bewältigen.

Motivation für Ihre Aufgaben und Identifikation mit Ihrem Verkaufsteam und dem gesamten Institut fördern Ihr Selbstvertrauen. Neue Aufgaben in Bedienung, Beratung, Betreuung und Akquisition stehen auch bei Ihnen an. Mit Selbstvertrauen werden sie angegangen und gelöst, bei fehlendem Selbstvertrauen schieben Sie diese Herausforderungen auf die „lange Bank". Sie trauen sich nicht, wagen nicht den Start zu interessanten Aufgaben auf neuen Wegen.

Die Erfahrung zeigt immer wieder, dass zwei Mitarbeiter mit gleichen Kenntnissen und Fähigkeiten sehr unterschiedliche Arbeitsergebnisse bei ähnlichen Aufgabenstellungen erzielen. Dies gilt sowohl für Aufgaben mit als auch ohne Kundenkontakt. Der einzige wesentliche Unterschied zwischen beiden Mitarbeitern besteht in ihrem Selbstvertrauen: Der Erfolgreichere ist sich sicher gewesen, dass er die Kenntnisse aufweist und anwenden kann; er erreicht sein Ziel. Der weniger Erfolgreiche hat an seinen Kenntnissen gezweifelt und sie zögernd angewendet; er erreicht sein Ziel nur in Teilen.

Sie benötigen einen neuen Staubsauger. Kaufen Sie einen Staubsauger, zu dem der Verkäufer sagt: „Das ist unser neues Modell. Wir haben ihn noch nicht verkauft. Ich weiß nicht, was an diesem Modell besser sein soll als an dem alten dort drüben. Der hat zwar einen größeren Staubbeutel und eine Saugeinstellung ... Allerdings, ob wir den bei uns reparieren können, weiß ich nicht ..."? – Ich kann mir vorstellen, dass Sie den alten Staubsauger erwerben oder nach dieser Erläuterung auf einen Staubsaugerkauf, zumindest in diesem Geschäft, verzichten.

Eine vergleichbare Situation in einer Bank: Ein Kunde wünscht eine Anlageempfehlung. Der Anlageberater ist in Urlaub, der Vertreter für eine gute halbe Stunde nicht in der Bank. Der Berater Schmitt – ohne Anlageberatungserfahrung – sagt zum Kunden: „Das ist die Kondition der neuen Dollar-Anleihe. Wir haben sie bisher noch nicht angeboten. Ich weiß nicht, was an ihr günstiger als an der Bundesanleihe ist. Die läuft zwar zwei Jahre länger und ist nicht kündbar ... Allerdings, ob das Wechselkursrisiko ausgeglichen wird, ich weiß nicht ...".

Mit Selbstvertrauen sagt der gleiche Berater: „Bitte vergleichen Sie. Die Dollar-Anleihe bringt Ihnen ... und bei der Bundesanleihe erhalten Sie ... Was ist Ihnen wichtiger? ... Dann empfehle ich Ihnen: ..." Jetzt geht der Berater zielgerichtet auf den Abschluss zu und unterstützt den Kunden in seiner Entscheidung.

Zielgerichtetes Verhalten – Richtung: Kaufabschluss – wird durch Selbstvertrauen des Beraters erst möglich. Achten Sie darauf, dass Sie Ihr Ziel im Auge haben, um erfolgreich zu sein. Es gibt Ziele, und damit auch zielgerichtetes Verhalten, die Verkaufserfolge erschweren. Denken Sie nur an die häufig unbewussten Beraterziele „Selbstdarstellung im Verkaufsgespräch" oder „Demonstration der Überlegenheit über den Kunden".

Ein großer Teil Ihrer Arbeitszeit ist durch Kommunikationsvorgänge wie Besprechungen, Telefonate und Gespräche gefüllt. Ihre Freude an Kommunikation und Ihre Kommunikationsfähigkeit erleichtern die Arbeit. Wenn Ihnen Kontakt und Kommunikation mit Menschen liegen, wird Ihr Tagesablauf interessanter und Sie empfinden den Arbeitstag kürzer. Sie wirken offener und freundlicher – Ihr Kunde wird es honorieren.

Seien Sie redlich im Umgang mit Ihren Kunden. Sie streben eine dauerhafte Geschäftsverbindung mit Ihren Kunden an und Sie wollen noch in einem Jahr Ihren Kunden ohne Gewissensbisse begegnen können. Wenn Sie die Straßenseite wechseln müssen, nur weil ein Gespräch unangenehm werden könnte, dann hat die Einstellung sicher nicht gestimmt. Redlichkeit ist eine Anforderung an jeden Bankmitarbeiter. Dies gilt ohne Einschränkung auch für die oft verwendeten „Notlügen". – Sagen Sie „Entschuldigen Sie, das Formular finde ich gerade nicht" statt „Oh, Entschuldigung, die Formulare muss die Aushilfe gestern verlegt haben". Redlichkeit in den Nebensätzen und den Hauptaussagen ist Voraussetzung für Vertrauen des Kunden zu Ihnen und Ihrem Haus. Erinnern Sie sich an den Spruch: Bei Geld hört die Freundschaft auf. Können Sie sich eine Bankverbindung ohne Redlichkeit der Bankmitarbeiter vorstellen – dauerhaft?

Motivation für Ihre Aufgabe, Identifikation mit Ihrem Institut und dessen Leistungen, Selbstvertrauen mit zielgerichtetem Verhalten, Kommunikationsfähigkeit und -freude sowie Redlichkeit prägen Ihre persönliche Einstellung zu Ihrer Beratertätigkeit.

2.1.2 Fach- und Allgemeinwissen

In der Ausbildung zum Bankkaufmann steht noch immer das Fachwissen im Vordergrund: Spezielles Fachwissen wie die einzelnen Bestandteile des Wechsels oder KWG-Bestimmungen und allgemeines Wissen wie Buchungssätze, Rechtsformen von Unternehmen oder Bilanzpositionen. Studiengänge an Fachhochschulen und Universitäten, deren Absolventen in Banken eintreten, sind ähnlich aufgebaut. Einen großen Teil dieses Fachwissens wenden Sie bei Ihren Tätigkeiten an; viele Teile haben Sie vergessen oder sie sind schon veraltet.

Sie benötigen als Bankberater in Ihrem unmittelbaren Arbeitsgebiet umfassendes Fachwissen, Erfahrung und aktuelle Information(squellen). Runden Sie in verwandten Arbeitsgebieten Ihre Kenntnisse ab und informieren Sie sich in allen bankgeschäftlichen Fragen. Hier werden von Ihnen Grundkenntnisse erwartet und nicht der aktuelle Stand der Diskussion verlangt. Spezielles Fachwissen verlangen Ihre Kunden von Ihnen, wenn Sie einen bestimmten Fachbereich zum Beispiel als Kredit- oder Anlageberater vertreten.

Untersuchungen über die gewünschten Beratungsqualifikationen und die tatsächliche Beratungsnachfrage belegen, dass trotz anspruchsvoller Erwartungshaltung die gleichen Kunden nur einen sehr eingeengten Kenntnisbereich in den Kreditinstituten ansprechen. Nach Kundenbefragungen besteht vor allem im Privatkundenbereich nur ein geringer Beratungsbedarf. Viele Informationslücken sind als Folge fehlender Kenntnisse den Kunden nicht bekannt. Kundenbefragungen ergeben weniger starke Ansprüche an die fachlichen Qualifikationen und stärkere Anforderungen an die angenehmen menschlichen Eigenschaften der Berater.

Beachten Sie, dass umfassende und detaillierte Fachkenntnisse eine Gefahr für jedes Verkaufsgespräch darstellen. Sie alle kennen in Ihrer Umgebung Spezialisten, die ihr Wissen nicht „an den Mann" (besser: „an den Kunden") bringen können. Verkaufsgespräche sind nur selten reine Fachgespräche. Der Kunde möchte nicht überfordert werden; er hat kein Interesse, sein „Gesicht" zu verlieren. Kunden informieren ist richtig und wichtig, doch die selbstdarstellerische Überinformation verhindert schnell gute Geschäftsabschlüsse.

Fachwissen ist sehr schnell überholt. Bedenken Sie zum Beispiel die Einflüsse der elektronischen Datenverarbeitung und der neuen Kommunikationstechniken. Schauen Sie sich die Flut von Anweisungen und Rundschreiben mit deren Inhalten an. Beachten Sie die Gesetzgebung mit den Änderungen für das Bankgewerbe. Die Dynamik des Änderungsprozesses – bewährtes Fachwissen veraltet und wird durch neue Informationen und Kenntnisse ersetzt – beschleunigt sich weiter. Daraus folgt für Sie die ständige Verpflichtung, Ihr Fachwissen zu ergänzen und zu aktualisieren. Ihre Berufserfahrungen fördern die Anwendung Ihres Fachwissens. Fachwissen alleine stellt nur einen wertlosen Selbstzweck dar. Erst das kundenorientierte Anwenden lässt Ihre fachlichen Kenntnisse wertvoll für Sie werden. Wie Sie das in Beratungs- und Verkaufssituationen überzeugend realisieren können, erfahren Sie ausführlich in den nächsten Kapiteln dieses Buches.

Sie können nicht wenige Wochen nach Ihrer Einarbeitungs-, Ausbildungs- oder Hochschulzeit umfangreiche Erfahrungen in Ihrer Beratertätigkeit vorweisen. Greifen Sie dann auf die Erfahrungen Ihrer Kolleginnen und Kollegen zurück, nutzen Sie die Erfahrungen Ihrer Führungskräfte und der Spezialisten Ihres Hauses. Ihr Kunde hat Verständnis für Ihren anfänglichen Erfahrungsmangel. Mit jedem Arbeitstag, mit jedem weiteren Kunden und mit jeder neuen Beratungssituation wächst Ihr persönlicher Erfahrungsschatz.

Ihr Fachwissen und Ihre Erfahrungen sind eingebettet in Ihr Allgemeinwissen (Allgemeinbildung). Mit steigenden Ansprüchen interessanter Kunden – zum Beispiel der vermögende Freiberufler oder der einflussreiche Verbandsgeschäftsführer – werden Sie als kompetenter Gesprächspartner auch mit Gesprächsthemen, die außerhalb des Bank- und Finanzwesens liegen, gefordert. Ihre Allgemeinbildung hilft Ihnen, dass Sie von Ihren Kunden als Berater akzeptiert werden. Sie vermeiden zum Beispiel die Einstufung als „hochintelligenter und qualifizierter Fachidiot" durch Ihr allgemeines Wissen und Ihr Interesse an den Fragen der Zeit.

Ihr umfassendes Fachwissen, Ihre Berufserfahrungen und Ihre Allgemeinbildung unterstützen Ihre Kommunikationsfähigkeiten. Sie können Ihre Kommunikationsfreude zielgerichtet einsetzen und stellen Ihre Kunden zufrieden.

2.1.3 Verkäuferisches Verhalten

Denken Sie noch einmal an Ihre Berufswahl zurück: Warum sind Sie Bankmitarbeiter geworden? Wollten Sie Verkäufer werden? Wollten Sie Spitzenverkäufer in einer Dienstleistungsbranche werden?

Nur wenige Mitarbeiter von Kreditinstituten haben ihre Berufswahl deshalb getroffen, weil sie Verkäufer in einer Dienstleistungsbranche werden wollten. Die Berufswahl ist vorwiegend durch die Vorstellungen von einem angesehenen Beruf, abwechslungsreicher und interessanter Arbeit, guten Voraussetzungen für anschließenden Aufstieg auch in anderen Branchen sowie einem sicheren und sauberen Arbeitsplatz geprägt.

Jüngere Bank- und Sparkassenmitarbeiter haben schon bei ihrem Berufseinstieg einen deutlichen Wandel gespürt. Sie wurden sicher auch nach Kundenkontakt, Interesse an Kommunikation mit fremden Menschen oder Verkaufsinteresse gefragt. Diesen Mitarbeitern geht dann der Begriff „verkaufen" viel leichter und selbstverständlicher über die Lippen.

Der Begriff „verkaufen" ist im Bankgewerbe noch recht jung und bei vielen Bankern noch immer umstritten. Abteilungsbezeichnungen mit dem Wortbestandteil „-verwaltung" dominieren noch vor solchen mit „-verkauf". Das traditionelle Leitbild des „Schalterbeamten" und „Bankbeamten" übt noch immer großen Einfluss aus. Denken Sie an das Wirken von Abteilungen und Gruppen in Ihrem Haus, die von den Mitarbeitern an der Verkaufs-„Front" gerne „Geschäftsverhinderungsabteilung" genannt werden.

Das traditionelle „Beamten"-Leitbild für das Bankpersonal wird durch das „Verkäufer"-Leitbild für die Bankmitarbeiter ersetzt. Dennoch zeigen Erhebungen bei den Bankangestellten immer noch ein erschreckend geringes persönliches Interesse am Kundenkontakt.

Als externer Trainer erlebe ich beim Coaching immer wieder die typische Situation: Der Banker hat die Wahl zwischen einer Verwaltungstätigkeit (z. B. Bearbeitung einer Liste) oder einem Betreuungstelefonat. Und schon wird die Liste dem Telefon vorgezogen – Sachbearbeitung hat das aktive Verkaufen wieder verdrängt.

Dem Wandel in der Wettbewerbssituation zwischen den Banken folgt verlangsamt die Änderung im Selbstverständnis der Mitarbeiter. Verkäuferisches Verhalten ist eine notwendige Voraussetzung für den wirtschaftlichen Erfolg der Kreditinstitute.

Da die meisten präferenzbildenden Marketingaktivitäten bei fast allen Kreditinstituten im Gleichschritt Selbstverständlichkeit werden, ist das verkäuferische Verhalten jedes einzelnen Bankmitarbeiters eine besondere Chance. Freundliche Bedienung und überzeugende Beratung können Wettbewerbsvorteile erbringen. Testkäufe zeigen allerdings – auch bei Instituten, die schon umfangreiches Verkaufstraining für ihre Mitarbeiter durchgeführt haben – erhebliche Verhaltens- und Verkaufsdefizite: Mangelnde Höflichkeit im Kundenkontakt wird noch immer festgestellt, Serviceorientierung gehört nicht zu den Stärken und insbesondere Zusatzverkäufe (cross-selling) unterbleiben bei sehr vielen Bankmitarbeitern.

Zum verkäuferischen Verhalten gehört auch der erste Eindruck des Kunden von dem ihm gegenübertretenden Bankberater. Der Kunde sieht die gesamte Erscheinung, die Kleidung und den Körperausdruck, er bemerkt die Umgangsformen und spürt das Interesse an der Arbeit. Setzen Sie Ihre gesamte Persönlichkeit verkaufsfördernd ein. Dieser Merksatz gibt Ihnen dabei Orientierungshilfen:

> Beachten Sie die Erwartungen Ihrer Kunden –
> und bewahren Sie Ihre Individualität!

Prüfen Sie Ihre Kleidung in der Bank. Das graue Kostüm der Damen und der dunkelblaue Anzug der Herren entsprechen sicher nicht allen Erwartungen der Kunden an die korrekte Kleidung. Bei einigen wenigen Kundengruppen entsprechen diese Kleidungsstücke noch immer der Erwartungsrichtung. Ihre Aufgaben, Ihr Arbeitsumfeld, Ihre Kundenstruktur und Ihre Persönlichkeit bestimmen die Wahl Ihrer Kleidung.

Beantworten Sie sich in Zweifelsfällen die Frage: Könnte sich der Kunde durch meine persönliche Erscheinung gestört oder beeinträchtigt fühlen? Die Erfahrung zeigt, dass sowohl hochmodische, extravagante und reizbetonte wie auch veraltete, stillose und eintönige Kleidung den Verkaufsvorgang nicht fördern.

Kleider machen Leute: Die gesamte ausstrahlende Erscheinung, von den Umgangsformen über die Sauberkeit bis zum gepflegten Äußeren, gehört zur „Kleidung" eines Beraters. – Würden Sie sich von einem ungepflegten, übelriechenden und unhöflichen Berater über steuersparende Anlagen informieren lassen? Oder würden Sie die Ersparnisse vieler Wochen und Monate einem solchen Berater gerne überlassen?

Das gepflegte Äußere und die entsprechende passende Kleidung unterstützen Sie in Ihrem verkäuferischen Wirken. Freundlichkeit, Höflichkeit, Diskretion und ein geordnetes Beratungsumfeld (Schreibtisch, Formulare, Prospekte) notiert der Kunde gedanklich. Verkaufstechniken helfen Ihnen, die Verkaufsgespräche erfolgreicher zu führen. Diese Techniken umfassen neben der Verkaufspsychologie die aktive Gesprächsgestaltung, die Verkaufsrhetorik, die Systematik im Verkauf und Argumentationstechniken. Sie finden bewährte und neue erfolgreiche Verkaufstechniken für den Verkauf von Bankleistungen auf den kommenden Seiten dieses Buches.

2.2 Einstellungen und Verhaltensweisen der Kunden

Aussagen über das Verhalten von Bankkunden sind verallgemeinernd. Sie berücksichtigen nicht die individuellen Besonderheiten jedes einzelnen Kunden. Die einzelnen Erwartungen an Kreditinstitute und die persönlichen Verhaltensweisen hängen jeweils von der Kundensituation ab. Aus Sicht der Kreditinstitute gibt es drei Kundengruppen: Privatkunden, Individualkunden und Firmenkunden.

Das Geschäft mit den privaten Haushalten (Privatkunden) ist sehr unterschiedlich strukturiert. Neben die jungen Nachwuchskunden im jugendlichen Alter treten beispielsweise die privaten Vollkunden im Erwerbsalter und die Seniorenkunden. Jeder Teilmarkt hat unterschiedliche – vor allem alters- und einkommensabhängige – Einstellungen und Erwartungen an Kreditinstitute.

Mit Individualkunden werden einkommens- und vermögensstarke Privatkunden sowie Freiberufler bezeichnet. Sie sind von allen Kreditinstituten außerordentlich stark als wichtige Zielgruppe umworben, da man sich in diesem Marktsegment schnelle und große Geschäftserfolge verspricht. Individualkunden stellen auch einen großen Teil des bevorstehenden Erbschaftsvolumens.

Der Begriff des Firmenkunden ist vielschichtig und schillernd. Er umfasst unter anderem den Einzelhändler an der nächsten Ecke (Einzelfirma), kleine Gesellschaften in der Rechtsform der GmbH mit wenigen Mitarbeitern, das regional bedeutende mittelständische Unternehmen und die weltweit tätige Aktiengesellschaft mit Milliardenumsätzen. Entsprechend unterschiedlich sind die Anforderungen dieser breit gefächerten

Kundengruppe an die Kreditinstitute. Gerade kleine und mittlere Unternehmen und deren Führungskräfte lassen sich auch den privaten Vollkunden oder den Individualkunden zuordnen.

Die Wahl der eigenen Bankverbindung hängt von vielen Faktoren ab. Marktforscher haben dazu eine bunte Liste an Merkmalen ermittelt:

- Fachlich gute Beratung,
- niedrige Gebühren,
- hohe Sparzinsen,
- freundliche Bedienung,
- einfache, leicht verständliche Information,
- günstige Kreditzinsen,
- große Erfahrung mit Geldanlagen,
- Großzügigkeit der Bank gegenüber Kunden,
- schnelle Bedienung am Schalter,
- liegt in der Nähe des Arbeitsplatzes oder der Wohnung,
- geben auch einmal unaufgefordert Tipps und Empfehlungen,
- Möglichkeit, das Konto zu überziehen,
- Möglichkeit, alles am selben Schalter zu erledigen,
- Großzügigkeit bei der Vergabe von Krediten,
- Ausfüllen von Formularen durch die Mitarbeiter,
- besonderes Angebot für Jugendliche etc.

Erstaunlich ist vor allem, dass viele Kriterien erst nach der Entscheidung für ein Kreditinstitut beurteilt werden können. Es muss also auch noch andere Kriterien für die Bankwahl geben. Hier sind sicher Faktoren wie

- das Image eines Kreditinstitutes,
- der Ruf einer bestimmten Geschäftsstelle,
- die Informationen aus der Familie, durch Arbeitskollegen, Geschäftspartner und Freunde sowie
- die Informationen aus den Medien

zu nennen.

Der Wechsel einer Bankverbindung ist inzwischen für alle Kundengruppen nicht mehr außergewöhnlich. Fast 50% der Privatkunden haben schon einmal ihre Bankverbindung gewechselt. Bei Individualkunden gewinnen die Strukturvertriebe besonders schnell Marktanteile und die Hausbankverbindungen der Geschäftsbanken lösen sich verstärkt.

Eine klare Forderung aller Kundengruppen an Kreditinstitute geht in Richtung Initiative. Es wird im Bankgewerbe schon lange über aktives Beraten, Betreuen und Verkaufen geredet. Doch der Alltag sieht noch sehr düster aus: Die Kontaktaufnahme zwischen Kunde und Kreditinstitut geht noch immer im Regelfall vom Kunden aus. Nur bei unangenehmen Anlässen (Überziehungen, Gefahr von Kreditausfällen) werden die Finanzdienstler schnell initiativ.

Ein oft schon vergessenes Wort erlebt bei Banken und Sparkassen eine Renaissance: Der Begriff Dienstleistung. Kunden erwarten verstärkt Service, Hilfe, Unterstützung, Anregung, geldwerte Tipps rund um Bankdienstleistungen. Kreditinstitute versuchen unter dem Begriff „Qualitätsdenken", Service, Beratung und Betreuung zu optimieren.

Auch wenn viele Bank- und Sparkassenmitarbeiter eine Holschuld der Kunden unterstellen – Kunden sehen hier eine klare Bringschuld der Kreditinstitute. Und die Marktgewinner der nächsten Jahre werden diese Bringschuld individuell und systematisch erbringen. Der echte – für den Kunden erlebbare – Dienstleister wird sicher Kunden und Marktanteile gewinnen.

2.3 Geschäftspartnerschaft

Die Beziehung zwischen Bankkunde und Bankberater hat sich mit dem Einstellungswandel der Kreditwirtschaft geändert. In der Vergangenheit haben Kunden – vor allem Kreditkunden – immer wieder den Vorwurf erhoben, dass sie sich der Bank „unterwerfen" müssen. Dieses Bild der Unter- und Überordnung soll Sie weiter begleiten. Ziel Ihrer Arbeit mit und für Ihren Kunden ist die Geschäftspartnerschaft. Diese Partnerschaft ist eine deutliche Abkehr vom klassischen Bankdenken, hergebrachten Einstellungen zum Kunden und traditionellen Verhaltenswseisen im Kundenkontakt.

Die Partnerschaft zwischen Ihnen als Bankvertreter und Ihren Kunden lässt sich durch das Bild der Waage symbolisieren (siehe Abbildung 2).

Geschäftspartner wiegen gleich viel auf den beiden Armen einer Pendelwaage (Situation 3): Die Waage pendelt sich auf der Waagerechten ein. Beide Geschäftspartner haben ein fundamentales Interesse an einem Geschäftsabschluss. Sie möchten jeweils einen Nutzen erzielen: Der Kunde den Nutzen aus dem Angebot oder der Leistung und der Berater den dafür angemessenen Preis. Die Situationen 1 und 2 bringen dem Berater nur kurz-

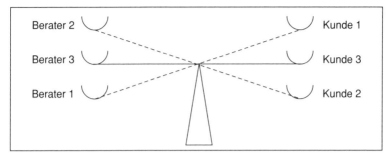

Abbildung 2: Geschäftspartnerschaft zwischen Kreditinstitut und Kreditkunde

zeitig Erfolg. Der „unterwürfige Berater 1", der gerne „darf/dürfte" und „dienen" verwendet, wird dauerhaft den Beratungserwartungen seiner Klienten nicht entsprechen und deshalb gemieden werden. Der „überhebliche Berater 2", der häufig „muss/müssen" und „Kreditgewährung/gewähren" verwendet, wird dauerhaft nur von abhängigen Kunden konsultiert werden. Und welcher gute Finanzierungskunde ist heute schon von einem Berater abhängig?

Geschäftspartner kommen sich bei bestimmten Vereinbarungen entgegen. So überlassen Kreditinstitute bestimmte Leistungen ohne Bezahlung und kalkulieren die Kosten bei anderen Leistungen ein. Kunden nehmen Leistungen in Anspruch – zum Beispiel eine honorarfreie Beratung – und zahlen deren Preis bei anderen Leistungen mit – zum Beispiel bei der Kreditinanspruchnahme.

Die Geschäftspartnerschaft zwischen einem Kreditinstitut und seinen Kunden ermöglicht eine langfristige Zusammenarbeit. Schlägt das Pendel im Bild der Waage für eine Seite deutlich und längerfristig aus, wird der andere Teil nach einem neuen Geschäftspartner suchen: Kreditinstitute lassen sich nicht dauerhaft und ohne Chance einer Änderung auf Verlustgeschäfte ein und Bankkunden wechseln sehr wahrscheinlich zum nächsten Institut, wenn sie dort günstigere Bedingungen vorfinden.

Der Gedanke der Geschäftspartnerschaft gilt für alle Bankgeschäfte und alle Kundengruppen. Es kann für Sie als Bankberater keinen besseren (Anleger) und schlechteren (Ratenkredit) Kunden geben. Sie sind auf beide Kunden angewiesen; beide Kunden sind Voraussetzung für die regelmäßige Zahlung Ihres Gehalts.

Das wirtschaftliche Interesse und die finanzielle Situation (Einkommen, Vermögen) des Kunden bestimmen neben den geschäftlichen Zielen Ihres Hauses die Geschäftspartnerschaft. Hauptziel der Banken ist eine umfassende, langfristige und ertragreiche Geschäftsverbindung. Mit steigender Kontenzahl und vermehrter Inanspruchnahme von Dienstleistungen durch einen Kunden wächst die Bindung zur Bank. Die Waage lässt sich durch ein ungünstiges oder ungeschickt vorgebrachtes zusätzliches Angebot nur wenig bewegen. Die Gefahr der Abwanderung zu einem Mitbewerber sinkt für die Bank.

Es ist erheblich leichter, einem Kunden eine zusätzliche Leistung zu verkaufen, als einen Neukunden für die gleiche Leistung zu finden. Zufriedenheit, also geschäftspartnerschaftliches Verhalten gegenüber Kunden, ist eine solide Grundlage für weitere Geschäfte.

Der Privatkunde zieht die Zusammenarbeit mit nur einem Kreditinstitut vor. Er hat eine feste Anlaufstelle, kennt sich dort aus und ist bekannt. Seine Verhandlungsposition ist dadurch gefestigt. Die Gefahr, dass er im Bild der Waage nach unten gedrückt wird, ist klein. Die Alternative, mit mehreren Banken zusammenzuarbeiten, ist unbequem und bringt ihm keine günstigeren Angebote; seine Verhandlungsmacht ist zu gering. Dennoch wird er verstärkt günstige Angebote anderer Kreditinstitute nutzen.

Der Individualkunde und die Firmenkunden unterhalten mit mehreren Geldinstituten gleichzeitig geschäftliche Verbindungen. Drückt ein Institut die ausgeglichene Waage zu seinem Vorteil nach unten, reagiert dieser Kunde sehr schnell. Er ist informiert und mobil: Seine beabsichtigten Geschäfte werden bei Konkurrenten getätigt.

Die Geschäftspartnerschaft ist neben der materiellen Seite auch sehr stark durch personenbezogene Aspekte bestimmt. Sie kennen sicher die Kundenreaktion auf ein weniger günstiges Angebot: „Herr Krause, Ihr Anlageangebot liegt zwar 0,25 % unter der Bank da drüben, aber weil wir bisher so gut zusammengearbeitet haben, lass' ich mein Geld bei Ihnen". Der Kunde sagt mit anderen Worten: Die Angebotswaage ist nach unten gedrückt, aber Ihre Persönlichkeit bringt die beiden Waagschalen wieder in die Waagerechte.

Persönliches Verhalten eines Beraters kann die Waage aus der Kundensicht belasten. Der Kunde sagt zum Zweigstellenleiter: „Sie haben schon günstige Konditionen bei den Sparformen. Doch der Berater! Der macht das viel zu umständlich. Da geh' ich doch lieber wieder zur X-Bank". Mit anderen Worten: Die Angebotswaage stimmt, aber die Persönlichkeit des Beraters drückt die Waagschale deutlich nach unten.

Ihre Geschäftspartner fordern von Ihnen materielle und persönliche Leistungen. Der persönliche Aspekt wird zwar vom Kunden selten angesprochen, dennoch registriert er ihn. Stimmt die Waage aus der subjektiven Sicht des Kunden, haben Sie eine günstige Position für eine dauerhafte Geschäftsverbindung geschaffen. Vereinbarungen, bei denen die Waage deutlich ausschlägt, verhindern das Entstehen einer Geschäftsverbindung. Denken Sie bei allen Kontakten mit Ihren Kunden an das Bild der Waage. Es wird Ihnen helfen, noch erfolgreicher zu sein.

Noch immer wird der Satz „Der Kunde ist König!" zitiert. Er widerspricht dem Gedanken der Geschäftspartnerschaft. Wenn der Kunde König ist, dann wird der Bank- oder Sparkassenangestellte zu seinem Diener. Kein Wunder, wenn dann von Kundenseite die Forderungen an Kreditinstitute, vor allem auch bei Konditionen, in unrealistische Höhen getrieben werden. Der Kunde ist natürlich weiterhin König, bezogen auf Höflichkeit, Freundlichkeit und Umgangsformen mit dem Ziel guter beidseitiger Geschäfte.

Und dann fällt noch das Wort von der „Verkaufsfront"; oft gedankenlos ausgesprochen, oft aber auch mit fester Absicht. – An der Front wird gekämpft, wird auf Gegner geschossen. Ziel ist der Sieg über Gegner. Keine gute Basis für Zufriedenheit auf beiden Seiten. Unser Leitbild ist nicht die Gegnerschaft zum Kunden sondern eine wirtschaftliche Partnerschaft. Wir zielen auf ein ‚Gewinner-Gewinner'-Ergebnis.

Ersetzen Sie das Wort „Verkaufsfront" deshalb durch „Kundenkontakt". Jetzt klingt es schon viel angenehmer und kundenorientierter. Aus Siegern und Verlierern werden schnell zwei Gewinner, zwei echte Geschäftspartner. Langfristigen guten Geschäften steht dann auch die Sprache der Verkäufer nicht mehr im Wege.

Die wichtigsten Tipps aus Kapitel 2:

Tipp 010: Streben Sie persönliche Beziehungen zu Ihren Kunden an.

Tipp 011: Identifizieren Sie sich mit Ihrem Kreditinstitut und mit dessen Leistungen.

Tipp 012: Motiveren Sie sich immer wieder für Ihre Aufgaben.

Tipp 013: Überprüfen Sie ständig die Qualität der Kundenberatung und -betreuung in Ihrem Verkaufsteam.

Tipp 014: Strahlen Sie Selbstvertrauen aus.

Tipp 015: Führen Sie Ihre Gespräche zielgerichtet zum Kaufabschluss.

Tipp 016: Gönnen Sie sich täglich aufs neue die Freude über Gespräche mit Menschen (Kunden).

Tipp 017: Seien Sie redlich im Umgang mit Kunden.

Tipp 018: Pflegen Sie Ihr Fach- und Allgemeinwissen und bauen Sie es systematisch aus.

Tipp 019: Greifen Sie auf das Know-how und die Erfahrungen Ihrer Kollegen zurück.

Tipp 020: Setzen Sie Ihre gesamte Persönlichkeit verkaufsfördernd ein.

Tipp 021: Beachten Sie die Erwartungen Ihrer Kunden.

Tipp 022: Bewahren Sie Ihre Individualität.

Tipp 023: Pflegen Sie Ihr Äußeres und Ihre Kleidung.

Tipp 024: Ordnen Sie Ihr Beratungsumfeld.

Tipp 025: Berücksichtigen Sie die Unsicherheit vieler Kunden im Umgang mit Banken und Sparkassen.

Tipp 026: Bedenken Sie den Informationsstand und -bedarf Ihrer Kunden.

Tipp 027: Bemühen Sie sich, zur wichtigsten Informationsquelle Ihrer Kunden zu werden.

Tipp 028: Respektieren Sie die unterschiedlichen Mentalitäten Ihrer Kunden.

Tipp 029: Verhalten Sie sich als Geschäftspartner Ihrer Kunden.

Tipp 030: Streben Sie langfristige Geschäftsbeziehungen mit Ihren Kunden an.

Tipp 031: Meiden Sie den aggressiven Begriff „Verkaufsfront" und sprechen Sie besser vom „Kundenkontakt".

Kapitel 3

Die Kommunikation mit Kunden

In Kapitel 3 geht es vor allem um:

- Die Grundlagen der Kommunikation zwischen Kunden und Beratern von Kreditinstituten
- Gesprächsstörer, Gesprächsförderer und Gesprächssteuerer
- Die kundenorientierte Sprache
- Reiz-Reaktionsabläufe beim Verkaufen von Finanzdienstleistungen
- Die Elemente der nichtsprachlichen Kommunikation: Körpersprache
- Zuwendungen durch Kommunikation mit dem Bank- und Sparkassenkunden

3. Die Kommunikation mit Kunden

Service-, Beratungs- und Verkaufsvorgänge in Kreditinstituten werden von Menschen geprägt. Bis auf wenige Ausnahmen kommen Sie mit Ihren Kunden direkt in Kontakt. Die Zusammenarbeit ohne persönlichen Kundenkontakt ist auf die technische Unterstützung durch Briefe, Fernschreiben, Geldausgabeautomaten, Online-Konto usw. angewiesen. Die überwiegende Zahl aller Verkaufsvorgänge im Kreditgewerbe ist durch das Zusammentreffen von Käufer (= Bankkunde) und Verkäufer (= Bankberater) zu einem Gespräch gekennzeichnet. Im Mittelpunkt dieser Gespräche steht die Verständigung unter den Gesprächspartnern:

- Der Kunde stellt sich und seinen Wunsch vor,
- der Berater informiert sich über die Kundensituation,
- der Kunde erläutert und präzisiert seine Aussagen,
- der Berater stellt die gewünschten Bankleistungen mit ihren Vorteilen vor,
- der Kunde fragt nach Details und Bedingungen,
- der Berater zeigt Prospekte und füllt Formulare aus,
- der Kunde äußert weitere Wünsche,
- der Berater greift die Wünsche auf usw.

Ihr bedeutendstes Verständigungsmittel mit Ihren Kunden ist die Sprache: Ihr Kunde sendet und empfängt Mitteilungen und Sie, der Berater, senden und empfangen ebenfalls Mitteilungen. Der Austausch von Mitteilungen wird Kommunikation genannt. Einzelne Kommunikationsvorgänge zwischen Bankberater und Kunde können Sie durch eine schematische Darstellung in Einzelschritte zerlegen (Abbildung 3).

Der Kommunikationsvorgang wird vom Sender (1) eröffnet. Der Berater hat sich Unterlagen von einigen Kunden angesehen. Er stellt sich vor, dass er in den nächsten Tagen einige Kunden in der Geschäftsstelle ansprechen kann (2). Dazu überlegt er sich Formulierungen aus seinem Wortschatz (3). Diese Überlegungen setzt er in die Tat um; er spricht den Kunden Müller an (4): „Guten Tag, Herr Müller, kann ich Sie kurz über zinsgünstige Obligationen informieren?" Die Frage geht durch den Raum (5) zu Herrn Müller (6). Dieser nimmt die Frage auf (7) und ordnet sie seinem Wortschatz zu (8). Das Wort „Obligation" kennt er nicht; er kann sich nichts Konkretes vorstellen (9). Deshalb denkt er nach (9) und entscheidet sich, Sender zu werden (1). Er überlegt (2) und stellt dann mit seinen

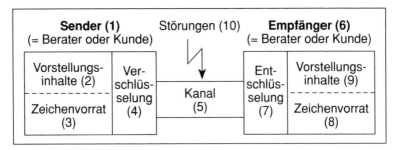

Abbildung 3: Kommunikationsschema

Worten (3) und seiner Art zu sprechen (4) die Frage „Was ist denn das, eine Obligation?". In diesem Augenblick rattert ein Lastwagen geräuschvoll an der Bank vorbei und stört sowohl den Berater als auch Herrn Müller. Die Frage war nicht zu hören (10) ... – Dieser Vorgang ist in Sekundenschnelle abgelaufen.

Kommunikationsvorgänge können neben der Kombinationsfolge „Sprache – Luftraum – Ohren", wie in dem Beispiel mit Herrn Müller, auch auf anderen Wegen ablaufen:

● Schrift – Buch oder Brief – Augen,
● Sprache – Telefon – Ohren,
● Sprache und Bilder – Fernseher – Augen und Ohren,
● Schrift – Datensichtgerät – Augen.

In diesem Buch steht die direkte Kommunikation zwischen Menschen ohne technische Hilfsmittel (Medien) im Vordergrund, auch wenn Kommunikation mit Unterstützung von Medien in Banken an Bedeutung gewinnt. Es sind sehr persönliche Kommunikationsvorgänge, bei denen die Beteiligten die Positionen Sender (1) und Empfänger (6) ständig wechseln. Diese Kommunikationsform bezeichnen wir als Zwei-Weg-Kommunikation, da im Bild der Abbildung 3 ständig zwei Wege eingenommen werden: Vom Sender zum Empfänger und zurück, indem der Empfänger neuer Sender und der ursprüngliche Sender neuer Empfänger wird. Abbildung 4 zeigt ein Beispiel und einen Vergleich zur Ein-Weg-Kommunikation. Die Zwei-Weg-Kommunikation beschreibt Dialoge, die Ein-Weg-Kommunikation Monologe. Beratungs- und Verkaufsgespräche in Banken sind Dialoge, also Zwei-Weg-Kommunikation.

Abbildung 4: Ein- und Zwei-Weg-Kommunikation

Berater und Kunde können nichtsprachliche (nichtverbale) Verhaltensweisen zur Unterstützung der sprachlichen (verbalen) Kommunikation verwenden. Häufig sind die nichtsprachlichen Kommunikationselemente auch ohne Sprache verständlich. Denken Sie an den Zeigefinger an der Stirn im Straßenverkehr. Elemente nichtsprachlicher Art sind zum Beispiel die Körperhaltung, Gebärden (Gestik) und der Gesichtsausdruck (Mimik). Zur sprachlichen Kommunikation gehört neben dem gesprochenen Wort der Sprechausdruck (Tonfall, Sprechweise usw.).

Sie können sich in diesem Kapitel ausführlich über sprachliche und nichtsprachliche Kommunikation informieren. Sie lernen dabei Gesprächsstörer, Gesprächsförderer und Gesprächssteuerer sowie die kundenorientierte Sprache kennen.

3.1 Die Gesprächsstörer

Die einzelnen Bestandteile der Kommunikation nennen wir Kommunikationselemente. Es gibt sprachliche und nichtsprachliche Kommunikationselemente. Beide können Gespräche unterstützen; beide können den Gesprächsablauf erschweren. Kommunikationsunterstützende Elemente bezeichnen wir künftig als „Gesprächsförderer", kommunikationserschwerende Elemente als „Gesprächsstörer".

Zuerst erhalten Sie einen Überblick über die Gesprächsstörer. Gesprächsstörer sind weit verbreitet. Sie werden den einen oder anderen Gesprächsstörer auch in Ihren täglichen Gesprächen entdecken können. Sie könnten durch den gezielten Einsatz vieler Gesprächsstörer Gespräche mit Kunden schnell „abtöten". Indem Sie alle Gesprächsstörer vermeiden, geben Sie Ihrem Gesprächspartner die Chance, dass er sein Anliegen mit Ihnen bespricht.

Sie finden vor jedem Gesprächsstörer ein Kurzbeispiel aus dem Bankalltag. Die folgenden Kurzgespräche finden zwischen B = Bankberater (Verkäufer/Berater/Betreuer) und K = Kunde (Käufer) statt. Auf den folgenden Seiten werden beispielsweise die Begriffe ‚Berater' und ‚Kunde' aus Lesbarkeitsgründen in der männlichen Form verwendet. Selbstverständlich sollen damit auch die Begriffe ‚Beraterin' und ‚Kundin' eingeschlossen sein. Am Ende dieses Abschnitts finden Sie zu jedem Kurzbeispiel eine Alternative ohne die Verwendung des Gesprächsstörers.

Noch ein kleiner Tipp für die Lektüre der nächsten Seiten: Stoppen Sie nach den Dialogbeispielen und suchen Sie jeweils nach einer konstruktiven Alternative für die B-Aussagen.

3.1.1 Befehlen

1 K: Ich möchte ein Sparbuch eröffnen.
B: Warten Sie einen Moment!
K: Da komme ich lieber morgen noch einmal vorbei.
B: Sie müssen an den zweiten Schalter gehen!

Ob K einen Moment wartet oder an den zweiten Schalter geht, ist nicht so wichtig. Sie merken selbst, dass über das Anliegen nicht weiter gesprochen wird und dass eine Über- (B) und Unterordnung (K) der beiden entstanden ist. Unsere bekannte Waage ist kräftig ausgeschlagen. Weitere

Kommunikation wird durch den Gesprächsstörer „Befehlen" nicht ermöglicht. Das Wort „müssen" ruft wahrscheinlich bei K Widerstände hervor, da keinerlei Begründungen von B erfolgen. B hat wahrscheinlich Ursachen für seine Aussagen. Durch die unwiderruflichen Forderungen, die K unbedingt, ohne Widerspruch zu erfüllen hat, werden die Ursachen nicht verständlich.

Der Gesprächsstörer „Befehlen" wird sehr häufig – besonders in längeren Gesprächen – verwendet.

- Das müssen Sie zuerst ausfüllen!
- Sie müssen mir noch den Personalausweis vorlegen!
- Gehen Sie gleich zur Kasse und zahlen Sie den Betrag ein!
- Unterschreiben Sie hier mit vollem Namen!

Sie können diese Aufzählung leicht weiter fortsetzen. „Befehlen" hat zwei Ursachen: Es ist für den Verwender bequem, und er kann seine Unsicherheit verstecken. Der Gesprächsstörer „Befehlen" verfestigt mit jeder Anwendung das negative Bild von den Bankmitarbeitern: „Bank- und Schalterbeamte" befehlen gerne!

3.1.2 In eine „Schublade" stecken

2 K: Mit den Geldeingängen auf meinen verschiedenen Konten wird das immer schwieriger.
   B: Das wundert mich nicht bei Ihrer Branche.

Die Feststellung von B ist sicher richtig und hilft K bei der Einschätzung seiner Lage. Sie macht es aber K sehr schwer, weiter über die künftige Steuerung der Zahlungseingänge mit B zu sprechen. B bekundet kein Interesse an dem von K vorgegebenen Gesprächsthema. Weitere Beispiele für den Gesprächsstörer „in eine Schublade stecken":

3 K: Ich bin mit der Kursentwicklung der A-Aktie überhaupt nicht mehr zufrieden.
   B: Das macht jeder Aktionär mit.

4 K: Für meinen alten Sparbrief sind die Zinsen aber sehr niedrig.
   B: Das ist nun mal so bei Sparbriefen.

Antworten, die die Äußerungen des Gesprächspartners sehr schnell in eine „Schublade" stecken, verursachen häufig Ärger: Der Kunde bekommt das Gefühl, dass der Berater sein Wissen anbringen will und das Einsortieren in eine passende Schublade im Vordergrund steht. Vor lauter Suchen nach Schubladen wird nicht zugehört.

Ohne Schubladen und schnelles Sortieren fühlt sich B vermutlich unsicher. Es fällt ihm offensichtlich schwer, über die Bewegungen auf den Konten, die Ertrags- und Kurschancen der A-Aktie und den alten Sparbrief mit K zu sprechen. Nach der Einordnung in eine passende oder unpassende Schublade entfällt für B jeweils das unangenehme Gesprächsthema.

Mit dem Anwenden des Gesprächsstörers „In eine Schublade stecken" gewinnt B zusätzlich Zeit: es entfällt ein längerer Dialog. Dem Zeitgewinn von B stehen Ärger und ein wenig überzeugender Eindruck auf K gegenüber. Die Schubladen sind ungeeignet, Zeit in Gesprächen mit Kunden zu sparen. Geeignete Wege zur Zeitersparnis zeigen Ihnen später Gesprächssteuerer.

3.1.3 Herunterspielen

5 K: Die monatliche Belastung von über 1.700 € ist für mich kaum tragbar.
B: Ach, das ist nicht so schlimm. Glauben Sie mir, die Belastung werden Sie kaum spüren.

B hilft K durch seine Aussage wenig, weil er nicht näher auf die Bedenken von K eingeht. Ein erfolgreicher Abschluss wird sehr viel schwerer werden. B hat wahrscheinlich die Absicht, K zu beruhigen und zu ermutigen. Dies gelingt nicht, da K den Eindruck gewinnt, dass B das Gespräch schnell abhandeln möchte. Es fällt ihm schwer, weiterzusprechen und seine Bedenken näher zu erläutern. Der Gesprächsstörer „Herunterspielen" begegnet Ihnen in Gesprächssituationen, in denen einer der beiden Beteiligten Hilfe oder Trost erwartet. Der andere merkt dies zwar, will oder kann aber nicht helfen und sorgt dafür, dass das Gespräch bald beendet wird. „Herunterspielen" wird auch von Beratern verwendet, wenn sie Gesprächspartner beruhigen wollen, aber ihnen keine rechten Aussagen dazu einfallen.

Ähnlich wie bei der Verhaltensweise „in die Schublade stecken" bringt das „Herunterspielen" für den Berater einen beachtlichen Zeitgewinn. Eine konstruktive Grundlage für ein partnerschaftliches Gespräch ist „Herunterspielen" nicht. Weitere Beispiele:

● Das war doch schon immer so.
● Irgendwie stehen Sie das schon durch.
● Das nächste Mal wird das schon klappen.

3.1.4 Ausfragen

6 K: Ich benötige rund 45.000 € Kredit.
 B: Für was möchten Sie den Kredit verwenden?
 K: Für die Renovierung meines Hauses.
 B: Haben Sie sich das auch gut überlegt?
 K: Ja. Ich glaube schon.
 B: Und warum gerade 45.000 €?
 K: Die reichen für einen neuen Außenputz und neue Dachpfannen.
 B: muss das wirklich alles sein?

Die Wirkung der vielen Fragen von B an K ist offensichtlich: B stellt sich über K; B erhöht sich zum Kredit„gewährer" an K. Das Kreditgespräch wird nicht partnerschaftlich geführt. Die Abhängigkeit von B wird K deutlich durch die vielen unnötigen Fragen. Wirtschaftlich abhängige Kreditnehmer lassen sich vielleicht die vielen Fragen gefallen. Selbstbewusste Kreditnehmer werden bei B den nachgefragten Kredit nicht aufnehmen; sie suchen sich einen anderen Kreditgeber als Geschäftspartner.

Die Fragen von B sind für die Kreditberatung – zumindest zu diesem frühen Zeitpunkt – unwichtig. Sie stellen ein sehr neugieriges „Ausfragen" dar, das nur B interessiert. K hat sich schon vor diesem Gespräch alle Fragen positiv beantwortet. Für K geht es um den Kredit und nicht um die Verwendung des Kreditbetrages. Die Neugierde von B wird wahrscheinlich von K für Desinteresse an der gewünschten Kreditberatung ausgelegt.

Der Gesprächsstörer „Ausfragen" bindet bei beiden Beteiligten kostbare Zeit. Die meisten Antworten bringen den Bankberater seinem Gesprächsziel (erfolgreicher Abschluss) nicht näher. Tatsächlich wichtige und notwendige Fragen werden nach dem „Ausfragen" vom Kunden nicht mehr erkannt und deshalb nur widerwillig oder unvollständig beantwortet. Die Verhaltensweise „Ausfragen" verhindert partnerschaftliche Beziehungen zwischen Banken und deren Kunden.

3.1.5 Vorschläge vorschnell anbieten

7 K: Ich habe 6.000 €. Die möchte ich gut anlegen.
B: Da nehmen Sie am besten festverzinsliche Wertpapiere.

8 K: Ich brauche dringend Geld für eine Reparatur an meinem PKW.
B: Da machen wir einen Ratenkredit und Sie haben ganz schnell das Geld für die Reparatur.

Solche schnellen Ratschläge und sofortige Lösungen sind von den Beratern sicher ut gemeint. Die Kunden fühlen sich aber abgeschoben und gewinnen den Eindruck, dass die Berater sich nicht näher mit den Kundenwünschen beschäftigen wollen. Die vorschnell angebotenen Vorschläge nehmen den Kunden die Chance, näher über ihre individuellen Anliegen zu sprechen. Die Informationen für einen sachlich richtigen Vorschlag bleiben für den Berater jeweils begrenzt.

Die Gefahr, durch die Schnelligkeit und beschränkte Informationen einen weniger geeigneten Vorschlag anzubieten, ist groß: Vielleicht wäre es im Beispiel 7 – aus Gründen, die B unbekannt sind – für K günstiger, ein Sparbuch anzulegen und im Beispiel 8 einen Sparbrief zu beleihen. Der Gesprächsstörer „Vorschläge vorschnell anbieten" erfolgt vor allem aus der Ungeduld der Berater. Es ist für den Gesprächspartner hilfreicher, wenn der Berater mehr von ihm erfährt und so prüfen kann, ob der Lösungsvorschlag allen seinen Wünschen angemessen ist.

Kurzfristig können Sie durch schnell angebotene Lösungen und Vorschläge eine zeitliche Entlastung erreichen. Unzufriedene Kunden aufgrund vorschneller und dadurch falscher Beratung erhöhen Beschwerden und Reklamationen. Diese Nacharbeitszeiten übersteigen meistens die zuvor eingesparte Zeit. Berater, die „Vorschläge vorschnell anbieten", zeigen ihren Kunden, dass sie mangelnde Beratungserfahrung besitzen, denn ein erfahrener Berater informiert sich umfassend über seinen Kunden und dessen Vorstellungen; erst dann nimmt er seine Empfehlung vor.

3.1.6 Vorwürfe machen

9 K: Die Zinsen für Sparbriefe sind inzwischen recht niedrig.

B: Hätten Sie auf meinen Rat im Oktober letzten Jahres gehört
– jetzt sind die Zinsen volle 2 % niedriger als damals.

Vorwürfe erschweren das Entstehen einer Geschäftspartnerschaft zwischen B und K. B's Entgegnung macht es K kaum möglich, über seine gegenwärtigen Anlageprobleme bei niedrigen Zinssätzen zu reden. Das Beratungsgespräch wird schnell enden.

Die Verhaltensweise „Vorwürfe machen" wird häufig verwendet, wenn der andere sich nicht so verhält, wie es gewünscht wurde. Die wahrscheinlichste Reaktion des Kunden ist eine Rechtfertigung für die eigene Entscheidung. Die Rechtfertigung auf den Vorwurf löst bald einen Teufelskreis aus. Das Problem des Kunden gerät schnell in Vergessenheit. Einige weitere Formulierungen, mit denen Berater ihren Kunden Vorwürfe machen:

- Sie sollten doch neben dem Kreuz unterschreiben!
- Sie können sich einfach nicht an den Kreditvertrag halten.
- „Das ist immer wieder das gleiche mit Ihnen: Jeden Monat wollen Sie einen Vorschuss auf Ihr Gehalt.
- Sie haben wohl den Vertrag nicht richtig durchgelesen.

3.1.7 Bewerten

10 K: Ich habe mich entschlossen, ein Wertpapierdepot für meine Frau bei Ihnen zu eröffnen.

B: Das finde ich übertrieben. Sie haben doch nur ein kleines Depot bei uns.

Für K ist es wenig interessant, ob B den Entschluss gut oder schlecht findet. Der verbale und wertende Angriff mit den Wörtern „übertrieben" und „kleines Depot" verärgert K. Auch wenn B die interne Anweisung hat, Wertpapierdepots nur für größere Posten zu eröffnen, ist die Handlungsweise „Bewerten" für die weitere Zusammenarbeit mit K belastend. Wahrscheinlich hat K gute Gründe, ein zweites Wertpapierdepot einzurichten und ist auch bereit, eine hohe Grundgebühr für dieses Depot zu zahlen.

Der Gesprächsstörer „Bewerten" kann auch sehr positiv von dem Berater gemeint sein:

11 K: Ich bin Stewardess und arbeite bei der X-Fluggesellschaft.

B: Oh, das ist ein phantastischer Beruf; ich wollte auch immer gerne fliegen.

12 K: Als Diplom-Wirtschaftsingenieur verdiene ich netto 5.000 €.

B: Das ist ein sehr gutes Gehalt.

In beiden Beispielen verwenden die Berater Bewertungen mit einer angenehmen Aussage für den Kunden. Die eine Hälfte der Kunden fühlt sich geschmeichelt, die andere Hälfte – und Sie haben bestimmt auch solche Kunden in Ihrer Bank – reagiert, für Sie vielleicht sehr überraschend, weniger freundlich. In unseren Beispielen sind diese Fortsetzungen möglich:

11 K: Oh je, seien Sie erst einmal zehn Jahre als Stewardess bei der X-Gesellschaft. Dann reicht's Ihnen auch.

12 K: Mag sein, bei uns in der Firma verdienen alle meine Kollegen mehr als ich.

Der Gesprächsstörer „Bewerten" wird gerne von Beratern angewendet, die einem Zwang unterworfen sind: alles Gehörte wird gut- oder schlechtgeheißen. Die Einordnung erfolgt nach einer sehr persönlichen Bewertungsskala. Die Aussagen klingen oft anbiedernd, besserwisserisch, moralisch oder überheblich. Bewertungen zielen auf eine Beeinflussung; in Beispiel 10 soll ein Vorhaben aufgegeben werden, in den Beispielen 11 und 12 sollen die Kunden (schneller) abschließen. Vorsicht ist bei „Bewerten" immer angebracht. Insbesondere Superlative wie optimal oder maximal führen nicht immer zu dem gewünschten Beeinflussungserfolg. Superlativen werden von Kunden schnell als ‚typische Übertreibung' eines Verkäufers wahrgenommen. Der ‚günstige' Zinssatz ist glaubwürdiger als beispielsweise der ‚maximale' Zinssatz.

3.1.8 Von sich reden

13 K holt Anlagen zu Kontoauszügen ab

B: Wo waren Sie denn in Urlaub?

K: Ich komme gerade aus Tunesien zurück.

B: Ah, schön, ich fahre in drei Wochen nach Spanien.

K: Es war gutes Wetter dort und alles sehr preiswert.
B: Wir haben ein besonders günstiges Angebot gebucht und in
Spanien scheint im August immer die Sonne.
K: Hm ...
B: Wir wohnen in einem Bungalow direkt am Meer ...

B befragt K nach dessen Urlaub. An einer Antwort ist er nicht interessiert.
Die nachgefragte Antwort dient ihm als Einstieg zu seiner eigenen Selbst-
darstellung. K wurde durch die Frage von B geködert. Ihm wird von B das
Gesprächsthema und die Gesprächsrichtung vorgegeben.

14 K: Manchmal bin ich sehr unsicher bei wichtigen Geldentschei-
dungen.
B: Das kenn' ich. Ich spreche dann mit einem Bekannten, dann
läuft es wieder.

Für K scheint es, dass B ihm nicht zuhört, sondern nur auf eine Gelegenheit lauert, einzuhaken, um seine Ansichten mitzuteilen. Ein partnerschaftliches Gespräch wird durch „von sich reden" unmöglich. Im Extremfall reden beide Beteiligten von sich und hören dem Gegenüber nicht
zu. Das kostet Zeit und bringt Ärger, wenn beide bemerken, dass der andere nicht zuhört, sondern von sich selbst spricht.

3.1.9 Überreden

15 K: Ich möchte einen Spardauerauftrag einrichten.
B: Nehmen Sie doch besser einen Vermögenssparplan, der bringt
gute Zinsen und ist bequem für Sie.
K: Der läuft doch sehr lange.
B: Dafür erhalten Sie mehr Zinsen und eine Prämie der Bank.

K wird von B bevormundet. – Unsere Waage kippt wieder bedenklich.
Die Entscheidung über die Form des regelmäßigen Sparens trifft B für K.
Fatale Folgen sind zu erwarten: Vielleicht benötigt K in zwei oder drei
Jahren dringend Geld. Er verliert – bei Vertragsunterbrechung – die Bank-
prämie und erzielt eine geringere Rendite. Oder: Die Versprechungen B's
treffen nicht ein. K wird den Entscheider über den Vermögenssparplan
(B) verantwortlich machen. Wahrscheinlich beschwert er sich bei B oder,
noch viel schlimmer, er lässt sich von B nie wieder beraten.

Der Gesprächsstörer „Überreden" wird vor allem eingesetzt, um Einfluss auf den Kunden auszuüben. Der Kunde soll sich umorientieren, der Berater beharrt auf seiner Position. „Überreden" kann auch die Folge auf das fehlerhafte Interpretieren von geschäftspolitischen Zielsetzungen sein. Der Berater hat sein Geschäftsziel verfolgt und vor den Kundenwunsch gesetzt.

3.1.10 Warnen

16 K: Auch wenn Sie nichts von den Kurschancen der B-Aktie halten, ich geb' die Kauforder auf.

B: Wenn Sie sich wirklich dazu entschließen, werden Sie schon sehen, was Ihnen diese Entscheidung bringt.

17 K: Unsere Bilanz für das letzte Geschäftsjahr wird erst in ca. sechs Wochen fertig werden.

B: Dann streichen wir unseren Termin in 14 Tagen auch.

B's Warnungen rufen bei K Angst hervor: In Beispiel 16 Angst vor deutlichen Kursverlusten und in Beispiel 17 Angst, dass der mit der Bank bereits vereinbarte Termin platzt. Neben der Angst entsteht bei K das Gefühl, dass er von B erpresst wird. Unsere Waage schlägt wieder sehr klar zu Gunsten von B aus: K wird nach Warnungen kein allzu großes Interesse an einer kontinuierlichen Zusammenarbeit haben.

Warnen und Drohen, sowohl in direkter als auch in indirekter Form, soll den Gesprächspartner unter Druck setzen. Der Berater hat nicht das Bedürfnis, den Kunden anzuhören und ihn zu verstehen. Er hat die Absicht, dass der Kunde sich nach seinen Vorstellungen und Vorschlägen richtet. Der Gesprächsstörer „Warnen" wird gerne eingesetzt, wenn sich der Berater vom Kunden übergangen fühlt.

3.1.11 Ironisieren

18 K: Ich bin sehr sauer nach der großen Pleite mit Ihrer Aktienempfehlung.

B: Oh, werde ich jetzt von Ihnen übers Knie gelegt?

Die ironische Antwort von B verletzt K; er fühlt sich nicht ernstgenommen. K hat die Wahl: Entweder hält und zieht er sich zurück oder er greift

B verärgert an. In beiden Fällen geht das ursprüngliche Gesprächsthema verloren. Die Rahmenbedingungen und Ursachen der „Pleite" können nicht mehr gemeinsam besprochen werden.

Die Handlungsweise „Ironisieren" wird vom Berater in vielen Situationen als witzige Bemerkung verstanden. Wenn der Kunde als Reaktion nicht lacht oder nur ein gezwungenes Lächeln aufsetzt, ist der Berater der irrigen Meinung, der Kunde sei „stur" oder „todernst". Tatsächlich fühlt sich der Kunde übergangen und verletzt – und das mit vollem Recht. „Ironisieren" macht vielen Beratern Spaß, da sie ihre Unlust auf ein intensives Gespräch und ihre Unsicherheit verbergen können. Typische ironische Formulierungen sind:

● Das glauben Sie doch selbst nicht!
● Oh je, da hab' ich Sie auf dem falschen Bein (Kredit statt Sparen) erwischt.
● Da muss ich Sie jetzt in ‚Grundstellung' ansprechen.
● Jetzt geht bestimmt die ganze Welt unter (Zinsänderung).

3.1.12 Monologe

Den Gesprächsstörern 12 bis 14 werden keine Kurzbeispiele vorangestellt. Sie werden jeweils knapp erläutert, da die schriftliche Darstellung anhand von Gesprächsbeispielen nicht geeignet ist.

Monologe sind Selbstgespräche: Der Berater spricht unaufhaltsam zu seinem Kunden, ohne dass dieser antworten und sprechen kann. Sie erinnern sich an den Begriff Ein-Weg-Kommunikation. Ein Monolog entspricht diesem Begriff. Ein echtes Gespräch kann nicht aufkommen, da der Kunde durch den alleinsprechenden Berater gehindert wird, selbst das Wort zu ergreifen.

Monologe lassen beim Kunden das Gefühl entstehen, dass der Berater bei allen Kunden und allen Kundenwünschen ähnliche Aussagen macht. Diese Aussagen sind standardisiert und nicht individuell abgestimmt, da der Berater die Individualität jedes einzelnen Kunden aufgrund des Monologs nicht erkennt. Monologe bekunden Desinteresse am Kunden; Monologe sind stark auf die eigene Person und deren Darstellungsdrang zugeschnitten; Monologe verhindern Kommunikation. Der Gesprächsstörer „Monologe" verdeckt so Beratungswünsche – und damit Abschlussmöglichkeiten der Kunden.

Bedenken Sie, dass wir uns alle selbst sehr viel lieber sprechen hören als andere Menschen. Die eigenen Gesprächsanteile kommen uns kürzer vor, und die Gesprächsanteile unserer Gesprächspartner erscheinen uns wesentlich länger, als sie tatsächlich sind. Ausführliche Darstellungen und Erläuterungen von Beratern langweilen die Kunden, selbst wenn der Inhalt für den Kunden wichtig ist und ihm Vorteile bringt. Er schaltet bald ab, überhört Aussagen und wird gleichgültig. Monologe kosten Beratungszeit, da viele Aussagen später noch einmal – dann im Dialog als Antworten auf Kundenfragen – anfallen.

3.1.13 Gesprächsumfeld

Mit dem Gesprächsumfeld sind alle sachlichen und persönlichen Rahmenbedingungen des Beratungsgesprächs gemeint. Eine stichwortartige, sicher unvollständige Sammlung zeigt Ihnen die Bandbreite des Gesprächsumfeldes an:

- Fehlende Sitzmöglichkeiten für Kunden und Berater,
- störende Geräusche (Straßenlärm, Maschinengeräusche, Telefon, lautstarke Kunden und Bankmitarbeiter),
- beengte Räumlichkeiten (Kunden können das Gespräch einsehen und mithören),
- fehlende Diskretion,
- belastendes Klima (schlechte Luft, Hitze, Kälte, Zugluft),
- fehlendes oder ungeeignetes Besprechungszimmer (ohne Fenster, langer Schlauch usw.),
- mangelhafte technische Ausstattung,
- fehlende Unterlagen (Formulare, Prospekte, Konditionen),
- lange Wartezeiten für Kunden,
- Unterbrechungen (für Unterschriften, Telefonate, Ratschläge an Kollegen),
- knappe personelle Ausstattung (Urlaub, Krankheiten).

Erinnern Sie sich an die Abbildung 3, das Kommunikationsschema: Das Gesprächsumfeld wirkt auf den Sender und den Empfänger. Das Gesprächsumfeld kann zusätzlich den Kommunikationskanal zwischen Sender und Empfänger stören. Kommunikationserfolge hängen neben dem persönlichen Engagement der Gesprächspartner auch von den Rahmenbedingungen ab. Ein Teil dieser Bedingungen lässt sich kaum vom Berater verbessern (zum Beispiel beengte Räumlichkeiten oder störende

Geräusche), ein anderer Teil wird hie und da aus Zeitmangel oder Bequemlichkeit nicht abgeändert (fehlende Unterlagen am Beratungstisch oder Beratung im Stehen). Die Elemente des Gesprächsumfeldes, die aus der Kundensicht leicht vom Berater angenehmer gestaltet werden können, stören besonders die Gesprächsatmosphäre. Der Kunde empfindet schnell die gleichgültige und oberflächliche Einstellung des Beraters.

3.1.14 Belastete(r) Gesprächspartner

Eine schlechte körperliche und geistige Verfassung – die persönliche Form – ist mit dem Gesprächsstörer „belastete(r) Gesprächspartner" angesprochen. Sowohl der Berater wie der Kunde als auch beide können von diesem Störer beeinträchtigt werden. Gesprächspartner sind vielfältigen Belastungen unterworfen, die in einer Reihe von Fällen ein konstruktives Gespräch verhindern:

● Übermüdung und Überlastung (Familie, Beruf, Weiterbildung, lange Fahrten zum Arbeitsplatz und zurück),
● Zwang zum Geschäftsabschluss (Abhängigkeit des Kunden von einer positiven Kreditentscheidung, Druck auf Berater durch unrealistisch hohe Plan- und Zielvorgaben),
● äußerer Druck (Beobachtung durch Dritte, Probezeit, erste Beratung auf dem Gebiet),
● Angst vor Versagen (prominenter Kunde, bedeutender Abschluss, Differenzen),
● Krankheiten (Einwirkung von Arzneien, Schwächung des Körpers),
● Wetterfühligkeit (Wetteränderung, Föhn),
● Konflikte, Streit, Ärger (beruflich, privat).

Neben diesen und ähnlichen deutlichen Belastungsmerkmalen kann die persönliche Tagesform zum Gesprächsstörer werden. Sie kennen sicher aus eigener Erfahrung leistungsstärkere und leistungsschwächere Arbeitstage. Extreme Verhaltensweisen (übertriebene Aktivität, Lustlosigkeit) verunsichern die Kunden.

Ein belasteter Gesprächspartner ist sehr viel häufiger unruhig, unausgeglichen, hektisch und gereizt als ein ausgeglichener. Er fordert – meistens unbewusst – eine Portion Verständnis und Entgegenkommen. Die Beratungsqualität leidet unter den Belastungen und das vorhandene Geschäftspotential wird nicht voll ausgeschöpft.

3.1.15 Gesprächsbeispiele

Es folgen noch einmal alle beschriebenen Gesprächsstörer auf einen Blick.

---

1. Befehlen
2. In eine „Schublade" stecken
3. Herunterspielen
4. Ausfragen
5. Vorschläge vorschnell anbieten
6. Vorwürfe machen
7. Bewerten
8. Von sich reden
9. Überreden
10. Warnen
11. Ironisieren
12. Monologe
13. Gesprächsumfeld
14. Belastete(r) Gesprächspartner

Am Ende dieses Abschnitts über die Gesprächsstörer sollen Ihnen die folgenden Reaktionen des Beraters in den Kurzbeispielen 1 bis 18 konstruktive Antworten aufzeigen. Es gibt neben den aufgeführten Formulierungen eine Reihe weiterer dialogfördernder Aussagen des Beraters:

1 K: Ich möchte ein Sparbuch eröffnen.
B: Ja, gerne. Mein Kollege am zweiten Schalter eröffnet Ihnen sofort Ihr Sparbuch.

2 K: Mit den Geldeingängen auf meinen verschiedenen Konten wird das immer schwieriger.
B: Können Sie das etwas näher erläutern?

3 K: Ich bin mit der Kursentwicklung der A-Aktie überhaupt nicht mehr zufrieden.
B: Mhm. Welche Vorstellungen hatten Sie?

4 K: Für meinen alten Sparbrief sind die Zinsen aber sehr niedrig.

B: Wann haben Sie diesen Sparbrief erworben?

5 K: Die monatliche Belastung von über 1.700 € ist für mich kaum tragbar.

B: Welche Einkünfte stehen Ihnen zur Verfügung? … Haben Sie schon ausgerechnet, was Sie im neuen Haus sparen und welche Zuschüsse Sie erhalten?

6 K: Ich benötige rund 25.000 € Kredit.

B: Ja, da benötige ich einige Angaben von Ihnen für den Kreditantrag: …

7 K: Ich habe 6.000 €. Die möchte ich gut anlegen.

B: Welche Vorstellungen haben Sie?

8 K: Ich brauche dringend Geld für eine Reparatur an meinem Pkw.

B: Damit ich Ihnen die günstigste Kreditform anbieten kann, benötige ich einige Angaben von Ihnen: …

9 K: Die Zinsen für Sparbriefe sind inzwischen recht niedrig.

B: Ja, die Zinssätze für Sparbriefe unterliegen Schwankungen. Zur Zeit liegen die Zinssätze bei …

10 K: Ich habe mich entschlossen, ein Wertpapierdepot für meine Frau bei Ihnen zu eröffnen.

B: Mhm. Was hat Sie zu dem Entschluss für ein zweites Wertpapierdepot geführt?

11 K: Ich bin Stewardess und arbeite bei der X-Fluggesellschaft.

B: Ja … Stewardess … X-Fluggesellschaft.

12 K: Als Diplom-Wirtschaftsingenieur verdiene ich netto 5.000 €

B: 5.000 € netto im Monat.

13 K holt Anlagen zu Kontoauszügen ab

B: Wo waren Sie denn in Urlaub?

K: Ich komme gerade aus Tunesien zurück.

B: Schön. Wie war's in Tunesien?

14 K: Manchmal bin ich sehr unsicher bei wichtigen Geldangelegenheiten.
B: Das kann ich gut verstehen. Ich helfe Ihnen gerne.

15 K: Ich möchte einen Spardauerauftrag einrichten.
B: Ja, das erledige ich für Sie. Kennen Sie schon die Vorteile anderer regelmäßiger Sparformen?

16 K: Auch wenn Sie nichts von den Kurschancen der B-Aktie halten, ich geb' die Kaufordern auf.
B: Was kann ich für Sie im einzelnen notieren?

17 K: Unsere Bilanz für das letzte Geschäftsjahr wird erst in ca. sechs Wochen fertig werden.
B: Oh, das wird die Kreditentscheidung verzögern, da die Bilanz eine wichtige Entscheidungsgrundlage ist

18 K: Ich bin sehr sauer nach der großen Pleite mit Ihrer Aktienempfehlung.
B: Das verstehe ich. Brauchen Sie zur Zeit dringend Bargeld oder können wir einen längerfristigen Weg suchen?

3.2 Die Gesprächsförderer

Kommunikationselemente, die den Dialog mit dem Kunden unterstützen, sind Gesprächsförderer. Es sind Verhaltensweisen, die Interesse am Gesprächspartner und dem, was er sagt, bekunden. Die Gesprächsförderer sagen dem Kunden:

- Ich möchte Sie und Ihre Anliegen verstehen.
- Sprechen Sie bitte weiter.
- Nennen Sie Ihre Vorstellungen.
- Habe ich Sie so richtig und vollständig verstanden?

Gesprächsförderer sind Äußerungen, die voll auf den Gesprächspartner ausgerichtet sind. Der Berater will den Kunden verstehen und teilt ihm mit, was er von ihm bisher erfahren hat. Der Berater hält sich selbst mit seinen Empfehlungen, Ansichten, Ratschlägen, Bewertungen und Zielen zurück. Die einzelnen Gesprächsförderer im Überblick:

---

1. Kunde(nwunsch) geht vor
2. Zuhören
3. Umschreiben
4. Zusammenfassen
5. Nachfragen
6. Denkanstoß geben
7. Relativieren
8. Ich-Aussagen
9. Bedingte Zustimmung
10. Gesprächsumfeld

3.2.1 Kunde(nwunsch) geht vor

Versetzen Sie sich in die Situation eines Bankkunden: Sie betreten die Geschäftsstelle Ihres Kreditinstitutes und gehen direkt an den Annahmeplatz. Sie benötigen Überweisungsformulare und wollen nach Ihren Kontoauszügen fragen. Einige Meter vom Annahmeplatz spricht der Zweigstellenleiter sehr aufgeregt mit einer Mitarbeiterin. Sie warten als Kunde auf das Ende dieser Unterredung und die übliche Bedienung durch die Bankangestellte. – Welchen Eindruck könnten Sie während der Wartezeit von der Bank und deren Mitarbeitern gewinnen?

Oder: Sie lassen sich ausführlich über Anlageformen bei Ihrer Bank informieren. Sie kommen zu der Überzeugung, dass ein festverzinsliches Wertpapier mit rund fünf Jahren Restlaufzeit Ihren Anlagewünschen genau entspricht. Der Berater nimmt sich viel Zeit, die Vorteile des bankeigenen Sparbriefs zu erläutern. Über die Attraktivität von Rentenwerten sagt er nichts. Sie merken sehr deutlich, dass der Berater Ihnen Sparbriefe verkaufen will. – Welchen Eindruck könnten Sie im Verlauf des Gesprächs von der Bank und dem Berater gewinnen?

In den Beispielen ist es für den Geschäftsstellenleiter und die Bankangestellte vorrangig, das eigene Problem auszuräumen, und für den Berater sind die institutsinternen Verkaufsschwerpunkte wichtiger als die Vorstellungen des Kunden. Unsere Pendelwaage, Sie erinnern sich an den Gedanken der Geschäftspartnerschaft, schlägt zu Ihren Ungunsten als Kunde aus. Die Waage pendelt sich in der Waagerechten ein, wenn der Gesprächsförderer „Kunde(nwunsch) geht vor" angewendet wird.

Wie sehen unsere beiden Beispiele mit dem Gesprächsförderer aus?

Im ersten Fall stellt der Geschäftsstellenleiter das Kritikgespräch mit der Mitarbeiterin für einen Zeitraum außerhalb der Geschäftszeiten zurück. Der Kunde betritt die Zweigstelle. Die Bankangestellte fragt nach seinen Wünschen. Der Kunde hat bei der sofortigen Bedienung keine Zeit, einen schlechten Eindruck von der Bank und den Bankmitarbeitern zu gewinnen.

Im zweiten Beispiel erfährt der Berater den Kundenwunsch: festverzinsliches Wertpapier mit einer bestimmten Restlaufzeit. Er fragt den Kunden, ob er auch die Vorteile von Sparbriefen kennt. Der Kunde bejaht, bleibt aber bei seinem Anlagewunsch. Der Berater füllt den Beleg für die festverzinslichen Wertpapiere aus. Der Kunde gewinnt einen überzeugenden Eindruck vom Berater durch die Sparbrief-Frage und das schnelle Ausführen seines Anlagewunsches.

Die Kundenwünsche sind für Ihre Kunden wichtiger als die Anliegen Ihres Hauses. Sprechen Sie erst mit Ihren Kunden über deren Themen. Diese Themen sind für den Kunden interessant. Bankthemen sind in den Augen vieler Kunden Formalitäten, weniger interessant, häufig langweilig. Haben Sie Ihrem Kunden dessen Wünsche erfüllt, ist er positiv gestimmt und eher bereit, Ihnen und Ihren Themen zu folgen. Der Kunde schätzt Klarheit, zuverlässige Informationen und schnelle Entscidungen. Warten Sie mit Ihren Themen, den Bankthemen, einige Momente. Ihre Geduld wird von Ihren Kunden durch verstärkte Aufmerksamkeit und Interesse belohnt.

Ihr „Kunde geht vor" alle Bankinterna, insbesondere hat er Vorrang vor der Technik. Bedienen Sie Kunden sofort. Wenn Sie gerade Statistiken ausfüllen, Sortierarbeit durchführen oder Informationen mit Kollegen austauschen und der Kunde kann dies einsehen, wird er kaum Verständnis dafür aufbringen. Die Kunden spüren Missachtung durch den Bankmitarbeiter.

Der Gesprächsförderer „Kundenwunsch geht vor" erinnert Sie vielleicht an die Formel „Der Kunde ist König". Die beiden Aussagen sind nicht deckungsgleich. Der Gesprächsförderer bezieht sich auf die zeitliche Abfolge und die Formel „König Kunde" in erster Linie auf das Verhältnis zwischen Kunde und Bank sowie deren Angestellte. Die goldenen Zeiten von Königen, Dienern und Lakaien sind Vergangenheit. Sie sind heute als Bankberater kein Diener Ihrer Kunden – Sie sind deren Geschäftspartner.

Oder möchten Sie sich bei beratungsintensiven Leistungen, zum Beispiel beim Steuerberater oder Architekten, von Dienern beraten lassen? – Sie und Ihre Bank leben von den Aufträgen Ihrer Kunden und nicht von internen Arbeiten. Erst die Kunden zufriedenstellen und dann alle internen Aufgaben erfüllen, so fördern Sie Ihre Gespräche als Geschäftspartner Ihrer Kunden.

3.2.2 Zuhören

Haben Sie schon die folgenden oder ähnlichen Klagen gehört?

Die Führungskraft über den Angestellten: „Ich muss ihm alles zweimal sagen, und dann hört er immer noch nicht richtig zu". Der Angestellte über seinen Kollegen: „Er hört nie etwas vollständig". Der Kollege über den Auszubildenden: „Ich erzähle alles hundertmal und dann hört er immer noch nicht zu". Der Auszubildende über die Mitarbeiter in der Bank: „Dort hört niemand auf mich". Die Mitarbeiter über die Führungskräfte: „Von denen da oben hört uns keiner lange zu". – Die Bankberater über ihre Kunden: „Die Kunden hören mir nie richtig zu". Und die Kunden über ihre Bankberater: „Die bei der Bank hören mir nie richtig zu".

Sicher sind Ihnen diese Zitate oder deren Abwandlungen bekannt. In unserer Gesellschaft besteht ein großes Defizit im praktischen Zuhören. Wer hat Zuhören systematisch erlernt? Sie haben in Ihrer Schul-, Aus- und Weiterbildungszeit Unterstützung für das Lesen, Rechnen und Schreiben erhalten. Vielleicht haben Sie Reden, Argumentieren und Diskutieren in Kursen geübt. Zuhören ist bisher kein Schul-, Ausbildungs- oder Studienfach.

Doch gerade gute Zuhöreigenschaften sind wichtig. Denn: Es vergeht kaum ein Tag, an dem Sie auf Ihre Zuhörfähigkeiten verzichten können: morgens am Frühstückstisch, bei den Frühnachrichten am Radio, bei kurzen Absprachen mit der Familie über den Tagesablauf, bei der Begrüßung und bei einigen „Neuigkeiten" in der Bank, bei ersten Anweisungen und Informationen von Führungskräften und Kollegen, Kundengesprächen, Besprechungen usw. bis zum Theater-, Kino- oder Fernsehabend.

Nutzen Sie die Hinweise dieses Buches. Sie haben die Chance, Ihre Zuhöreigenschaften zu verbessern. Nehmen Sie sich Zeit. Es lohnt sich sicher für Sie.

Kunden, denen Sie zuhören, haben nach dem Gespräch das Gefühl, dass die Gedanken, Meinungen und Wünsche wirklich verstanden (gehört) wurden. Sie haben bei den Kundenäußerungen nicht abgeschaltet oder Ihre Ohren „auf Durchzug gestellt". Sie haben die Informationen Ihrer Kunden aufgenommen.

Zuhören ist die Kunst, im richtigen Augenblick zu schweigen. Zu einem verständnisvollen Zuhören gehört sicherlich sehr viel mehr als das Schweigen. Wir trennen Zuhören in passives und aktivierendes Zuhören. Das passive Zuhören gibt dem Gesprächspartner viele Möglichkeiten, seine Angelegenheiten darzulegen und gehört zu werden. Es beschränkt sich auf die Informationsaufnahme und Zeichen des Zuhörens. Das aktivierende Zuhören umfasst mehr: Neben dem passiven Zuhören gibt der aktivierende Zuhörer zusätzliche Impulse an seinen Gesprächspartner zurück.

Zur Unterscheidung von passivem und aktivierendem Zuhören je ein Beispiel:

19 K: Ich suche schon lange nach einem geeigneten Haus für mich.
     B schaut K an.
     K: Jetzt habe ich ein Zwei-Familienhaus gefunden. Ich glaube,
     dass es bei dieser Lage auch schnell im Wert steigen wird.
     B schaut K weiter an.
     K: Jetzt fehlt mir nur die Finanzierung.

20 K: Ich suche schon lange nach einem geeigneten Haus für mich.
     B: Ah ja. Für Sie.
     K: Ja, für mich und meine Familie. Jetzt habe ich ein Zwei-
     Familienhaus gefunden.
     B: Mhm.
     K: Ich glaube, dass es bei dieser Lage auch schnell im Wert
     steigen wird.
     B: … bei dieser Lage?
     K: Ja, nur drei Kilometer zur Autobahnauffahrt rund 300 Meter
     vom Ortskern – im Grünen. Und jetzt fehlt mir nur noch die
     Finanzierung …

Der Berater in Beispiel 19 hört passiv zu, der Berater im Beispiel 20 hört dagegen aktivierend zu. Er nimmt die Informationen von K auf und setzt Impulse, so dass er von K mehr als im ersten Beispiel erfährt (Familie des Kunden; exakte Lage des Zwei-Familienhauses). Das passive Zuhören ist ein Gesprächsförderer, das aktivierende Zuhören ist ein Gesprächssteuerer. Über das aktivierende Zuhören können Sie später mehr lesen. Wir bleiben beim Geschäftsförderer „passives Zuhören".

Wenn Kunden sich mit ihren Wünschen und Anliegen verstanden wissen wollen, setzt das voraus, dass sie gehört, dass ihnen zugehört wird.

Wie merken Kunden, dass der Berater ihnen zuhört? Vor allem dann, wenn sie sprechen dürfen und können sowie wenn sie aussprechen können. Nicht nur Kunden fühlen sich wohl, wenn sie mit einem Gesprächspartner sprechen, der ihre Sätze zu Ende anhört. Es widerspricht dem Gebot des Zuhörens, dem anderen das Satzende vorzuformulieren, ihn bei langsameren Aussagen zu unterbrechen oder in dessen Denkpausen selbst zu sprechen.

Welchen Wert legen Sie auf Zuhöreigenschaften Ihrer Kunden und welche Zuhöreigenschaften besitzen Sie? Dazu ein Abschnitt aus einem Werk über Zuhören (Weisbach u. a.):

„Unter Umständen haben Sie ... festgestellt, dass Sie sich selbst als Ge-sprächspartner ganz anders verhalten, als Sie es von Ihren Gesprächs-partnern erwarten.

Vielleicht haben Sie in Ihrem Bekanntenkreis Autofahrer, die sehr ge-nau sagen können, was ein guter Fahrstil ist, und die, wenn sie Beifah-rer sind, auch von anderen erwarten, dass sie entsprechend fahren; nur, sobald sie selbst am Steuer sitzen, reitet sie der Teufel und sie fahren wie eine gesengte Sau. Manchmal kann man den Satz hören: ‚Ich möchte niemals mein eigener Beifahrer sein!'. Auf die Gesprächssitua-tion übertragen heißt das: ‚Ich möchte niemals mein eigener Gesprächs-partner sein und mir zuhören müssen!'. Hinter dem schneidigen Fahr-stil steckt oft die Absicht zu zeigen, was man drauf hat; ähnliches gilt auch für Gespräche."

Schweigen ist für Berater schwer, weil sie schweigend nicht demonstrie-ren können, welches Fachwissen, welche Erfahrungen, welche Entschei-dungsbefugnisse sie haben und welche günstigen Ratschläge sie geben können. Viele Berater fühlen sich dann sehr bestätigt, wenn sie sprechen und sich dem Kunden darstellen können. Häufig ist dies den Beratern nicht bekannt. – Das gilt auch für Kunden: Ihre Kunden hören sich gerne sprechen. Lassen Sie sie ausreden, unterbrechen Sie nicht. Sie geben Ih-nen viele wertvolle Hinweise für das weitere Gespräch.

Zuhören bringt Ihnen einen weiteren Vorteil: Sie erfahren sehr wahr-scheinlich mehr über das Anliegen – oder sogar das wirkliche Anliegen. Wenn Sie schnell mit Empfehlungen oder Kommentaren reagieren, lau-fen Sie Gefahr, dass Sie das eigentliche Anliegen nicht erfahren. Lösun-gen für die Kunden vorschlagen, obgleich der Berater nicht zu Ende gehört hat – ist das nicht eine Riesen-Überheblichkeit? Was sagt da wohl die Pendelwaage?

Zuhören ist die Kunst, im richtigen Augenblick zu schweigen. Schweigen alleine genügt vielfach nicht. Sie würden Ihren Kunden verunsichern, wenn Sie nur schweigen. Machen Sie ihm deutlich, dass eine Zwei-Weg-Kommunikation stattfindet. Geben Sie Zeichen des Zuhörens wie Nicken oder Augenkontakt und Mhm, Ah, Ja, Mm-Hmm. Jetzt nimmt Ihr Kunde das Zuhören auf und spricht weiter.

Zuhören ist die Kunst, im richtigen Augenblick zu schweigen. Seien Sie sich dieses Satzes immer bewusst. In einigen Gesprächen kommen

Kunden auf Sie zu mit Gesprächseröffnungen wie „Ich brauche von Ihnen dringend Rat". Das ist kein Freizeichen, all Ihr Wissen über das Zuhören von Bord zu werfen. Was halten Sie von der Reaktion „Diesen Rat gebe ich Ihnen gerne. Dazu benötige ich erst einige Informationen von Ihnen ..." – Und jetzt sollten Sie die Informationen des Kunden zuhörend aufnehmen. Anschließend geben Sie individuell den gewünschten Rat.

3.2.3 Umschreiben

Sie verstehen im Gespräch immer das, was Sie vom Kunden gehört haben, Sie verstehen nicht immer, was der Kunde gesagt hat. Hoffentlich ist das Gesagte mit Ihrem Gehörten identisch! Der Gesprächsförderer „Umschreiben" unterstützt Sie, damit Sie tatsächlich das Gesagte verstehen. An einem Beispiel können Sie dies näher sehen:

21 K: Ich möchte noch in diesem Jahr mit dem Bau eines Architektenhauses beginnen. Das wird mit dem Grundstück und den Nebenkosten rund 780.000 € erfordern. Ich besitze schon einen zuteilungsreifen Bausparvertrag über 200.000 € und an Eigenmitteln und Eigenleistungen werde ich ca. 350.000 € erbringen. Jetzt überlege ich schon lange, wie das Ganze zu finanzieren ist. Ich habe gelesen, dass es da verschiedene Möglichkeiten gibt. Ich bin mir gerade sehr unsicher, weil ich nur 2.000 € monatlich zahlen kann.

B: Einen Moment, bitte. Ich überschlage kurz: Ja, das klappt. Sie zahlen dann bei einem Zinssatz von 8 % und bei 1 % Tilgung ziemlich genau 2.000 € im Monat.

Die positive Antwort des Beraters wird den Kunden erfreuen. Doch wenige Augenblicke später wird sich herausstellen, dass der Berater vergessen hat, richtig zuzuhören. Außerdem hat er den Gesprächsförderer „Umschreiben" nicht eingesetzt. Die Folge für den Berater: Zu den monatlichen Zinsen und der Tilgung auf 230.000 € (= monatlich 1.725 €) kommt noch die Bausparkassenleistung von ‰ monatlich auf 200.000 € (= 1.200 €). Das ergibt eine monatliche Gesamtrate von rund 2.925 € für den Kunden. Wie passt das zu der Berateraussage „Ja, das klappt"?

Wie sieht die Äußerung B's aus, wenn er den Gesprächsförderer „Umschreiben" im Beispiel 21 verwendet?

21 B: Sie benötigen, wenn ich Sie richtig verstanden habe, 780.000 €. Davon erbringen Sie 350.000 € selbst und 200.000 € durch einen Bausparvertrag. Bleiben noch 230.000 € Finanzierungsbedarf. Insgesamt möchten Sie monatlich nicht mehr als 2.000 € zahlen.

Jetzt kann der Kunde entweder „Ja, so ist es" oder „Nein, 2.000 € für die Finanzierung neben dem Bausparvertrag" antworten. Mit beiden Antworten erhält der Berater eine sichere Grundlage für das weitere Beratungsgespräch. Der Gesprächsförderer „Umschreiben" hat ihm eine peinliche und schwierige Gesprächssituation erspart. Mit dem Umschreiben teilt der Berater seinem Kunden mit, dass er die Aussage aufgenommen hat und bereit ist, weiter darüber zu sprechen.

3.2.4 Zusammenfassen

Es gibt Beratungsgespräche, in denen Ihr Kunde seine Vorstellungen und Anliegen umständlich, langwierig und ausführlich beschreibt. Vielleicht dreht sich das Gespräch sogar längere Zeit im Kreis. Hier setzt der Gesprächsförderer „Zusammenfassen" an. Formulierungen wie

- Ich fasse zusammen …
- Ich wiederhole kurz …
- Sammeln wir noch einmal die wesentlichen Punkte …
- Wo waren wir stehengeblieben? (bei Unterbrechungen)
- Was haben wir bisher vereinbart?

leiten Zusammenfassungen ein. Die Zusammenfassungen entsprechen stark gekürzten Umschreibungen. Sie heben die zentralen Aussagen, Ergebnisse und Gemeinsamkeiten hervor, machen sie den Gesprächsbeteiligten bewusst und geben konstruktive Ansatzpunkte, im Gespräch fortzufahren. Der Gesprächsförderer „Zusammenfassen" bringt Strukturen in ein Beratungsgespräch. Die Kernaussagen werden in den Mittelpunkt des Gesprächs gestellt und gleichzeitig die Nebensächlichkeiten – die viel Zeit beanspruchen – verdrängt. Ein Beispiel:

22 K: Ich bin noch immer sehr skeptisch vor einem Aktienkauf. Vor einigen Jahren, da habe ich schon einmal Aktien gekauft, Volksaktien damals, von VW und Veba. Erst gab es stolze Kursgewinne und dann ging es ab in den Keller. Da sind festverzinsliche Wertpapiere schon viel sicherer: Da schwanken die Kurse auch, aber nie stark – und Zinsen, die gibt's Jahr für Jahr … Und die Rückzahlung erfolgt immer in voller Höhe … Und damals gab es noch große Kursgewinne mit Aktien an der Börse. Heute kann man nur verlieren, bei der Politik …

B: Ich fasse kurz zusammen: Sie ziehen festverzinsliche Wertpapiere vor Aktien vor?

K: Ja, das ist richtig. Was bringen die denn zur Zeit?

Mit wenigen Worten gelingt dem Berater eine präzise Zusammenfassung der Kundenäußerungen. Der Kunde stimmt mit „Ja" zu und fragt nach Einzelheiten. Die Grundlage für einen schnellen und erfolgreichen Abschluss ist durch den Gesprächsförderer „Zusammenfassen" gelegt.

3.2.5 Nachfragen

23 K: Ich beabsichtige, mich im nächsten Jahr selbständig zu machen. Ich bin nämlich Schreinermeister. Und da wollte ich mich einmal erkundigen, welche Finanzierungsmittel für mich in Frage kommen. Ich habe da mal gelesen, dass es Existenzgründungskredite gibt.

B: Ja, die gibt es. – Ich habe noch kein genaues Bild von Ihrem Vorhaben. Könnten Sie mir Ihre Pläne etwas genauer vorstellen?

Der Berater zeigt seinem Kunden durch den Gesprächsförderer „Nachfragen", dass ihn dessen Projekt interessiert und er weitere Informationen wünscht. Dem Kunden wird es dadurch leichtgemacht, weiter über seine Existenzgründung zu reden. Der Berater hat indessen Zeit, nachzudenken. Er kann schon mögliche Vorschläge während der Kundenäußerungen überprüfen. Einige Formen des Nachfragens:

- Das habe ich nicht vollständig verstanden. Können Sie mir mehr über Ihre Vorstellungen sagen?
- Dazu würde ich gerne noch mehr von Ihnen erfahren.
- Können Sie mir über diese Investition schon mehr sagen?

- Welche Vorstellungen haben Sie im Einzelnen über ... (die Zusammenarbeit, die Zahlungsweise, die technische Abwicklung, die Zins- und Tilgungsleistungen usw.)?
- Können Sie mir über Details berichten?
- Erzählen Sie mir mehr darüber.

Kaum ein Kunde widersetzt sich dem Gesprächsförderer „Nachfragen". Der Kunde hat das Thema zuvor angesprochen und ist somit schnell bereit, über Einzelheiten zu sprechen. Nachfragen wird überraschend wenig angewendet. Sie werden sich häufiger ertappen können, dass Sie, anstatt nachzufragen, um Genaueres zu erfahren, schnell die Kundenäußerung in eine Schublade stecken (2. Gesprächsstörer!). Sie schneiden sich damit den Informationsfluss ab. Mit der Verwendung des Gesprächsförderers „Nachfragen" setzen Sie einen Schlüssel bei Ihrem Kunden an: Er öffnet sich und gibt Ihnen zusätzliche Informationen. Achtung: Verwechseln Sie Nachfragen nicht mit Ausfragen. Das ist der 4. Gesprächsstörer.

3.2.6 Denkanstoß geben

24 K: Ich habe jetzt die Wahl zwischen Anlageformen mit jährlicher Zinszahlung und einer Anlage, die die Zinsen über die gesamte Laufzeit ansammelt.

B: Ich frage mich gerade, wie wichtig für Sie die jährliche Zinszahlung ist.

25 K: Derzeit erscheint die Zinsentwicklung recht unsicher. Die Zinsen sind zum einen schon kräftig zurückgegangen, zum anderen besteht noch Spielraum nach unten. Da fällt es schon schwer, sich für feste oder variable Zinsen zu entscheiden.

B: Wieviel liegt Ihnen an einer festen Kalkulationsbasis?

Viele Kunden belasten sich, indem sie Entscheidungen immer wieder von verschiedenen Seiten beleuchten. Sie tendieren erst auf die eine Seite und kurz danach auf die andere. Eine Entscheidung treffen sie nicht, manchmal aus Bequemlichkeit, manchmal aus Hilflosigkeit, manchmal weil ein Teilaspekt den Blick für die richtige Entscheidung verstellt.

Der Gesprächsförderer „Denkanstoß geben" kann Entscheidungen des Kunden beschleunigen. Manchmal sind mehrere Denkanstöße erforderlich. Die Denkanstöße des Beraters zeigen dessen Kunden das Interesse an ihm und der Sache. Sie zwingen ihn zugleich, weitere Gründe für oder gegen eine Entscheidung zu suchen. Der Berater drückt durch seine Denkanstöße aus, dass er dem Kunden die Entscheidung nicht abnehmen wird.

Stellen Sie sich in den Beispielen 24 und 25 vor, der Berater hätte jeweils im Sinne des Gesprächsstörers 5 – „Vorschläge vorschnell anbieten" – gehandelt: „Nehmen Sie am besten Anlage X" und „Variable Konditionen sind zur Zeit für Sie am günstigsten". – Damit trifft der Berater die Entscheidung für seinen Kunden. Mit der Entscheidung trägt er auch die Verantwortung, nicht nur heute, sondern für die gesamte Tragweite der Entscheidung. Der Kunde kann künftig bei ungünstiger Entwicklung dem Berater vorhalten: „Sie haben mir aber damals gesagt, dass …" Hoffentlich hält die Beziehung zwischen Kunde, Berater und Bank diese Vorwürfe aus.

Mit dem Gesprächsförderer „Denkanstoß geben" vermeiden Sie Belehrungen. Ihr Kunde ist Ihr Geschäftspartner mit wichtigen Anliegen. Er entscheidet frei – mit Unterstützung durch Sie als dessen Berater. Denken Sie immer daran: Entscheidungen, die der Kunde trifft – zum Beispiel nach Ihren Denkanstößen – werden von ihm getragen und verteidigt. Es sind seine Entscheidungen; Entscheidungen, die Sie für Ihren Kunden treffen, sind für den Kunden Beraterentscheidungen. Diese Entscheidungen bleiben ihm fremd, auch wenn er zustimmt.

3.2.7 Relativieren

Mit dem Gesprächsförderer „Relativieren" setzen Sie zwei oder mehr Aussagen Ihres Kunden in einer Kurzform in Beziehung zueinander. Sie geben ihm zu erkennen, dass Sie ihm zugehört haben und seine Äußerungen von Ihnen verstanden wurden. Ein Beispiel:

26 K: Ich habe die Gelegenheit, in wenigen Wochen mit meinem Sportverein einen Surfkurs am Gardasee zu machen. Das würde mir sicher viel Spaß und Erholung bringen. Aber das wird insgesamt recht teuer mit der Fahrt, Unterkunft, dem Kurs und dem Surfbrett. Da bleibt mir nichts mehr zum Sparen übrig.

B: Auf der einen Seite möchten Sie wieder einmal in Urlaub, andererseits möchten Sie sparen.

K: Ja, so ist es …

Der Berater relativiert die beiden entgegengesetzten Anliegen des Kunden. Er setzt den Wunsch nach Urlaub und Erholung in direkte Beziehung zu dem Wunsch, wenig Geld auszugeben und zu sparen. Damit wird das Entscheidungsproblem des Kunden noch deutlicher. Er hat kaum Möglichkeiten, von der Entscheidung wegzugehen und über Nebensächlichkeiten zu sprechen. Ein weiteres Beispiel zum Relativieren:

27 K: Diese Kreditkarte, sagten Sie, kostet im Jahr 70 €. Das erscheint mir doch sehr viel. 70 € jährlich sind eine Menge Geld für so eine Plastikkarte.

B: Einerseits möchten Sie die Leistungen der Kreditkarte nutzen, andererseits kommen Ihnen die Kosten hoch vor. Wägen Sie Ihren Nutzen und den Preis ab.

Der Berater steuert noch unmittelbarer als in Beispiel 26 mit dem Gesprächsförderer „Relativieren" auf eine schnelle Kundenentscheidung hin. Der Entscheidungsspielraum des Kunden wird mit dem Satz „Wägen Sie ... ab" verengt. Alle anderen Fragen – eine andere Kreditkarte, Reise- oder Euroschecks – stehen für das laufende Gespräch nicht mehr zur Diskussion. Der Berater beschleunigt das Gespräch durch den Einsatz des Gesprächsförderers.

3.2.8 Ich-Aussagen

Dieser Abschnitt beginnt mit einigen Äußerungen, die dem Gesprächsförderer „Ich-Aussagen" widersprechen. Sie können diese Äußerungen Tag für Tag in Kreditinstituten hören:

28 B: Wenn man die jetzige Zinsentwicklung betrachtet, so können wir nur empfehlen, sich möglichst schnell zu entscheiden.

29 B: Wir möchten zu dieser Frage folgendes ausführen: ...

30 B: Das Konto kann man einziehen.

31 B: Man kann das schon machen. Wir würden da empfehlen, dass ...

Wenn Sie diese Zitate genau durchlesen, entdecken Sie, dass dies alles „Man"- und „Wir"-Sätze sind. Die verallgemeinernde Redewendungen „man" und „wir" werden sehr häufig von Beratern benutzt. Sie führen oftmals zu einem Versteckspiel: Der Kunde könnte fragen „Wer ist mit ‚man' und mit ‚wir' gemeint?" – insbesondere, wenn er nur einem Berater gegenübersitzt.

In der Wir-Form können Sie selbstverständlich im Geschäftsbrief schreiben. Der Brief wird dann auch von zwei Personen unterschrieben. Dann stimmt die Mehrzahl in der Formulierung. In einem Beratungsgespräch vertreten Sie persönlich Ihr Institut, Sie suchen die persönliche Beziehung mit Ihren Kunden. Wir-Formulierungen können die Beziehung nicht fördern. Oder sprechen Sie mit Ihrem Ehepartner so: „Wir möchten zu der Urlaubsfrage folgendes ausführen ..."? Ich bin sicher, dass Sie eine Ich-Aussage wählen, etwa: „Ich habe eine gute Idee für unseren diesjährigen Urlaub ...".

Sie sind bestimmt bereit, die volle Verantwortung für das zu übernehmen, was Sie in Beratungsgesprächen aussagen. Dann brauchen Sie sich nicht hinter „man", „wir" oder anderen verallgemeinernden Äußerungen zu verstecken. Diese Formulierungen wirken wenig überzeugend, lassen einen großen Handlungs- und Einschätzungsspielraum zu oder sind schlicht und einfach falsch. Ersetzen Sie solche Äußerungen analog den Beispielen durch gesprächsfördernde Ich-Aussagen:

28 B: Bei der jetzigen Zinsentwicklung empfehle ich Ihnen, dass Sie sich schnell entscheiden.

29 B: Ich meine ...

30 B: Ich ziehe das Konto von der anderen Bank für Sie ein.

31 B: Das ist möglich. Ich rate Ihnen ...

Alle Ich-Aussagen sind leicht verständlich. Ihr Kunde kann Ihre Gedanken und Ratschläge ohne Einschränkungen erkennen. Er bekommt eine klare Aussage. Diese klaren Ich-Aussagen wirken ansteckend. Ihr Gesprächspartner wird nach Ihren Ich-Aussagen weniger umständlich und einschränkend sprechen. Sie sparen so Zeit.

Vermeiden Sie Äußerungen, die Ihrem Kunden vorschreiben, was er entscheiden oder unternehmen soll – „Sie sollten diese Anlageform nehmen" oder „Sie müssen noch dieses Formular genau ausfüllen ...". In Ich-Aussagen sprechen wir über uns selbst. In den beiden Beispielen sagt der Berater wenig über sich. Sie heißen Sie-Aussagen. Es ist Ihnen bestimmt aufgefallen, dass diese Sie-Aussagen Gesprächsstörer („Befehle") sind.

Man- und Wir-Aussagen gehören zu den Sie-Aussagen: Man-Aussagen vereinnahmen eine große Anzahl von Menschen, manchmal sogar die gesamte Menschheit. Bei Wir-Aussagen versteckt sich der Berater hinter der Allgemeinheit, häufig auch hinter dem Bankapparat. Nicht jedes „man", „wir" oder „Sie" ist für Beratungs- und Verkaufsgespräche ungeeignet. Gesprächsfördernd sind diese Wörter in Sätzen wie

- Häufig sagt man, dass ... Wie sehen Sie das? (Gesprächsförderer 5: Nachfragen).
- Wir haben vereinbart ... (Gesprächsförderer 4: Zusammenfassen).
- Ich eröffne das Sparbuch für Sie (Gesprächsförderer 8: Ich-Aussage).

3.2.9 Bedingte Zustimmung

Der Gesprächsförderer „Bedingte Zustimmung" soll Atmosphäre für eine sachliche Auseinandersetzung mit Ihren Kunden schaffen. Sie können ihn besonders erfolgreich anwenden, wenn Sie Äußerungen Ihres Gesprächspartners verstehen, aber nicht teilen können. Die bedingte Zustimmung bedeutet kein sachliches Nachgeben. Sie erfolgt mit den vier Schritten:

---

1. Z = Zustimmen
2. I = Interesse zeigen/Informationen einholen
3. M = Motive/Mängel/Meinung/Argumentation
4. T = Transfer/Offenheit

Ziel der bedingten Zustimmung nach der Merkformel ZIMT ist Entspannung einer belasteten Gesprächsatmosphäre. Sie stimmen Ihrem Gesprächspartner im 1. Schritt (bedingt) zu. Dadurch achten Sie den Kunden und beachten die Kundenäußerung. Konfrontation, die vielleicht vom Kunden angestrebt wurde, wird vermieden. Im Schritt 2 bemühen Sie sich verstärkt um Ihren Kunden: Sie zeigen Verständnis und Interesse oder fragen nach weiteren Informationen. Damit bringen Sie einen angreifenden Kunden zum Nachdenken. Der bisherige Angreifer beantwortet Fragen, Sie bringen ihn in eine eher verteidigende Position. Der 3. Schritt spricht die Motive des Kunden und eventuelle Mängel in der Aussage an. Argumentativ wird der Angriff des Kunden behandelt, um im 4. Schritt den Dialog offen und entspannt fortzusetzen.

32 K: Das ist doch unerhört, dass Sie mich bis jetzt noch nicht über
die neuen Anlageformen Ihres Hauses informiert haben.

B: (Z) Ja, Herr Köhler, ich kann Ihre Äußerungen verstehen.

(I) Wir haben bisher noch nicht darüber gesprochen.

(M) Viele Kunden sprechen mich auf neue Anlageformen an.

(T) Soll ich Sie künftig über alle wichtigen neuen Leistungen
unseres Hauses informieren?

Die bedingte Zustimmung kann auch ohne die Schritte M und T von Ihnen angewendet werden: Z in Kombination mit I und dem Gesprächsförderer Zuhören genügt oft. Eine solche Antwort zu Beispiel 32:

32 B: Ich finde es richtig, dass Sie mich sofort auf das Versäumnis
ansprechen. (Z) Wie kann ich das aus der Welt bringen? (I)

Varianten des Gesprächsförderers „Bedingte Zustimmung" werden später
bei der Einwand- und Reklamationsbeantwortung ausführlich dargestellt.

3.2.10 Gesprächsumfeld

Der 10. Gesprächsförderer ist in der Bezeichnung mit dem 13. Gesprächsstörer identisch: „Gesprächsumfeld". Räumen Sie an Ihrem Beratungsplatz alle negativen Beispiele, die Sie bei diesem Gesprächsstörer
gelesen haben, aus und Sie steigern Ihren Gesprächserfolg. Hier einige
wichtige Rahmenbedingungen:

● Räumliche Trennung vom Schnellbereich (keine Zuhörer und Zu-
schauer),
● Beratungstisch mit Sitzanordnung über Eck,
● funktional technische Ausstattung (kurze Wege),
● vollständige Unterlagen am Beratungsplatz (Konditionenübersicht,
Prospekte, Formulare usw.),
● sauberer und geordneter Beratungsplatz,
● wenige Störungen durch Personen (Vorgesetzte und Kollegen) und
Technik (Telefon),
● Warteplatz für Kunden in Sicht-, aber nicht in Hörnähe.

Setzen Sie sich für ein kundenfreundliches Gesprächsumfeld ein. Beachten
Sie, dass Sie Ihr Gesprächsumfeld mit anderen Augen als Ihre Kunden

sehen. Sie haben nicht nur inzwischen Ihren Stammplatz am Beratungstisch. Sie sind, und das mit steigender Bankzugehörigkeit, „betriebsblind" geworden.

Bitten Sie einen guten Bekannten in den Geschäftszeiten in Ihre Geschäftsstelle. Geben Sie ihm die Aufgabe, Ihren Beratungsplatz und das Umfeld dieses Platzes mit den kritischen Augen eines Kunden zu überprüfen. Er wird Ihnen einige überraschende Beobachtungen mit guten Verbesserungsansätzen nennen können. Reagieren Sie nicht mit der Äußerung „Da spricht das ... und jenes ... dagegen", sondern fragen Sie sich und Ihr Arbeitsteam „Wie können wir diese Beobachtungen in Verbesserungen umsetzen?". Nur die in Verbesserungen umgesetzten Beobachtungen machen Ihr Gesprächsumfeld noch kundenfreundlicher als bisher.

3.3 Die Gesprächssteuerer

Sie haben auf den vorangegangenen Seiten über die kommunikationserschwerenden Gesprächsstörer und die kommunikationsunterstützenden Gesprächsförderer gelesen. In diesem Teil des Kapitels „Kommunikation" erfahren Sie Näheres über die „Gesprächssteuerer".

Die Gesprächssteuerer haben einiges mit den Gesprächsförderern gemeinsam: Sie unterstützen jeweils den Dialog, sorgen beide für die Gesprächsatmosphäre und beschleunigen das Gespräch. Über die Gesprächsförderung hinaus lenken sie das Beratungs- und Verkaufsgespräch in eine bestimmte Richtung vorrangig zum Geschäftsabschluss.

Somit haben die Gesprächssteuerer zwei Funktionen:

- Unterstützung der Kommunikation und
- Beschleunigung des Kommunikationsvorganges.

Je stärker Sie die einzelnen Möglichkeiten der Gesprächssteuerung einsetzen, um so rationeller läuft Ihr Beratungs- und Verkaufsvorgang ab. Beachten Sie aber die Grenzen der Steuerung von Gesprächen: Der Kunde empfindet Bevormundung bei zu starker Führung durch den Berater – unsere Pendelwaage schlägt wieder aus. Ihr Fingerspitzengefühl und Ihre Menschenkenntnis helfen Ihnen, im richtigen Moment einen Gesprächsförderer oder einen Gesprächssteuerer zu verwenden.

Die einzelnen Gesprächssteuerer kennen Sie schon von den Gesprächsförderern: Das Zuhören und die Fragen. Zur Unterscheidung nennen wir
die Gesprächssteuerer „Aktivierendes Zuhören" und „Lenkende Fragen".

3.3.1 Aktivierendes Zuhören

Wir haben bei den Gesprächsförderern das passive Zuhören umschrieben
als die Kunst, im richtigen Augenblick zu schweigen. Aktivierendes
Zuhören kombiniert die Schweigekunst mit Impulsen an Ihren Gesprächspartner. Schauen Sie sich zur Unterscheidung noch einmal die
Beispiele 19 und 20 an.

Ihr Ziel, das Beratungs- und Verkaufsgespräch zu steuern, heißt nicht,
dass Sie selbst den Hauptgesprächsanteil übernehmen sollen. Mit dem aktivierenden Zuhören richten Sie gezielte Signale an Ihren Kunden – er soll
möglichst in der Zielrichtung Ihrer Impulse weitersprechen. Sie erhalten
über die Gesprächssteuerung weitere Informationen und können auf dieser Grundlage das weitere Gespräch führen. Die Formen des Gesprächs-
steuerers „Aktivierendes Zuhören" finden Sie hier in einer Übersicht mit
Beispielen:

1. Verstärkende Äußerungen:

33 K: Neben den Eigenmitteln glaube ich eine ganze Menge selbst
         ausführen zu können … Beim Innenausbau die Maler-, Flie-
         senleger- und Kaminbauarbeiten …
      B: Ah ja. Das ist sehr interessant.

Der Berater ergänzt das Zeichen des Zuhörens („Ah ja") durch eine verstärkende Äußerung. Sehr wahrscheinlich spricht der Kunde nach der
Aussage „Das ist sehr interessant" voller Stolz über seine Fähigkeiten
beim Innenausbau. Der Berater spart sich bohrende Fragen wie „Können
Sie solche Arbeiten ausführen?" oder „Haben Sie schon Erfahrungen auf
diesen Gebieten?".

2. Inhalte indirekt aufgreifen:

34 K: Da kommt ein schöner Batzen für mich zusammen. Insgesamt
         über 1.800 € pro Monat. Glauben Sie, dass ich das überhaupt
         durchstehen kann?

B: Ich kann Sie gut verstehen. Sie haben wahrscheinlich Bedenken, dass Ihre regelmäßigen monatlichen Einkünfte nicht reichen.

Unser Berater im Beispiel scheut sich, eine Antwort auf die Frage zu geben. Er möchte die Entscheidung seinem Kunden überlassen. Er erreicht das durch die bedingte Zustimmung und das indirekte Aufgreifen. Der Kunde wird veranlasst, über seine regelmäßigen monatlichen Einkünfte nachzudenken und zu sprechen. Hier entsteht das aktivierende Zuhören durch die Kombination aus dem Zuhören, der bedingten Zustimmung und dem indirekten Aufgreifen der Kundenaussage.

3. Echo-Antwort:

35 K: ... und ich arbeite schon seit Jahren bei der Müller KG. Erst im Lager und jetzt im Einkauf ...
B: ... im Einkauf?

Der Berater wiederholt ein oder mehrere Worte seines Kunden. Ziel ist es, mehr über den aktivierend angesprochenen Bereich zu erfahren. Sie können auch Sätze Ihres Gesprächspartners ganz oder teilweise wiederholen.

36 K: Einen langen Urlaub konnte ich nicht mehr machen. Ich bin nämlich gerade umgezogen, da war das Geld knapp.
B: Sie sind gerade umgezogen.

4. Unvollständige Sätze:

37 K: ... und aus der gesamten Branche ist jetzt die Luft raus. Ich seh' keine Chancen mehr ... und Aussichten, dass es sich bessert, sind kaum zu erblicken ... da wechsle ich lieber ...
B: ... jetzt wechseln, nur weil ...

Hier wird vom Berater ein Wort oder ein Satzteil aus den Äußerungen des Kunden aufgegriffen. Ein unvollständiger Satz entsteht. Absicht des Beraters ist es, dass der Kunde diesen Satzbeginn aufgreift und aus seiner Sicht vervollständigt.

5. Erlebnistechnik:

38 B: Schauen Sie, ich kenne diese Situation auch sehr gut, eine
scheinbar hoffnungslose Situation. Bis ich dann selbst die
Initiative ergriffen habe und ...
K: Gerade das fällt mir sehr schwer, da alle anderen Geschäfts-
inhaber viel älter sind als ich.

Sie können mit der Erlebnistechnik den Kunden anregen und steuern zugleich das Gespräch. Das Angebot eines eigenen Erlebnisses ruft bei
Ihrem Gesprächspartner eine größere Vertrautheit hervor. Sie erzeugen
das Gefühl von Übereinstimmung, ähnlichen Interessenlagen sowie entsprechenden Meinungen und Erfahrungen. Es entsteht ein Eindruck beidseitiger Gesprächsaktivitäten und Ihr Gesprächspartner geht mehr aus
sich heraus.

3.3.2 Lenkende Fragen

Es gibt für Sie als Bankberater eine stattliche Reihe von Gründen, in Kundengesprächen Fragen zu stellen.

Wer fragt, ist aktiver Gesprächspartner
Wer fragt, aktiviert seinen Gesprächspartner
Wer fragt, zeigt Interesse
Wer fragt, kann Interesse hervorrufen
Wer fragt, gewinnt Zeit zum Reagieren
Wer fragt, schätzt seinen Gesprächspartner
Wer fragt, spricht weniger
Wer fragt, erspart sich Vermutungen
Wer fragt, erfährt etwas
Wer fragt, verkürzt das Gespräch
Wer fragt, bringt zum Nachdenken
Wer fragt, vermeidet Konflikte
Wer fragt, hat das Gespräch im Griff
Wer fragt, der führt ein Gespräch

Die verschiedenen Frageformen leiten sich von zwei Grundformen, der
offenen und der geschlossenen Frage (Frageformen 1. und 2.), ab.

1. Die offene Frage

Mit dem Einsatz der offenen Frage aktivieren Sie Ihren Gesprächspartner. Sie regen selbst weniger gesprächige Kunden zum Sprechen an. Die offene Frageform zielt auf längere Antworten: Meist ein oder mehrere vollständige Sätze. Offene Fragen wecken Auskunftsbereitschaft. Sie geben dem Fragenden Zeit zum Überlegen. Offene Fragen eignen sich besonders am Beginn eines Gesprächs, da Sie mit den Antworten wichtige Informationen für den weiteren Gesprächsverlauf erhalten. Die offene Frage beginnt mit einem Fragewort:

▓ Was kann ich für Sie tun?
▓ Welche Vorstellungen haben Sie?
▓ Wie sollten die Dokumente übergeben werden?
▓ Wo liegen die Schwerpunkte der geschäftlichen Aktivitäten Ihrer neuen Tochtergesellschaft?
▓ Wie haben Sie Ihre bisherigen Ersparnisse angelegt?

Partnerschaftliche Gespräche leben von offenen Fragen. Diese Frageform kann Sie bei gesprächsfreudigen Kunden sehr viel Zeit kosten. Die offenen Fragen werden als Aufforderung zu weitschweifigen Äußerungen angesehen.

2. Die geschlossene Frage

Wer diese Frageform anwendet, erwartet ein klares „Ja" oder „Nein" vom Befragten. Die einzelnen Informationen sind schon in der Frage oder den Aussagen direkt vor der Frage enthalten. Die geschlossene Frage beschleunigt Gespräche. Häufig dient sie der Verständnisprüfung. Sie engt den Antwortbereich durch die Fragestellung ein:

▓ Kann ich was für Sie tun?
▓ Haben Sie schon Sparbriefe erworben?
▓ Sind Sie Kunde unseres Instituts?
▓ Kennen Sie den Ablauf?
▓ Haben Sie bestimmte Vorstellungen?
▓ Gibt es für Sie noch Änderungswünsche?

Die Begrenzung auf Ja- und Nein-Antworten verhindert tendenziell, dass weitere Äußerungen mit wichtigen Informationen für den Berater anfallen. Selbstverständlich antwortet nicht jeder Kunde mit „Ja" oder „Nein" auf eine geschlossene Frage. Es kommt eine Antwort, die zwischen den beiden Aussagen liegt – „Ja, aber ..." oder „Nein, doch ..." – und der Kunde spricht wider Erwarten vollständige Sätze.

3. Die Informationsfrage

Es gibt eine Reihe von Fragen, die offen gestellt werden, tatsächlich aber geschlossenen Charakter aufweisen. Wir wollen sie Informationsfragen nennen:

> ▨ Wann haben Sie das Sparbuch gekündigt?
> ▨ Welchen Zinssatz hat Ihnen Herr Krause genannt?
> ▨ Wieviele Mitarbeiter beschäftigen Sie?
> ▨ Wie sind Sie zu erreichen?
> ▨ Wer ist bei der Entscheidungsfindung noch beteiligt?
> ▨ Welche Werte unterhalten Sie bei dem anderen Kreditinstitut?

Informationsfragen können, ähnlich wie auch die anderen Frageformen, im Stil einer „Behördenfrage" oder als „höfliche/partnerschaftliche Frage" gestellt werden. Ein Beispiel für „Behördenfragen":

39 B: Name!   K: Maier
      Vorname!   Karl-Heinz
      Geburtsdatum!   20. Januar 1942
      Geburtsort!   Recklinghausen
      Wohnort!   Gelsenkirchen
      Straße!   Birkenweg
      Nummer!   38
      Beruf!   Oberstudienrat

Diese Fragen dokumentieren eine Über- (Berater) und Unterordnung (Kunde). In einem partnerschaftlichen Gespräch können Sie die gleichen Fragen höflich ohne Zeitverlust stellen:

40 B: Sie heißen?   K: Maier

Ihr Vorname, bitte.   Karl-Heinz

Wann und wo sind Sie geboren?   Am 20.1.42 in Recklinghausen

Wo wohnen Sie, Herr Maier?   In Gelsenkirchen, Birkenweg 38

Und Ihr Beruf, bitte.   Oberstudienrat

Informationsfragen sind unerlässlich für die individuelle Beratung (z. B. nach Einkommen, Steuersatz, bisherigen Anlageformen usw.) und für die Bearbeitung sowie Abwicklung des Geschäfts (z. B. nach Namen, Adresse, Telefonnummer usw.). Informationsfragen bedürfen der Vorbereitung – ohne Vorbereitung werden sie zum Gesprächsstörer (Ausfragen). Die Vorbereitung kann durch

- Ich benötige von Ihnen einige Angaben für die Kauforder: …
- Damit ich Sie individuell beraten kann, benötige ich von Ihnen einige Antworten: …

oder ähnliche Formulierungen erfolgen. Der Kunde hat nach diesen Einleitungen Verständnis für die Informationsfragen.

4. Die Alternativ- oder Entscheidungsfrage

Sie geben mit der Alternativ- oder Entscheidungsfrage Ihrem Kunden zwei Antwortmöglichkeiten vor. Er soll sich für A oder B entscheiden; andere Alternativen (z. B. ob überhaupt) werden beiseite geschoben. Die geschlossene Frage zielte auf Ja oder Nein, die Entscheidungsfrage zielt auf So oder So:

> Möchten Sie den Betrag in einer Summe anlegen oder lieber teilen?
>
> Ziehen Sie Tagesauszüge oder Monatsauszüge vor?
>
> Sparen Sie lieber regelmäßig oder das, was monatlich übrigbleibt?
>
> Möchten Sie lieber einen festen Zinssatz oder ziehen Sie einen variablen Zinssatz vor?
>
> Wünschen Sie monatliche oder quartalsweise Zahlungen?

Es ist das Ziel der Alternativfrage, den Kunden zwischen zwei Vorschlägen festzulegen, um so dessen eigenem Denken zuvorzukommen. Sie können den Vorschlag, den Sie vorziehen, in der Alternativfrage stärker gewichten: Wünschen Sie den Typ I mit jährlicher Zinsauszahlung oder den Typ II mit der günstigen Zinsansammlung?

Achten Sie darauf, dass Sie realistische Alternativen anbieten. Stellen Sie die bevorzugte Alternative an die zweite Stelle. Kunden entscheiden sich häufiger für die zweite Alternative. Dies gilt fast immer, wenn für den Kunden beide Alternativen gleich vorteilhaft sind. Da die Entscheidungsfragen teilen, reduzieren sie den Gesprächsspielraum und die Bandbreite Ihrer Angebote. Wenden Sie Entscheidungsfragen erst nach sorgfältiger Vorbereitung an. Sie haben dann ein sehr wirksames Instrument der Gesprächslenkung.

Alternativfragen erleichtern besonders die Terminvereinbarung:

- Wann passt es Ihnen besser: Am Anfang oder Ende der nächsten Woche?
- Ich komme gerne zu Ihnen: Lieber Dienstag oder Donnerstag?
- Ich kann Sie wieder anrufen. Ist es Ihnen am Montag vormittags oder Dienstag nachmittags angenehmer?

Der Kunde entscheidet sich schneller für einen der beiden vorgegebenen Termine als auf eine offene Frage wie „Wann würde es Ihnen am besten passen?". Terminvereinbarungen durch Alternativfragen bringen Ihnen schneller und sicherer einen gemeinsamen Termin.

5. Die direkte und die indirekte Frage

Mit direkten Fragen sprechen Sie Ihren Gesprächspartner unmittelbar an, indirekte Fragen nehmen einen Umweg zum Thema.

Direkte Frage:	Welchen Steuersatz hatten Sie letztes Jahr?
Indirekte Frage:	Ich rechne Ihnen Ihr persönliches Beispiel einmal mit einem Steuersatz von 40 % durch. Ja?
Oder:	Kann ich in dem Rechenbeispiel einen Steuersatz von 40% für Sie unterstellen?
Oder:	Für einen Steuersatz von 40 %, den ich doch einmal ansetzen kann, rechne ich Ihnen …?
Oder:	Sie ersparen sich, wenn ich einen Steuersatz von 40 % berücksichtige, Steuern von … Kann ich das so tun?

Sie verfolgen das Ziel, die Vorstellungen und Wünsche Ihrer Kunden zu erfragen: Die direkte Frage nimmt den kürzesten Weg zu der Kundenantwort. Sie ist die schnellste Frageform. Häufig erhalten Sie ohne Umschweife die nachgefragte Antwort. Sie haben Ihren Kunden mit dem Frageinhalt direkt konfrontiert. Ihm bleibt wenig Zeit für eine taktierende Antwort. Sein Denken dreht sich unmittelbar um die direkte Frage und so antwortet er spontan. Die Antworten auf Ihre direkten Fragen sind die Grundlage für Ihre Vorschläge und Argumente.

Achten Sie darauf, dass direkte Fragen mit anderen Frageformen abwechseln. Sie vermeiden das Entstehen eines Verhör-Charakters. Indirekte Fragen geben Ihrem Gesprächspartner Ausweichmöglichkeiten: Er kann – muss aber nicht – direkt antworten. Gerade bei sehr persönlichen und belasteten Themen helfen Ihnen indirekte Fragen, eine Anspannung im Gespräch zu vermeiden. Dies gilt vor allem für das erste Gespräch mit einem Kunden.

● Ich könnte mir vorstellen, dass Sie über eine Forderungsabtretung nachgedacht haben.
● Wie sehen Sie das vorliegende Angebot im Vergleich zu anderen?

6. Der Wenn-Dann-Fragesatz

Eine Variante der indirekten Frage ist der Wenn-Dann-Fragesatz. Er soll Ihnen wichtige Informationen für Ihre im Gespräch folgenden Ausführungen geben. Der Wenn-Dann-Fragesatz ist keine echte Frage, er ist eine geschickte Formulierung mit fragender Betonung:

> ▨ Wenn Sie mir sagen, welche Umsätze künftig über dieses Konto laufen, dann können wir schon jetzt über die einzelnen Konditionen sprechen?
>
> ▨ Wenn Sie uns in den nächsten Tagen die Unterlagen zusenden, dann ließe sich in 14 Tagen über den Kredit eine Entscheidung treffen.
>
> ▨ Wenn ich weiß, welche Sparformen Sie schon nutzen, dann kann ich Ihnen ein individuelles Anlageangebot unterbreiten?
>
> ▨ Wenn Sie mir noch einige Hinweise zu Ihren Bauplänen geben, kann ich Ihnen eine maßgeschneiderte Finanzierung erstellen.

Im Wenn-Teil des Satzes sprechen Sie das „Zielgebiet" der Frage an. Im Dann-Teil folgt die detaillierte Begründung für Ihren Informationswunsch. Der Wenn-Dann-Fragesatz wird erst dann für den Kunden als Frage erkennbar, wenn er von Ihnen eine entsprechende fragende Betonung erfährt.

7. Die wortlose Frage

Diese Frageform wirkt ohne die Verwendung von Wörtern. Statt einer Aussage oder einer gesprochenen Frage blicken Sie Ihren Kunden fragend an. Einige Möglichkeiten:

- Überraschter Blick (statt: So hoch ist der Umsatz?).
- Interessierter Blick (statt: Das interessiert mich näher. Können Sie mir Näheres sagen?).
- Skeptischer Blick (statt: Hm, ob das wohl stimmen kann?).

Mit der Verwendung der wortlosen Frage unterbrechen Sie nicht die Äußerungen Ihres Gesprächspartners. Sie stimulieren und lenken ihn mit Ihrem fragenden Blick. Ausgesprochene Fragen sind in Ihrer Frage- und Aussagekraft genauer als eine wortlose Frage.

8. Die rhetorische Frage

Rhetorische Fragen sind Scheinfragen. Der Fragende stellt vermeintlich eine Frage in den Raum. Aber er erwartet keine Antwort von seinem Gegenüber, sondern gibt sich selbst die Antwort. Es entsteht ein scheinbarer Dialog:

> ▨ Über was sollten wir jetzt noch sprechen? – Ich glaube, dass wir über die Zahlungstermine und …
>
> ▨ Welche Sparbriefe können Sie erwerben? – Sie können wählen zwischen Sparbriefen mit Laufzeiten von vier bis sechs Jahren und …
>
> ▨ Wie wollen wir verfahren? – Sie holen Ihren Personalausweis und ich mache in der Zwischenzeit …

Die rhetorische Frage hat sehr stark lenkenden Charakter. Der Berater hat mit ihr die Möglichkeit, wichtige, aber vom Kunden noch nicht angesprochene Aspekte einzuführen und verkaufsunterstützend zu beantworten. Er kann die rhetorischen Fragen dann stellen, wenn es ihm am vorteilhaftesten erscheint. Er strukturiert das Beratungsgespräch und baut Argumentationshöhepunkte ein. Fragen, auch wenn Sie sie für den Kunden anschließend beantworten, lassen ihn aufhorchen. Er wird aus den gleichförmigen Ausführungen aufgerissen – seine Aufmerksamkeit steigt.

9. Die Suggestivfrage

Eine besondere geschlossene Frageform ist die Suggestivfrage: Dem Kunden wird seine Ja- oder (weniger oft) Nein-Antwort vorgegeben – suggeriert. Mit der Fragestellung sollen Gemeinsamkeiten hervorgehoben und bestätigt werden:

> ▨ Sie möchten sicher hohe Zinsen erhalten?
>
> ▨ Und Sie wollen doch bald wieder über den Betrag verfügen können?
>
> ▨ Sie nehmen die Wertpapiere doch sicher in ein Sammeldepot?
>
> ▨ Sie sind bestimmt mit einer Einzugsermächtigung einverstanden?
>
> ▨ Sie wollen sicher nicht, daß andere das einsehen können?

Die Verwender von Suggestivfragen gehen ein hohes Konfrontationsrisiko ein: Die Suggestion geht nicht immer wie erhofft auf. In unseren Beispielen verzichtet vielleicht ein Anleger mit hohem Steuersatz gerne auf hohe Zinsen zugunsten von Kursgewinnen, dem Sammeldepot wird die effektive Auslieferung der Stücke vorgezogen oder statt der Einzugsermächtigung wird die Zahlung per Überweisung gewünscht. Suggestivfragen unterstreichen nur in seltenen Fällen eine partnerschaftliche Gesprächsatmosphäre. Sie sind häufig äußeres Zeichen für Überheblichkeit des Beraters.

10. Die Kontrollfrage

Kontrollfragen sollen Widersprüche in den Kundenäußerungen aufdecken, Informationslücken ergänzen und den Kenntnisstand des Beraters absichern. Beispiele:

> ▓ Sagten Sie nicht vorhin, dass Ihre Eigenmittel x € betragen?
> ▓ Wie sieht das jetzt mit Ihrer G+V-Rechnung aus: Die Unterlagen weisen einen Saldo von ... aus und Sie nennen eben einen Saldo von ...?
> ▓ Haben Sie weitere Fragen zu diesem Themenbereich?
> ▓ Was kann ich Ihnen hierzu zusätzlich erläutern?
> ▓ Meinen Sie eine Risikoversicherung oder eine Erlebensversicherung?

Rechtzeitig gestellte Kontrollfragen ersparen Ihnen Zeit. Sie vermeiden unnötigen Doppellauf, Diskussionen über Unwichtiges und bringen klare Positionen in das Gespräch. Mit begründeten Kontrollfragen können Sie die Offenheit und Ehrlichkeit des Kunden ohne nachteilige Folgen prüfen.

11. Die Motivations- und Stimulierungsfrage

Diese Frageform bringt für den Antwortenden Lob vom Fragenden. Der Gesprächspartner soll mit Motivations- und Stimulierungsfragen geöffnet werden:

> ▓ Haben Sie dieses Finanzierungsmodell selbst aufgestellt? (Sie wissen, dass der Kunde das Finanzierungsmodell selbst erarbeitet hat!)
> ▓ Wie ist Ihr letzter Aktienkauf gelaufen? (Sie wissen, daß der Kunde erfolgreich war!)
> ▓ Haben Sie die Verkaufsförderungsaktion ohne Agentur durchgeführt? (Sie wissen, daß keine Agentur beteiligt war!)

Sie stärken mit dieser Frageform das Selbstwertgefühl des Kunden, die Gesprächsatmosphäre lockert sich. Hüten Sie sich bei Motivations- und Stimulierungsfragen vor Übertreibungen und Häufungen.

12. Die Ja-Frage

Der Gesprächspartner soll mit „Ja" antworten. Theoretisch könnte er auch andere Antworten geben; durch die geschickte Formulierung der Frage ist das Antwortspektrum auf das gewünschte „Ja" eingegrenzt:

> ▧ Sie erwarten eine hohe Rendite und große Sicherheit?
> ▧ Sie wünschen eine individuelle Zahlungsweise und niedrige Gebühren?
> ▧ Legen Sie Wert auf umfangreiche Erfahrung und Flexibilität?

Durch solche Fragen erreichen Sie ein sicheres „Ja". Sie erzielen Zustimmung von Ihrem Kunden – eine frühe gemeinsame Basis entsteht im Beratungsgespräch. Vermeiden Sie Ja-Fragen, die Selbstverständlichkeiten erfragen. Übertreiben Sie den Einsatz von Ja-Fragen keinesfalls. Auch für Ja-Fragen gelten die oben angeführten Einschränkungen der Suggestivfragen. Dennoch: Ja-Fragen haben ihren Sinn und sind besser als verängstigende Nein-Fragen.

13. Die Gegenfrage

Mit einer Gegenfrage können Sie auf Kundenäußerungen, insbesondere auch auf provokative Fragen, schnell und steuernd antworten:

41 K: Das ist mir viel zu teuer.
B: Wie meinen Sie das?
K: Soll ich denn nur noch für die Bank arbeiten?
B: Wie groß ist heute Ihr Gehaltsanteil für Miete, Nebenkosten und Fahrtkosten?

Erinnern Sie sich an die einführende Aussage: Wer fragt, der führt (… ein Gespräch). Fragen Ihrer Kunden, die nach Informationen (Wie hoch ist der Zinssatz?) und Ratschlägen (Was raten Sie mir?) zielen, werden Sie weiterhin beantworten. Provozierende Fragen, wie im letzten Beispiel, können Sie lenkend mit Gegenfragen beantworten. Gegenfragen fordern Ihren Gesprächspartner und geben Ihnen die Führung im Gespräch zurück.

Noch einmal zu den Gesprächssteuerern:

● Wer fragt, der führt.
● Wer gefragt wird, der wird geführt.

Setzen Sie die Palette der Frageformen situationsgerecht ein. Vergessen Sie nicht das aktivierende Zuhören. Denken Sie an das partnerschaftliche Verhältnis zwischen Ihren Kunden und Ihnen. Fragen Sie lieber mehrmals, bevor Sie sich einmal auf einen Irrweg begeben.

3.4 Kundenorientierte Sprache

In der Einleitung zum Kapitel „Kommunikation mit Kunden" haben Sie das Kommunikationsschema kennengelernt. Mit Ihrer Sprache tragen Sie die dort dargestellte Zwei-Weg-Kommunikation zwischen Berater und Kunde. In vielen Gesprächssituationen stehen sich die Anliegen der beiden Gesprächspartner gegenüber:

- Der Kunde wünscht eine Sonderzinsvereinbarung – Der Berater bietet Standardkonditionen an.
- Der Kunde wünscht einen Blankokredit – Der Berater fragt nach Sicherheiten.
- Der Kunde wünscht niedrige Kosten – Der Berater zielt auf hohe Erträge ab.
- Der Kunde wünscht umgehende Kreditauszahlung – Der Berater möchte Zeit für die Bearbeitung durchsetzen.

Diese und ähnliche sich gegenüberstehende Positionen beschreiben die Ausgangslage für Kommunikationsvorgänge in Kreditinstituten. Es setzt ein gezielter, beeinflussender Dialog ein. In der Fachsprache wird er als Interaktionsprozess bezeichnet: Der Berater versucht, ebenso wie der Kunde, seine Vorstellungen durchzusetzen.

Die Einstellungs- und Erwartungshaltungen, die auf den Ablauf jedes einzelnen Interaktionsprozesses einwirken, kennen Sie bereits aus dem Kapitel „Berater und Kunde". Der Interaktionsprozess zwischen Berater und Kunde wird von der sprachlichen und nichtsprachlichen Kommunikation getragen. Auf beide wirken Reiz-Reaktions-Zusammenhänge, die von *Pawlow, Krylow, Skinner* und anderen Wissenschaftlern untersucht worden sind, ein. Aus den Reiz-Reaktions-Theorien ergibt sich für Sie eine vorrangige Erkenntnis: Menschen streben nach Belohnungen und nicht nach Bestrafungen. Daraus leitet sich eine Verhaltensregel für den Kundenkontakt ab:

> Positiv wirkende Kommunikationsreize einsetzen und bestrafend wirkende Kommunikationsreize vermeiden!

Da Reiz-Reaktions-Vorgänge immer wieder ähnlich ablaufen, gibt Ihnen die Kenntnis darüber eine Steuerungsmöglichkeit. Sie können den Interaktionsprozess gezielt in Ihrem Sinne beeinflussen.

Reize, die für Ihre Kunden Belohnungen darstellen, sind folgende Verhaltensweisen von Ihnen:

Namensnennung, Freundlichkeit, Blickkontakt, aufmerksames Zuhören, Zustimmung, Lob, Unterstützung, Interesse zeigende Fragen, Dank, Höflichkeit usw. und alle Ihnen bekannten Gesprächsförderer und -steuerer.

Reize, die für Ihre Kunden Bestrafungen darstellen, sind folgende Verhaltensweisen von Ihnen:

Weghören, Arroganz, Nichtachtung, hohle Worte, Unaufmerksamkeit, Widerspruch, falsche Namensnennung usw. und alle Ihnen bekannten Gesprächsstörer.

Die Wirkung eines Reizes – belohnend oder bestrafend – ist abhängig von der Einstellung des Gesprächspartners zu diesem Reiz. Zum Beispiel kann große Zuvorkommenheit als Belohnung (Höflichkeit) oder als Bestrafung (unterwürfig/Kriecherei) empfunden werden.

Ihr Wissen um die Reize und die wahrscheinlichen Reaktionen erleichtert Ihnen die Einstellung zu Ihren Kunden. Langfristig optimieren Sie eine Beziehung zu einem Kunden, wenn er positive Erfahrungen mit Ihnen gemacht hat. Er wird weitere positive Erfahrungen erwarten und Sie als Berater heranziehen. Kurzfristig können Sie in einem Beratungsgespräch durch belohnende Reize die Abschlusswahrscheinlichkeit erhöhen. Die Ihrem Kunden zuteil gewordenen Belohnungen lassen ihn dazu neigen, Sie als seinen Berater ebenfalls zu belohnen.

Ihr Gesprächspartner reagiert auf alle Ihre Reize: Auch keine sichtbare Reaktion des Kunden ist eine Reaktion! Hätten Sie ihm einen geeigneteren Reiz gesendet, hätte er vielleicht gelacht, zugestimmt oder abgeschlossen. So hat er sich nicht gerührt – also doch eine Reaktion gezeigt.

Übertreiben Sie den Einsatz der positiv gewichteten Reize nicht, denn Ihr Kunde spürt schnell, ob sie „echt" oder „gespielt" sind. Schauspielerei und schöne Worte (zu schöne Worte!), auch wenn sie sehr angenehm klingen, werden von Ihren Kunden sensibel wahrgenommen.

Die folgenden Elemente der kundenorientierten Sprache berücksichtigen die Reiz-Reaktions-Zusammenhänge:

- Bewusst sprechen
- Sprachstil
- Einfärbung der Sprache
- Sie-Stil
- Positiv formulieren
- Kurze Sätze
- Übersetzungsformulierungen
- Pausen
- Vermeiden von bestrafenden Reizen

3.4.1 Bewusst sprechen

Der Träger von Beratungs- und Verkaufsgesprächen ist – neben den nicht-sprachlichen Elementen, die im nächsten Abschnitt dieses Kapitels darge-stellt werden – das gesprochene Wort. Sprechen Sie überlegt – sprechen Sie bewusst: Lassen Sie Ihre Worte nicht unkontrolliert Ihren Sprachorga-nen entweichen, sondern gestalten Sie diese überlegt. Sie vermeiden durch das bewusste Sprechen bestrafende Reize. Denken Sie immer daran, dass Sie Ihr Gespräch, auch wenn es noch so unglücklich abgelaufen ist, nicht wiederholen können. Selbst eine korrekte Entschuldigung belastet Ihr Kundengespräch; der Kunde bemerkt vielleicht erst durch Ihre Entschul-digung die volle Tragweite der unüberlegten Aussage. Die Entschuldigung holt kein ungewolltes Wort zurück, das Ihre Lippen verlassen hat.

Das bewusste Gestalten der Worte und Aneinanderreihen von Worten und Sätzen macht Ihrem Kunden Ihre Gedanken verständlich. Sie überzeugen ihn für Ihre eigene Person (Beziehung: Kunde-Berater), für Ihr Haus (Be-ziehung: Kunde-Bank) und Ihre Angebote (Bindung: Kunde-Bankleis-tungen).

3.4.2 Sprachstil

Achten Sie auf Ihre Stimme und Aussprache. Nutzen Sie alle Wirkungs-und Einsatzmöglichkeiten. Beginnen Sie mit der Verbesserung Ihrer Atemtechnik. Rhetorikbücher weisen Ihnen Wege, wie Sie die flache

Bauchatmung durch eine tiefe, intensive Zwerchfell- und Brustatmung ergänzen können. Trainierte Bauchmuskeln und eine gute allgemeine körperliche Fitness sind Voraussetzung für eine gute Atemtechnik.

Passen Sie Ihre Lautstärke jeweils dem Kunden an – nicht zu laut, aber auch nicht zu leise. Arbeiten Sie an Ihrer Sprechtonlage: Stimmen können zu monoton, zu schrill, zu dumpf, zu hoch, zu hell, zu dunkel wirken. Sprechtraining kann Ihre Stimme verbessern. Ein heller Sprechton kann durch systematisches Konsonantentraining in einen tieferen, dunkleren Bereich gehoben werden.

Kontrollieren Sie Ihren Sprachstil und Ihre Stimme durch eine Bandaufnahme. Schnelles oder langsames Sprechtempo erkennen Sie sofort, ebenso deutliche oder undeutliche Artikulation. Achten Sie beim Abspielen Ihrer Aufnahme auch auf Ihren Wortschatz. Nehmen Sie Ihre Beobachtungen als Anlass für Ihre individuellen Bemühungen zur Verbesserung Ihres Sprachstils.

3.4.3 Einfärbung der Sprache

Vor einigen Jahren wurde von Verkäufern immer wieder die Verwendung der Hochsprache gefordert. Sie sollte den Kommunikationserfolg unterstützen. – Die Zeiten haben sich geändert: Landsmannschaftliche Spracheinfärbungen und regionale Mundarten werden stärker anerkannt und gepflegt.

Zwei Schwaben in Bremen kommen sich schnell über die gemeinsame Sprache näher. Warum sollte dann in Stuttgart für den Berater die Hochsprache Vorteile bringen, wo doch die große Mehrheit seiner Kunden Schwäbisch spricht?

Pflegen Sie Ihre Sprache – auch und gerade mit landsmannschaftlichem Einschlag. Die landsmannschaftlich eingefärbte Sprache ist Teil Ihrer Persönlichkeit. Ihre Kunden wissen das zu schätzen. Wenn die Verständlichkeit Ihrer Sprache durch die Einfärbung nicht leidet, wird sie nur bei wenigen Kunden hindern (Internationales Geschäft, Großkreditgeschäft). Kunden erwarten – selbst wenn sie die Einfärbung gerne hören – keinen breiten Dialekt von einem Bankberater. Es ist nicht ratsam, die Einfärbung der Sprache – je nach Kunde – zu wechseln. Der ständige Wechsel belastet Sie, gelingt nicht immer und führt zu peinlichen Situationen.

3.4.4 Sie-Stil

Stellen Sie Ihren Kunden in den Mittelpunkt Ihrer Aussagen. Die kundenorientierte Sprache verwendet deshalb häufiger die Wörter „Sie", „Ihnen", „Ihr", „Ihre". Ein Beispiel zum Vergleich:

42 B: Wir haben für Anlagen verschiedene Sparbriefe.

B: Sie können für Ihre Anlage zwischen verschiedenen Sparbriefen wählen.

Die Aussage ist jeweils die gleiche, der Kunde gewinnt aber zwei unterschiedliche Eindrücke vom Berater. Im ersten Beispiel empfindet er den Berater sachlich, zurückhaltend und formell, im zweiten Beispiel wirkt er sachlich, informierend und individuell.

Der Sie-Stil ist nicht mit den Sie-Aussagen – vergleichen Sie noch einmal mit dem Gesprächsförderer 8: Ich-Aussage – identisch. Der Sie-Stil ist kundenorientiert, während die Sie-Aussagen häufig Anweisungen und Befehle an den Kunden enthalten und damit zu den Gesprächsstörern gehören.

3.4.5 Positiv formulieren

Sprechen Sie mit positiven Formulierungen zu Ihren Kunden. Positive Aussagen sind dynamischer und überzeugender als negative Formulierungen. Sie drücken eine optimistische und positive Lebenseinstellung aus.

Es gibt genug Miesepeter und Pessimisten, die bei einem halb gefüllten (und gleichzeitig halb geleerten!) Glas Bier „Och, das Glas ist schon wieder fast leer" sagen, statt „Prima, das Glas ist noch halb voll". Beide Aussagen verändern nichts am 50% gefüllten Glas. Bedeutungsvoll ist die unterschiedliche Wirkung auf andere Menschen.

Machen Sie aus Ihren „halbleeren" Formulierungen „halbvolle" Formulierungen und Sie stecken Ihren Kunden durch Ihr optimistisches, positives Denken an. Dazu einige wenig optimistische Beispiele:

43 B: Dieses günstige Papier können Sie erst ab 10.000 € erwerben.

B: Die Geschäftsstelle ist nur von 10 bis 12 Uhr geöffnet.

B: Die Zinsbindungsdauer beträgt fünf Jahre.

B: Die Verzinsung ist nicht schlecht.

Die gleichen Fakten positiv formuliert:

44 B: Diese günstige Anlageform können Sie schon ab 10.000 €
erwerben.
B: Die Geschäftsstelle ist jeden Tag von 10 bis 12 Uhr geöffnet.
B: Die Zinsgarantie gilt für fünf Jahre.
B: Die Verzinsung ist gut.

Sind Sie jetzt von positiven Formulierungen überzeugt?

3.4.6 Kurze Sätze

Verwenden Sie möglichst kurze Sätze. Sie behalten den Überblick über
Ihren Satzaufbau und finden die ‚Kurve' zum Satzende. Der Kunde versteht die Aussage klar und deutlich. Er wird nicht verunsichert.

Kurze Sätze ermöglichen Ihnen wesentlich dynamischere Aussagen, insbesondere bei Produktbeschreibungen und komplizierten Abwicklungs-
fragen, die für den Kunden nicht so verständlich sind, und exaktere, nämlich ohne Relativierungen und Nebensätze zu verwenden sowie elegan-
tere, im Sinne der eleganten Wortwahl, als bei langen Sätzen mit ihren
Verästelungen und …

Die beiden vorangegangenen Absätze zeigen Ihnen Unterschiede in der
Lesbarkeit und Verständlichkeit auf. Ähnlich deutlich sind die Unter-
schiede für Ihren Gesprächspartner als Zuhörer: Kurze Sätze sind keine
Zeichen der Spracharmut; kurze Sätze sind eine Hilfe für den Kunden.
Kurze Sätze sind – im übertragenen Sinn – Serviceleistungen bei bera-
tungsintensiven Bankleistungen.

3.4.7 Übersetzungsformulierungen

Bankmitarbeiter benutzen eine Fachsprache, die die Kunden gerne als
„Bank-Chinesisch" bezeichnen. Darunter leidet die Verständlichkeit von
Aussagen im Kundengespräch, es sei denn, der Kunde beherrscht auch
die Fachsprache.

Mit einigen Fachbegriffen – für Sie Selbstverständlichkeiten – ist ein
gewöhnlicher Kunde bald verunsichert: Effekten, Stückzinsen, Vorfälligkeitsentschädigung oder Vorschusszinsen. Kunden wollen in den Augen ihrer Berater nicht unwissend erscheinen und so fallen ihnen Vor-

wände für einen Gesprächsabbruch ein, bei dem sie ihr „Gesicht" nicht verlieren: „Das muss ich mir noch einmal überlegen" oder „Darüber muss ich erst noch mit meiner Frau/meinem Mann/Steuerberater sprechen".

Übersetzungsformulierungen vermeiden den vorzeitigen Gesprächsausstieg Ihrer Gesprächspartner aufgrund sprachlicher Überforderung. Sie enthalten ein Element des Sie-Stils und ein Tätigkeitswort mit positivem Inhalt.

Mit den Übersetzungen ist ein Vorteil für den Kunden verbunden:

- Vorschusszinsen, das *bedeutet für Sie,* dass Sie sofort über den gesamten Sparbetrag gegen eine geringe Zinsberechnung verfügen können.
- Eine Vorfälligkeitsentschädigung entsteht nur bei vorzeitiger Kündigung des Darlehens. Sie *bringt Ihnen* die volle Entscheidungsfreiheit auch während der Zinsfestschreibungszeit.

▨ ..., das bedeutet für Sie ...

▨ ..., das bringt Ihnen ...

▨ ..., das gibt Ihnen ...

▨ ..., dadurch sparen Sie ...

▨ ..., damit erzielen Sie ...

▨ ..., das garantiert Ihnen ...

▨ ..., damit sichern Sie sich ...

▨ ..., das steigert Ihnen ...

3.4.8 Pausen

Sprechen Sie nicht zu viel, setzen Sie die lenkenden Fragen ein. Sprechen Sie nicht zu lange – machen Sie Pausen. Sobald Sie einen Gedanken ausgesprochen haben, bietet sich eine Pause an. Ihr Gesprächspartner erkennt, dass er jetzt an die Reihe kommen kann. Er hat durch die Pause Gelegenheit, eine Frage zu stellen, eine andere Meinung zu äußern oder abzuwarten. Durch die Pausen erhöhen Sie die Verständlichkeit Ihrer Äußerungen. Pausen – gezielt verwendet – betonen die geschäftspartnerschaftliche Haltung zum Kunden.

3.4.9 Vermeiden von bestrafenden Reizen

Bestrafende verbale Kommunikationsreize sind die Gesprächsstörer 1 bis 12: Befehlen, in eine „Schublade" stecken, Herunterspielen, Ausfragen, Vorschläge vorschnell anbieten, Vorwürfe machen, Bewerten, von sich reden, Überreden, Warnen, Ironisieren und Monologe. Darüber hinaus: Füllwörter, Konjunktive, Abfärbpartikel, Bestätigungsformeln und -floskeln sowie Störlaute.

Füllwörter werden oft unbewusst verwendet. Sie wirken für den Gesprächspartner besonders in massierter Form störend. Wissen Sie, wie häufig Sie Füllwörter benutzen? Achten Sie darauf, ob Sie Wörter wie „eigentlich", „quasi", „irgendwie", „an und für sich", „ehrlich", „echt" oder „praktisch" verwenden. Nur selten sind diese Füllwörter für die inhaltliche Aussage nötig. In der Regel stellen sie überflüssigen sprachlichen Ballast dar.

Konjunktivformulierungen haben in unserer Zeit Hochkonjunktur: „ich würde ...", „ich sollte ...", „ich könnte ..." und verwandte Äußerungen. Sie klingen in vielen Ohren höflich und vornehm – meist ist der Einsatz grammatikalisch falsch. Zum Beispiel die sehr beliebte Aussage in Beratungsgesprächen: „Ich würde Ihnen diese Anlageform empfehlen: ...". Der Berater trifft mit seiner Aussage tatsächlich eine Empfehlung. Das „würde" ist schlicht und einfach falsch. Grammatikalisch richtig lautet die Empfehlung: „Ich empfehle Ihnen diese Anlageform: ...". Diese Aussage ist korrekt und wirkt zudem viel sicherer – und somit für den Kunden überzeugender.

Richtig eingesetzte Konjunktivformulierungen sind für den Kunden nicht bestrafend, wobei hier bestrafend im weitesten Sinne mit verunsichernd auszulegen ist: „Ich würde mich freuen, wenn Sie diese Finanzierung mit unserem Hause vereinbaren würden". Doch auch bei diesem Beispiel klingt „Ich freue mich, wenn Sie die Finanzierung mit der XY-Bank vereinbaren" überzeugender. Für korrekte Konjunktivaussagen ist der Verwendungsspielraum in Beratungsgesprächen begrenzt. Die Mehrzahl der Konjunktive wird falsch verwendet.

Hören Sie einmal genau auf die Aussagen unserer Politiker. Aussagen wie „Ich würde bei dieser Frage meinen wollen, dass in einigen ..." oder „Ich könnte mir unter Umständen vorstellen, dass ..." werden immer wieder verwendet. Wirken diese Formulierungen auf Sie sehr überzeugend? – Konjunktivaussagen dieser Art verunsichern den Zuhörer; der Zuhörer weiß nicht, „woran er ist". Dieses Verunsichern ist ein bestrafender Reiz.

Vergleichen Sie zwei Berateraussagen nach einer Reklamation:

A. Was möchten Sie?

B. Was möchten Sie denn eigentlich?

In Variante A. ist die Frage neutral gestellt, in Variante B. wird die Frage mit zusätzlicher Verwendung von Abfärbpartikeln gestellt. Die Meinung des Beraters über seinen Kunden färbt durch die Wörter „denn" und „eigentlich" in Variante B. ab: Dem Berater kommt der Kunde oder die Reklamation ungelegen. Eine zuvor neutrale Aussage (A.) wird durch die Verwendung eines oder mehrerer Füllwörter – den Abfärbpartikeln (B.) – negativ gewichtet. Die Pendelwaage schlägt für den Berater gegen seinen Kunden aus. Ein sehr beliebter Abfärbpartikel ist „überhaupt".

Bestätigungsformen und *-floskeln* lenken die Aufmerksamkeit vom Inhalt der Äußerung ab. Der Gesprächspartner spürt, dass die Bestätigungen routinemäßig abgegeben werden; sie sind nicht persönlich gemeint. Die verbreitetsten Bestätigungsformen und -floskeln haben einen fragenden Unterton. Der Verwender erwartet aber keine Antwort auf den erfragten Aspekt: „verstehen Sie mich", „nicht wahr", „gell", „woll", „nicht". Er spricht ohne Unterbrechung weiter.

Störlaute sind menschliche Urlaute. Sie werden vom Gesprächspartner registriert, wenn sie übermäßig häufig verwendet werden. Die beliebte Strichliste vieler Schüler, die dem „Äh" ihrer Lehrer gilt, sammelt die Häufigkeit eines Störlauts. Die Aufmerksamkeit schwindet von der Aussage und konzentriert sich auf den Störlaut. Vereinzelte Störlaute sind Bestandteil Ihrer individuellen Sprache – stören Sie sich nicht daran. Ihr Kunde wird sie auch nicht bemerken. Nur die ständige Wiederholung der Störlaute ist ein bestrafender Kommunikationsreiz.

3.5 Nichtsprachliche Kommunikation

In den vorangegangenen Abschnitten des Kapitels „Kommunikation" konnten Sie sich über sprachliche Elemente informieren, die Ihr Beratungs- und Verkaufsgespräch prägen. Sprachliches Verhalten und nichtsprachliches Verhalten gehören zusammen. Sie nutzen als Berater ebenso wie Ihr Kunde – in der Regel unbewusst – die Sprache und die nichtsprachlichen Wirkungsmittel. In der folgenden Darstellung trennen wir beides; damit werden die Verhaltensweisen und die darauf wahrscheinlich folgenden Reaktionen für Sie deutlich erkennbar.

Die für das Verkaufsgespräch wichtigsten Formen der nichtsprachlichen Mitteilungen werden Ihnen hier vorgestellt. Dabei hat die Darstellung in einem Buch einen großen Nachteil: Sie können über den nichtsprachlichen Ausdruck zwar lesen und sich die beschriebenen Personen vorstellen, Sie können die beschriebenen Personen aber nicht sehen. Deshalb werden jeweils Beispiele für nichtsprachliche Elemente der Kunden und der Berater aufgezeigt. Mögliche und wahrscheinliche Reaktionen auf die nichtsprachlichen Mitteilungen – auch im Zusammenhang mit sprachlichen Mitteilungen – ergänzen die Beispiele.

Einzelne nichtsprachliche Kommunikationsreize sind in ihrer Aussage mehrdeutig. Erst aus der Gesamtheit der Ausdrücke, den parallelen sprachlichen Mitteilungen und dem Gesamtzusammenhang können Sie eindeutige Eindrücke entnehmen.

3.5.1 Blickkontakt

45 K: Ich bin an dieser Anlageform sehr interessiert. Besonders die günstigen Verfügungsmöglichkeiten haben mich überzeugt. (Augen: K blickt in die Leere des Raumes, die Aussagen sind ohne einen Ausdruck und wirken teilnahmslos.)

Die Äußerung des Kunden steht in einem krassen Widerspruch zu den nichtsprachlichen Mitteilungen seiner Augen. Die positiven Worte werden auf der nichtsprachlichen Kommunikationsebene vom Kunden zurückgenommen. Der Augenausdruck könnte die Überzeugung von der Anlageform unterstützen, wenn die Augen in Blickrichtung zum Berater oder zu einer Unterlage (Prospekt) stehen. Sie könnten dann die Begeisterung („strahlende Augen") ausdrücken.

46 B: Danke. Ich mache Ihnen Ihre Scheckformulare schnell fertig, Herr König. (Augen: B schaut auf die Hände des Kunden; bei der Namensnennung ist er schon auf dem Weg; der Kunde wird von B nicht angesehen.)

Die sprachliche Aussage des Beraters ist durch Freundlichkeit („Danke" sowie Namensnennung) und Hilfsbereitschaft („schnell fertig") geprägt. Der fehlende Blickkontakt nimmt allerdings einen großen Teil der verbalen Freundlichkeit zurück: Namensnennung („Herr König") und Dank ohne

Blickkontakt erstarren zur „kalten Abfertigungs-Routine". Der Kunde gewinnt den Eindruck, dass der Berater immer freundlich sein muss, dass er sich immer bedanken soll und den Kundennamen aufgreifen muss – und diese Anweisungen auch strikt befolgt. Durch den fehlenden Blick(Augen-)kontakt spürt der Kunde, dass der Berater seine Pflicht erfüllt, persönlich aber weder Dank noch Namensnennung als angebracht empfindet.

Der Kundeneindruck wird im Beispiel 46 voll positiv werden, wenn der Berater den Kunden sowohl bei seinem „Danke" als auch bei der namentlichen Ansprache anschaut. Erst der Blickkontakt bringt die sprachliche Freundlichkeit voll zur Geltung. Der Kunde hört und empfindet das freundliche Beraterverhalten.

Der Blickkontakt zwischen Berater und Kunde – vielleicht auf Beraterseite mit dem Wort „Bitte" verbunden – ersetzt häufig längere sprachliche Äußerungen, zum Beispiel: „Sie sind der Nächste. Ich bin jetzt frei für Ihr Anliegen. Was kann ich für Sie tun?" – Vergleichen Sie die Wirkung des Wortes „Bitte" mit und ohne Augenkontakt zwischen den Gesprächspartnern. Sie spüren schnell die starke Aufforderungswirkung der Augen.

Durch den Blickkontakt erhalten Sie Informationen. Der Kunde reagiert mit seinen Augen auf Ihre sprachlichen und nichtsprachlichen Mitteilungen: empört, überrascht, neutral, erfreut, zustimmend usw. Ohne den Blickkontakt entgehen Ihnen wichtige nichtsprachliche Reaktionen des Kunden. Ein fester Augenkontakt (Anstarren, Fixieren, Durchdringen) wirkt allerdings verunsichernd; er belastet das Gespräch.

In einigen Gesprächssituationen reduzieren wir den Blickkontakt. Wenn wir selbst von unserer Aussage – einem weniger günstigen Angebot – nicht voll überzeugt sind, wenn wir von Dritten verängstigt sind, wenn wir uns dem Kunden unterlegen fühlen oder wenn wir eine unwahre Aussage treffen. Der Volksmund sagt dazu: Lügen schauen aus den Augen.

3.5.2 Mimik

Mit dem Blickkontakt eng verbunden ist der Gesichtsausdruck – die Mimik. Der Gesichtsausdruck kann von Enttäuschung und Wut (verzerrtes Gesicht, besonders verzerrter Mund) über Trotz (zusammengebissene Zähne) und Zweifel (zusammengezogene Augenbrauen) bis zur Freundlichkeit (hochgezogene Mundwinkel, Lächeln) unterschiedliche Eindrücke vermitteln.

47 B: ... Ja, das war das Wichtigste über den Optionshandel.

K: ... (Blickkontakt und Mimik; K sieht B erstaunt und fragend an und zieht seine Mundwinkel nach unten.)

Die mimische Reaktion des Kunden macht B deutlich, dass er von den komplizierten Ausführungen über den Wertpapier-Optionshandel wenig verstanden hat. Durch den fragenden Gesichtsausdruck und den Blickkontakt fragt der Kunde, ohne es sprachlich auszudrücken: „Können Sie mir das auch etwas einfacher und verständlicher darstellen? So, wie Sie es eben erläutert haben, habe ich das nicht verstanden."

48 B: Diese Anlage ist besonders vorteilhaft: Sie sichern sich sechs Jahre das aktuelle hohe Zinsniveau und können das Papier schon nach einem Jahr ohne Kursverlust zurückgeben.

(Mimik: Der Gesichtsausdruck verändert sich während der gesamten Aussage nicht. Augenbrauen und Mundwinkel bleiben in ihren Normalpositionen.)

Die sprachlich übermittelten Vorteile des Angebots kommen beim Kunden nur teilweise an. Der gleichgültige nichtsprachliche Ausdruck wertet die überzeugenden Äußerungen – auch inhaltlich – ab. Die Wörter „besonders vorteilhaft" wirken erst dann auf den Kunden in voller Intensität, wenn sie durch einen entsprechenden Gesichtsausdruck unterstützt werden. Dies könnte durch hochgezogene Augenbrauen geschehen. Die Aussage des Satzteils „... schon nach einem Jahr ohne Kursverlust zurückgeben" wird verstärkt, indem der Kopf leicht zwei oder dreimal nickt und das Gesicht leicht lächelt. Ohne solche nichtsprachlichen Ergänzungen der Äußerungen wirkt der Berater wenig glaubwürdig.

An der Mimik Ihrer Kunden können Sie schon zu Beginn deren Einstellung zum Gespräch erkennen. Offene, interessierte, gelassene und freundliche Gesichtsausdrücke wechseln mit verschlossenen, unsicheren, angespannten und feindseligen Gesichtsausdrücken. Ähnlich schnell nimmt Ihr Kunde Ihren Gesichtsausdruck auf. Denken Sie daran, dass eine offene, freundliche und interessierte Mimik, die entsprechend den Äußerungen variiert wird, das Gespräch fördert. Ihre Mimik fordert Ihren Gesprächspartner auf: „Sprechen Sie, bringen Sie Ihr Anliegen vor. Ich höre Ihnen gerne zu". Der Gesprächssteuerer „Aktivierendes Zuhören" wird so durch die Mimik ergänzt.

3.5.3 Gestik

49 B: Guten Tag, Herr Schneider. Schön, dass ich Sie wieder mal bei
     uns sehe.
  K: Guten Tag, ich freue mich auch, wieder hier zu sein und Sie zu
     sehen. (K schüttelt B lange und fest die Hand.)

Die Mitteilungen des Kunden sind eindeutig. Er unterstreicht seine Äußerungen durch entsprechende nichtsprachliche Botschaften. Die Wirkung der Worte („freuen", „Sie sehen") passt zu der Aussage der Sprache der Hände – der Gestik. Der Berater geht auf die Gestik des Kunden ein. Er schüttelt die Hand des Kunden. Eine gemeinsame Gesprächsbasis entsteht durch die gemeinsame Akzeptanz der Geste.

Der Berater könnte die Gestik des Kunden „boykottieren": Er zieht seine Hand schnell zurück und beendet das Händeschütteln. Die Reaktion des Kunden liegt nahe – Überraschung und Erstaunen über den Berater. Der Gesprächseinstieg würde durch diese nichtsprachliche Mitteilung des Beraters belastet.

Gesten sind für uns und unsere Mitmenschen in ihrer Wirkung deutlich: Der gehobene Zeigefinger, die geballte Faust, das Sieges(V-)Zeichen, die Zeichen der Polizisten im Straßenverkehr. Einige Gesten können den Ablauf eines Verkaufsgesprächs unterstützen, andere belasten ihn:

- Der Handschlag als Gruß- und Abschiedszeremoniell: Signal der Freundlichkeit oder des Fehlens von Feindlichkeit,
- die offene gestreckte Handfläche und die abgedrehte Handfläche (Handrücken bei ausgestreckten Fingern sichtbar): Zeichen der Aufwertung, Unterstützung, Präsentation, Aufforderung und Anerkennung sowie der Abwertung, Beschwichtigung, Ablehnung und Nichtanerkennung,
- die Präzisionsgeste (Kreiszeichen durch Daumen und Zeigefinger bei leicht gewinkelten Fingern): Mitteilung der Genauigkeit, Wichtigkeit, Feinsinnigkeit und Präzision der Aussage,
- die O. K.-Geste (Faust mit nach oben gestrecktem Daumen zum Gesprächspartner): Nachricht, häufig in lässiger und vertrauter Form, die dem anderen „Gut", „Prima", „Klasse" signalisiert,
- die Abwäge-Geste (entweder beide Handflächen offen ausgestreckt nebeneinander heben und senken oder eine gestreckte Hand steht senkrecht und wird leicht nach links und rechts um den Handmittelpunkt ge-

dreht): Verdeutlichung von Pro-und-Contra-Aussagen oder Entweder-Oder-Auswahlmöglichkeiten,

● die Ungeduldsgesten (Spielen mit einem Stift – drehen, öffnen und schließen –, Spielen mit Zigaretten, Prospekten, Ausweisen usw.): Zeichen der inneren Unruhe und Unsicherheit,

● die Zeigefinger-Geste (gestreckter Zeigefinger aus der Faust zum Gesprächspartner): Signal der Ermahnung, Belehrung und Wichtigkeit.

Gerade die Zeigefinger-Geste wird gerne in Verkaufsgesprächen verwendet. In einer Abwandlung wird der strafende Zeigefinger durch einen Kugelschreiber oder Stift ersetzt. Der Zeigefinger wird bedrohlich verlängert.

Beratergesten werden meist nicht bewusst von den Kunden wahrgenommen. Unbewusst nehmen Ihre Gesprächspartner die Mitteilungen auf, die in den einzelnen Gesten enthalten sind. Nach einem Gespräch äußert er vielleicht: „Der Berater hat überzeugend gewirkt" oder „Der Berater war unsicher". Er wird kaum sagen „Der Berater hat durch folgende Gesten überzeugend gewirkt ..." oder „Der Berater war unsicher, weil er folgende Unsicherheitsgesten eingesetzt hat ...". Die große Wirkung der nichtsprachlichen Kommunikationsreize liegt zum einen in den vom Kunden bewusst wahrgenommenen Mitteilungen und zum anderen in den vom Kunden unbewusst aufgenommenen Mitteilungen.

3.5.4 Körperhaltung

50 B: Schauen Sie bitte: Sie können genau die einzelnen Ein- und Auszahlungen in diesem Schaubild erkennen.

K: Mhm. Ich habe schon alles verstanden. (Körperhaltung: K lehnt sich in den Stuhl zurück, zieht seine Beine an, presst die Knie zusammen und kreuzt beide Arme vor seiner Brust.)

Mit dieser Körperhaltung sagt der Kunde nichtsprachlich: „Mich interessiert Ihr Schaubild nicht. Wenn Sie mich für diesen Rentensparplan gewinnen wollen, müssen Sie sich bessere Argumente einfallen lassen". Sprachlich würde eine solche Aussage zu einer direkten Konfrontation führen. Die gleiche Mitteilung über die Haltung des Körpers gesendet, lässt dem Berater alle Argumentationsmöglichkeiten offen. Die Körperhaltung drückt deutlich die Gedanken des Kunden aus, belastet aber die Gesprächsatmosphäre nicht so stark wie eine entsprechende sprachliche Äußerung.

Die Körperhaltung kann vom Kunden gezielt provokativ eingesetzt werden: Er wünscht keine Beratung; trotzdem stellt der Berater ihm ein Bankprodukt vor. Jetzt zeigt der Kunde Zeichen der Unlust und Unzufriedenheit durch die Körperhaltung – er beugt den Oberkörper zurück und lässt ihn leicht in sich zusammenfallen, während die Finger der rechten Hand bis auf den Daumen an der Tischkante auf- und abtippen.

Der Kunde im Beispiel 44 kann bei der gleichen Äußerung auch eine andere Körperhaltung einnehmen:

50 K: Mhm. Ich habe schon alles verstanden. (Körperhaltung: K hat sich mit seinen Unterarmen auf dem Beratungstisch abgestützt, der Oberkörper ist weit nach vorne zum Schaubild und zum Berater gebeugt.)

Diese Körperhaltung sagt dem Berater nichtsprachlich: „Das Schaubild habe ich genau gesehen; mich interessieren die einzelnen Ein- und Auszahlungen bei Ihrem Rentensparplan".

51 K: Kann ich Sie einen Moment sprechen? (Körperhaltung: K geht auf den Beratungstisch zu und bleibt direkt davor stehen.)
   B: Selbstverständlich (Körperhaltung: B bleibt am Beratungstisch locker sitzen und lehnt sich in die Stuhllehnen zurück – „hängt in den Seilen".)

Der Kunde spürt einen Widerspruch zwischen der Sprache („Selbstverständlich") und der Körperhaltung des Beraters. Er empfindet die Haltung des Beraters als lustlos und desinteressiert an einem Gespräch; er vermisst die Begrüßung (Grußzeremoniell) und das Anbieten eines Sitzplatzes. Er gewinnt den Eindruck – trotz der entgegenstehenden Äußerung –, dass er den Berater stört.

Wie sehen Körperhaltungen von Beratern aus, die erfolgreiche Verkaufsgespräche ermöglichen? – Es sind offene Körperhaltungen, die dem Kunden signalisieren „Ich habe Zeit für Sie. Bitte sprechen Sie". Stehend ist der Oberkörper leicht dem Kunden zugeneigt und die Hände suchen den Handschlag, die öffnende Geste oder sind in den Hüften. Der Berater geht etwas auf den Kunden zu. Die offene Grundhaltung im Sitzen: die Schulterpartie ist vor dem Körperschwerpunkt, die Unterarme liegen auf dem Tisch auf, die beiden Ellenbogen liegen hinter der Tischkante in der Luft, die Hände liegen auf dem Beratungstisch auf und zeigen sprachunterstützend die öffnende Geste. Der sitzende Berater begrüßt Kunden stehend, bietet Platz an und nimmt mit dem Kunden zeitgleich seinen Platz wieder ein.

3.5.5 Distanzzone

In der Natur markieren Tiere ihre Reviere und reagieren auf Eindringlinge in ihr Revier mit Abwehrmechanismen. Ähnlich verhalten wir uns im zwischenmenschlichen Kontakt. Die Enge eines Aufzuges oder das Gedränge in der Straßenbahn zur Hauptverkehrszeit bedrücken uns. Wir können in diesen Situationen die üblichen Abstände zu unseren Mitmenschen – Distanzzonen – nicht einhalten.

52 B: ... und dann zeige ich Ihnen Ihr persönliches Beispiel. Schauen Sie hier ... (B beugt sich weit vor und skizziert wenige Zentimeter vor K ein individuelles Beispiel.)

K: Ah ja. (K nimmt den Oberkörper erschrocken zurück, als B sich vorbeugt und ihn anschaut.)

Indem sich der Berater vorbeugt, greift er in die persönliche Distanzzone des Kunden ein. Dieser wird verängstigt und stellt umgehend die bisherige Distanzzone wieder her. Er geht mit seinem Oberkörper zurück.

53 B: (B und K sitzen sich in einem Abstand von einem guten Me-er gegenüber) ... und welche Frage kann ich Ihnen noch beantworten?

K: (K beugt sich vor und nimmt aus dem Schreibetui von B einen silbernen Kugelschreiber) ... Wie ist das ...

B: Moment, bitte. Hier habe ich einen Stift für Sie. Den können Sie sogar mit nach Hause nehmen. (Greift nach dem silbernen Kugelschreiber und gibt gleichzeitig K den Stift.)

Der Kunde dringt in das „Revier" des Beraters ein und nimmt den silbernen Kugelschreiber. Die schnelle Verteidigungsreaktion folgt, indem der Kugelschreiber zurückgefordert und als Ersatz ein Stift angeboten wird. Ähnliche Situationen laufen tagtäglich ab: Eingriff (Reiz) in die Distanzzone und umgehende verteidigende Reaktion. Eingriffe in das eigene Revier, in die eigene Distanzzone berühren uns negativ. Sie vermeiden als Berater alle Eingriffe in die persönlichen Distanzzonen Ihrer Kunden, wenn Sie Verhaltensweisen wie

- die Unterlagen des Kunden ohne dessen Erlaubnis ergreifen,
- in den Unterlagen des Kunden schreiben,
- durch starkes Vorbeugen dem Kunden „auf die Pelle" rücken und
- dem Kunden kumpelhaft und vertraut auf die Schulter oder die Arme schlagen

vermeiden. Auch wenn der Kunde sich nicht äußert – alle diese Eingriffe empfindet er unbewusst als Angriff auf seine Person. Die persönliche Distanzzone – bei frontaler Anordnung der Gesprächspartner – beträgt ca. 80 cm bis 140 cm. Sie ist wesentlich kleiner bei sehr vertrauten Menschen und bei Anordnungen ohne Blickkontakt (in Warteschlangen, im Theater oder Kino, nebeneinander oder „über Eck").

Bei gesellschaftlichen Anlässen werden unbewusst die persönlichen Distanzzonen respektiert: Im Laufe von Stehempfängen oder Geburtstagsfeiern in der Bank entstehen Gesprächsrunden, bei denen der frontale Kopfabstand einen guten Meter beträgt. Die seitlichen Entfernungen sind viel kleiner, da der direkte Blickkontakt selten aufgenommen wird, bis zum seitlichen Kontakt Schulter an Schulter bei beengten räumlichen Verhältnissen. „Angriffe" auf die persönlichen Distanzzonen werden durch Zurückweichen oder Abwenden des Kopfes abgewehrt. Da die Weite der persönlichen Distanzzonen individuell ist und zudem vom Gesprächspartner abhängt – bei einem guten Freund wird sie geringer – sollten Sie die Reaktionen Ihrer Kunden genau beachten. Körperliches Zurückweichen ist ein deutliches Zeichen für einen Eingriff in die persönliche Distanzzone.

3.5.6 Übersprunghandlung

Übersprunghandlungen sind kleine Bewegungen, die vordergründig nicht zur Situation passen. Sie werden in Augenblicken eines inneren Konflikts, einer Behinderung oder Enttäuschung ausgeführt. Gesprächspartner erkennen die Übersprunghandlungen, obwohl sie vom Ausführenden nicht absichtlich ausgeführt werden. Die Übersprunghandlungen geben dem anderen Informationen über die inneren Spannungen. Einige Beispiele:

● Ein Berater ergreift gegen Ende eines Gesprächs mit beiden Händen alle Formulare und Prospekte, die er zuvor mit dem Kunden ausgefüllt und besprochen hat. Er ordnet diese Unterlagen, indem er sie mehrmals senkrecht auf den Tisch stößt. – Das mögliche Signal: Ich möchte das Gespräch beenden.

● Ein Kunde zündet sich in einem langen Gespräch in dem Moment die Zigarette an, in welchem er aufgefordert wird, den Kreditantrag zu unterschreiben. – Das mögliche Signal: Ich benötige noch etwas Zeit zur Entscheidung.

● Ein Berater kratzt sich am Kopf, nachdem er vom Kunden in einem Konditionengespräch erpresst wurde. – Das mögliche Signal: Ich weiß nicht, wie ich die eben gemachte Zusage meinem Vorgesetzten verkaufe.

● Ein Kunde nimmt seinen Kugelschreiber aus seiner Jacke und macht ihn schreibbereit, nachdem er eine Reihe vorteilhafter Einzelheiten über ein Wertpapier erfahren hat. – Das mögliche Signal: Ich bin jetzt bereit, zu unterschreiben.

Viele Übersprunghandlungen sind Vorbereitungsgesten, die dem Gesprächspartner die eigene Absicht anzeigen. Wenn wir insgeheim aufzustehen wünschen, wenden wir den „Stuhlgriff" an: Wir sprechen weiter und hören zu, aber lehnen uns nach vorne und erfassen die Stuhllehnen, als wollten wir uns, auf sie gestützt, erheben. Eng verwandt mit dem Stuhlgriff sind andere gesprächsbeendende Vorbereitungsgesten, die verstandesgemäß gesteuert oder unbewusst ausgeführt werden: Wir empfinden unseren Kunden als zeitstehlenden Schwätzer. Jetzt knöpfen wir den Sakko zu oder die bisher gekreuzten Beine werden nebeneinandergestellt als Zeichen des kommenden Gesprächsendes.

3.5.7 Körpersprache

Bisher haben wir die einzelnen nichtsprachlichen Mittelungen isoliert betrachtet. Die Körpersprache umfasst den Blickkontakt, die Mimik, die Gestik, die Körperhaltung, das Distanzverhalten und die Übersprunghandlungen. Sie verbindet die einzelnen nichtsprachlichen Aussagen zu einer Gesamtheit.

So kann zum Beispiel ein Berater mit einem Kunden lachen, indem er den Kunden anstrahlt (Blickkontakt), die Mundwinkel und Augenbrauen hochzieht (Mimik), die Hände öffnend anhebt (Gestik), sich von seinem

Stuhl erhebt (Körperhaltung) und auf ihn zugeht (Distanzverhalten). Auch wenn der Kunde nicht alle Einzelheiten gleichzeitig wahrnimmt, gewinnt er einen Gesamteindruck von der Körpersprache, der vielleicht das Eindrucksbündel „Lachen, Freude, Offenheit" beinhaltet.

Setzen Sie nichtsprachliche Verhaltensweisen, die für den Kunden Belohnungen darstellen, gezielt ein. Vermeiden Sie alle körpersprachlichen Mitteilungen, die ihn bestrafen (siehe Abbildung 5). Denken Sie immer daran, dass alle nichtsprachlichen Mitteilungen – isoliert betrachtet – in Ihrer Aussage mehrdeutig sind. Wir haben in Abbildung 5 einen verschlossenen Körper den bestrafenden Körperhaltungen zugeordnet. Dies ist sicher für viele Situationen richtig, insbesondere bei Gesprächsbeginn und bei kürzeren Gesprächen. In längeren Gesprächen kann diese Körperhaltung (der Oberkörper ist zurückgebeugt und die Arme sind vor dem Bauch oder der Brust verschränkt) einfach bequem sein. Andere Kommunikationsreize werden dies dem Gesprächspartner gleichzeitig anzeigen: Nicken mit dem Kopf und Blickkontakt.

Den Übergang von belohnender zu bestrafender Körpersprache soll Ihnen diese Beraterbeschreibung aufzeigen:

Der Berater erhebt sich, geht auf einen Kunden zu und begrüßt ihn mit Blickkontakt, freundlichem Gesicht, dem Kunden zugewendetem Körper und Handschlag. Er bietet seinem Kunden durch eine offene Geste Platz an ... Berater und Kunde setzen sich an den Beratertisch. Der Berater beugt sich leicht zum Kunden, blickt ihn fragend mit offener Körperhaltung an ... Der Berater nimmt den Oberkörper zurück, die Beine werden gekreuzt und die Arme vor der Brust verschränkt. Er hält Blickkontakt und reagiert auf Kundenäußerungen mit angemessener Mimik ...

Jetzt geht sein Blick an die Decke und der rechte Fuß geht nervös auf und ab, so dass es auch der Kunde hört ...

In dieser Beschreibung werden immer stärker belohnende nichtsprachliche Reize durch bestrafende ersetzt. In dem Augenblick, in dem der Blickkontakt entzogen wird – und damit auch die mimischen Reaktionen – beginnt das Gesamtverhalten bestrafend zu werden. Der zuvor bestehende Blickkontakt gleicht die anderen bestrafenden Verhaltensweisen voll aus.

In unserer Beraterbeschreibung ist die Körpersprache von der Sprache getrennt. Die Wahrnehmung des Kunden umfasst beide Elemente der Kommunikation, Sprache und Körpersprache. Sie sind in einem Verkaufsge-

	Belohnung	Bestrafung
Blickkontakt	natürlicher Blickkontakt strahlende Augen weitoffene Augen Blickkontakt bei Namens- nennung	kein Blickkontakt anstarrende Augen nervöser,unruhiger Blick kein Blickkontakt bei Namensnennung
Mimik	freundliches Gesicht Lachen Lächeln hochgezogene Augenbrauen hochgezogene Mundwinkel	grimmiger Blick starrer Gesichtsausdruck Stirnfalten zusammengebissene Zähne heruntergezogene Mundwinkel
Gestik	Gruß- und Abschieds- zeremoniell offene Gesten Präzisionsgeste Abwägegeste	Ablehnung des Handschlags erhobener Zeigefinger und drohender Stift geballte Faust Ungeduldsgesten
Körper- haltung	offener Körper nach vorne gebeugt dem Kunden zugewendet Erheben bei Gesprächs- beginn Kopfnicken	verschlossener Körper zurückgebeugt vom Kunden abgewendet Sitzenbleiben bei Gesprächsbeginn Kopfschütteln
Distanz- verhalten	Distanzzonen respektieren um Unterlagen und Einsicht- nahme bitten	in Distanzzonen eingreifen Unterlagen einsehen, beschriften oder bestempeln ohne Zustimmung

Abbildung 5: Nichtsprachliche Belohnungen und Bestrafungen

spräch eine Einheit. Für überzogene sprachliche Mitteilungen und un-
natürliche nichtsprachliche Verhaltensweisen ist Ihr Kunde sehr sensibel.
Ihr Gesprächspartner schätzt den gezielten Einsatz von Sprache und Körpersprache.

3.6 Zuwendung durch Kommunikation

Zuwendung ist ein Reiz, der einem Menschen zugedacht ist und dessen Persönlichkeit anspricht. Die Zuwendung kann positiv und negativ sein. Sie äußert sich zum Beispiel in einem Wort der Anerkennung, der Zustimmung, der Beleidigung oder der Abwertung. Zuwendungen nichtsprachlicher Art haben Sie im letzten Abschnitt kennengelernt: in Abbildung 23 die Belohnungen für den Gesprächspartner durch die Körpersprache. In diesem Abschnitt erfahren Sie Einzelheiten über sprachliche Belohnungsformen allgemeiner Art, ergänzt durch Beispiele aus Beratungs- und Verkaufsgesprächen.

Positive Zuwendungen wie eine freundliche Begrüßung, ein ehrliches Kompliment oder das Bestätigen eines Vorhabens drücken die Mitteilung „Sie sind o. k." aus. Der Gesprächspartner wird akzeptiert und aufgefordert zu sprechen. Eine positive Zuwendung bestärkt den anderen. Er fühlt sich zufrieden und sicher, er erhält Anerkennung und sein Selbstwertgefühl wird unterstützt. Positive Zuwendungen stellen nach Rogoll den wichtigsten Inhalt aller zwischenmenschlichen Beziehungen dar, ob am Arbeitsplatz oder in der Familie. So einleuchtend diese Aussage ist, die positive Zuwendung ist diejenige, die von den Menschen in unserem Kulturkreis am wenigsten angewendet wird.

Eine *negative Zuwendung* drückt „Sie sind nicht o. k." aus. Abwertungen und Missbilligungen sagen dem Gesprächspartner „Ihre Person und Ihre Anliegen, Gefühle und Interessen sind (für mich) unwichtig". Einige negative sprachliche Zuwendungen im Gespräch mit dem Kunden:

- Ihre Konditionenvorstellungen sind überzogen.
- Von Ihrem Vorschlag halte ich wenig.
- Da bin ich ganz anderer Meinung als Sie.
- Wo kämen wir bei solchen Zinssätzen, die Sie sich wünschen, hin?
- Das müssen Sie doch schließlich einsehen.
- Wenn Sie nur ehrlich sind.
- Ja, das sagen Sie.
- Sie irren sich, wenn Sie sagen …
- Das trifft auf keinen Fall zu.

Verwenden Bankberater negative Zuwendungen, bringen sie unsere bekannte Pendelwaage zum Ausschlagen: Der Berater wertet seinen Kunden ab.

Vier Zuwendungsformen haben Sie für Kommunikationsvorgänge zur Auswahl:

---

1. Positive bedingungslose Zuwendung

   Die Äußerung des Beraters ist für den Kunden positiv und erfolgt ohne Einschränkung (bedingungslos): „Ich schätze Sie", „Ich teile Ihre Ansichten".

2. Positive bedingte Zuwendung

   Der Berater äußert sich positiv zum Kunden. Die Äußerung wird mit einer Bedingung verbunden (bedingt): „Ich schätze Sie, wenn Sie solche schnellen Entscheidungen treffen", „Ich teile Ihre Ansichten, wenn Sie auch die Zinsentwicklung berücksichtigen".

3. Negative bedingte Zuwendung

   Der Berater formuliert eine negative Aussage für den Kunden. Er verbindet die Äußerung mit einer Bedingung: „Es gefällt mir nicht, wenn die Entscheidungen so langsam fallen". „Ich teile Ihre Ansicht nicht, wenn ich die weitere Zinsentwicklung berücksichtige".

4. Negative bedingungslose Zuwendung

   Die Äußerung des Beraters ist für den Kunden negativ und ohne Einschränkung: „Ich schätze Sie nicht", „Ich teile keine Ihrer Ansichten", „Sie sind ein unangenehmer Kunde".

Die Eindeutigkeit dieser Zuwendungsformen veranlasst Sie vielleicht zu sagen, die dritte und besonders die vierte Zuwendungsform wird kein Bankberater einsetzen. – Leider verhalten sich viele Bankberater zu Kun-

den noch härter (im menschlichen Sinne) als mit negativen Zuwendungsformen. Sie verzichten sowohl vor als auch während und nach Verkaufsgesprächen auf positive und negative Zuwendungen. Sie reduzieren ihre
Erfolgschancen erheblich, indem sie den jeweiligen Kunden nicht
(be)achten.

Für den Kunden ist jede Zuwendung, auch wenn sie noch so negativ aus-
fällt, immer mehr als die Nichtbeachtung durch den Berater. Sie kennen
sicher aus eigener Erfahrung das Gefühl, übersehen und nicht beachtet zu
werden. Noch deutlicher wird die Nichtbeachtung durch einen anderen
Menschen nach vorheriger Ankündigung: „Ab sofort sind Sie für mich
Luft" oder „Mit Ihnen spreche ich nicht mehr".

Einige Nichtbeachtungssignale beim Beratungs- und Verkaufsgespräch in
der Bank:

- Längere Wartezeiten des Kunden ohne Informationen über Länge bzw.
  Grund des Wartens.
- Der Berater hört bei Äußerungen des Kunden nicht zu.
- Der Berater übergeht Einwände des Kunden.
- Der Berater schiebt Reklamationen des Kunden ab.
- Der Berater bedient/berät bestimmte Kunden nicht mehr, weil …
- Der Berater sieht den Kunden und verhält sich gleichzeitig so, als hätte
  er den Kunden noch nicht erblickt.

Menschen suchen bei ihren Mitmenschen bedingte und bedingungslose
Zuwendungsformen. Wenn Sie einem Kunden ständig nur bedingte Zuwendung geben, wird er sich bald widersetzen. Die Äußerungen „… unter der Bedingung, dass …" stoßen auf Widerstand. Bedingte Zuwendung wirkt bis zu einem gewissen Grade belohnend. Doch wer würde
dem eine bedingungslose positive Zuwendung zu seiner Person nicht
vorziehen?

Die vier Zuwendungsformen wirken unterschiedlich stark auf Ihren Gesprächspartner: Wenn eine positive bedingungslose Zuwendung 100 Wirkungseinheiten erreicht, dann bewirkt eine positive bedingte Zuwendung
vielleicht 30 Einheiten, eine negative bedingte Zuwendung vielleicht 5
Einheiten und eine negative bedingungslose Zuwendung vielleicht eine
Einheit. Eine den Gesprächspartner nichtbeachtende Verhaltensweise
würde in diesem Bild – je nach der Ausprägung – negative Einheiten auslösen.

In vielen Gesprächen geben Berater negative bedingte Zuwendungen an ihre Kunden. Ohne die Rahmenbedingungen des Gesprächs und den Kern der Aussage zu verändern, könnten diese Berater positive bedingte Zuwendungen ausdrücken. Damit würden sie in unserem Bild der Wirkungseinheiten den Kunden positiv steuern und statt fünf Wirkungseinheiten ungefähr 30 erzielen. Dazu zwei Beispiele:

54 B: (Negativ bedingt) Es gefällt mir nicht, wenn Sie vereinbarte Termine nicht einhalten.

B: (Positiv bedingt) Es würde mich freuen, wenn Sie künftig vereinbarte Termine einhalten.

55 B: (Negativ bedingt) Sie sind als Kunde weniger interessant, wenn keine Umsätze über das Kontokorrentkonto laufen.

B: (Positiv bedingt) Sie verbessern Ihre Verhandlungsbasis, wenn Sie über das Kontokorrentkonto Umsätze laufen lassen.

Ihre Einstellung zu den positiven Zuwendungsformen ist schon sehr früh geprägt worden. Wahrscheinlich haben Sie Botschaften erhalten, mit positiver Zuwendung (Lob) im Umgang mit anderen Menschen zu geizen: „Gib kein Lob, auch wenn du gerne möchtest – in unserer Gesellschaft ist kein Platz für Lob". Schon in der Schule standen negative Zuwendungsformen (Strafarbeiten, Nachsitzen, Tadel, Eintrag) im Mittelpunkt. Leider setzen die meisten Menschen als Folge ihrer Erziehung und der Umwelteinflüsse viel schneller (und auch häufiger) negative statt positive Zuwendungsformen ein.

Wenn Sie Bankleistungen erfolgreicher verkaufen wollen, dann sollten Sie nichtbeachtende Verhaltensweisen und negative Zuwendung vermeiden. Mit positiver Zuwendung – sprachlich und nichtsprachlich – steuern Sie Ihren Gesprächspartner zum Abschluss. Denn, Sie erinnern sich:

> Menschen streben nach Belohnungen und nicht nach Bestrafungen!

Die wichtigsten Tipps aus Kapitel 3

Tipp 032: Pflegen Sie Zwei-Weg-Kommunikation mit Ihren Kunden – meiden Sie die Ein-Weg-Kommunikation.

Tipp 033: Verwenden Sie keine Gesprächsstörer wie Befehlen, Herunterspielen, Ausfragen, Bewerten, Überreden, Monologisieren u. ä.

Tipp 034: Verwenden Sie gezielt kommunikationsunterstützende Gesprächsförderer wie Zuhören, Umschreiben, Zusammenfassen, Nachfragen, Denkanstoß geben, Relativieren u. ä.

Tipp 035: Verwenden Sie kommunikationslenkende Gesprächssteuerer wie das aktivierende Zuhören und lenkende Fragen.

Tipp 036: Fragen Sie Ihre Kunden – und Sie führen Ihre Gespräche.

Tipp 037: Üben Sie die situationsgerechte Verwendung der unterschiedlichen Frageformen.

Tipp 038: Fragen Sie lieber mehrmals, bevor Sie sich einmal auf einen Irrweg begeben.

Tipp 039: Setzen Sie belohnend wirkende Kommunikationsreize ein.

Tipp 040: Unterlassen Sie bestrafend wirkende Kommunikationsreize.

Tipp 041: Übertreiben Sie nicht den Einsatz positiver Reize – bleiben Sie natürlich.

Tipp 042: Sprechen Sie kundenorientiert.

Tipp 043: Gestalten Sie Ihre Worte bewusst.

Tipp 044: Kontrollieren und arbeiten Sie an Ihrem Sprachstil.

Tipp 045: Bewahren Sie die landsmannschaftliche Einfärbung Ihrer Sprache.

Tipp 046: Sprechen Sie allgemeinverständlich.

Tipp 047: Verwenden Sie den Sie-Stil.

Tipp 048:	Formulieren Sie möglichst positiv.
Tipp 049:	Setzen Sie kurze verständliche Sätze ein.
Tipp 050:	Verwenden Sie Übersetzungsformulierungen.
Tipp 051:	Machen Sie gezielt Pausen.
Tipp 052:	Vermeiden Sie Füllwörter, Konjunktivformulierungen, Abfärbpartikel, Bestätigungsfloskeln sowie Störlaute.
Tipp 053:	Unterstützen Sie Ihre Sprache durch nichtsprachliche Kommunikationselemente.
Tipp 054:	Beobachten Sie die nichtsprachlichen Mitteilungen Ihrer Kunden.
Tipp 055:	Halten Sie natürlich Blickkontakt zu Ihren Kunden.
Tipp 056:	Helfen Sie Ihren Kunden mit mimischen Aussagen.
Tipp 057:	Verstärken Sie Ihre Äußerungen durch Gesten.
Tipp 058:	Achten Sie auf offene Körperhaltung.
Tipp 059:	Respektieren Sie die Distanzzonen Ihrer Kunden.
Tipp 060:	Erkennen Sie Ihre Übersprunghandlungen und die Ihrer Kunden.
Tipp 061:	Seien Sie sich der nichtsprachlichen Belohnungen und Bestrafungen in Verkaufsgesprächen bewusst.
Tipp 062:	Denken Sie daran, dass körpersprachliche Botschaften – isoliert gesehen – mehrdeutig sein können.
Tipp 063:	Geben Sie Ihren Kunden sprachliche Zuwendungen.
Tipp 064:	Vermeiden Sie Nichtbeachtungssignale zu Kunden.
Tipp 065:	Ersetzen Sie negativ bedingte durch positiv bedingte Zuwendungen.

Kapitel 4

Das systematische Beratungs- und Verkaufsgespräch

In Kapitel 4 geht es vor allem um:

- Den systematischen Aufbau eines Beratungs- und Verkaufsgesprächs
- Die einzelnen Stufen eines Beratungs- und Verkaufsgesprächs von der Gesprächseröffnung bis zur Kontaktsicherung
- Die Bedeutung einer positiven Gesprächsatmosphäre
- Die Besonderheiten der Bedarfsanalyse und deren Einfluss auf das weitere Gespräch
- Die Erläuterung und die Demonstration des kundenspezifischen Angebots
- Die Initiative zum Geschäftsabschluss mit den Abschlussmethoden
- Die Gründe für und die Vorgehensweise beim Zusatzverkauf
- Die Kontaktsicherung und die Nachbereitung des Beratungs- und Verkaufsgesprächs

4. Das systematische Beratungs- und Verkaufsgespräch

Im vorangegangenen Abschnitt „Kommunikation mit Kunden" haben Sie gesprächsunterstützende und -belastende Verhaltensweisen unabhängig vom Gesprächsumfeld kennengelernt. Dieses Kapitel zeigt Ihnen eine systematische Vorgehensweise für Ihre Beratungs- und Verkaufsgespräche. Die folgenden Ziele werden dabei verfolgt:

- Der Gesprächsaufbau soll sinnvoll sein, d. h. die Verständlichkeit bei Ihrem Gesprächspartner durch einen logischen Gesprächsablauf begünstigen.
- Der Gesprächsaufbau soll kundenorientiert sein, d. h. die Wünsche des Kunden werden respektiert und er wird nicht vom Berater überfordert.
- Der Gesprächsaufbau soll ökonomisch sein, d. h. die Zeit des Beraters wird gut genutzt und die Ziele der Bank werden vom Berater berücksichtigt.
- Der Gesprächsaufbau soll abschlussorientiert sein, d. h. der Ablauf des Verkaufsgesprächs zielt auf einen erfolgreichen Abschluss.

Eine Systematik, die unterschiedliche Dialoge berücksichtigt – vom Akquisitionsgespräch bis zum vom Kunden initiierten Gespräch in der Bank –, muss auf den ersten Blick schablonenhaft und verallgemeinernd erscheinen. Die folgende Systematik hat bereits ihre Bewährungsproben in vielen Beratungs- und Verkaufsgesprächen mit unterschiedlichen Ausgangslagen in Kreditinstituten bestanden. Sie wird Sie in Ihren Gesprächen nicht einengen oder unselbständig machen, vielmehr kann sie Ihnen als Orientierungshilfe für ein zielgerichtetes Verkaufsgespräch dienen. Sie können sich in dem Schema frei bewegen. Jedes Gespräch verläuft neu und damit auch anders. Die Systematik lässt Ihnen genügend Spielraum für Ihre individuelle „Handschrift" in Ihren Gesprächen.

Der systematische Aufbau des Beratungs- und Verkaufsgesprächs ist für unterschiedliche Ausgangslagen geeignet: Gespräche, die von Ihren Kunden gewünscht werden oder von Ihnen angestrebt werden; Gespräche, die in der Bank oder die in der Wohnung und in den Geschäftsräumen Ihrer Kunden stattfinden; Gespräche, die Sie alleine oder mit Kollegen gemeinsam führen; Gespräche, die Ihr Kunde alleine oder mit anderen Personen (Ehepartner, Mitarbeiter, Mitgesellschafter, Steuerberater usw.) führt; Ge-

spräche mit Privat-, Individual- und Firmenkunden; Erstgespräche, Folge-
gespräche, Konditionengespräche, Betreuungsgespräche usw.

Die sechs Stufen des systematischen Verkaufsgesprächs bauen aufeinander
auf. Es gibt Verkaufsgespräche, die alle sechs Stufen enthalten, andere gehen nur über einen Teil der Stufen. Erfolgreiche Gespräche mit Privatkunden durchlaufen meist alle Stufen nacheinander. Kreditgespräche mit Firmenkunden laufen nach der gleichen Systematik ab, alle sechs Stufen sind
aber erst nach mehreren Einzelgesprächen durchlaufen. So beinhalten Kon-
taktgespräche bei Finanzierungen gerne die ersten beiden Stufen, Folge-
gespräche die Stufe 3 und in weiteren Gesprächen werden die Stufen 3 und
4 angesprochen. In einem späteren Betreuungsgespräch geht der Bankberater auch auf die Stufe 5 ein. Die Kontaktsicherungsstufe ist fester Bestandteil in allen Gesprächen.

Das systematische Beratungs- und Verkaufsgespräch im Bankgewerbe
enthält sechs Stufen:

Stufe 1: Die Gesprächseröffnung
Stufe 2: Die Bedarfsermittlung
Stufe 3: Das kundenspezifische Angebot
Stufe 4: Der Abschluss
Stufe 5: Der Zusatzverkauf
Stufe 6: Die Kontaktsicherung

Sie reduzieren Ihren Zeitbedarf für Verkaufsgespräche, wenn Sie die Bedarfsermittlung (Stufe 2) immer vor der Angebotsabgabe (Stufe 3) und
den Zusatzverkauf (Stufe 5) nach dem Abschluss (Stufe 4) vornehmen.
Gleichzeitig erhöhen Sie damit Ihre Abschlusswahrscheinlichkeit für das
Erstangebot und das Zusatzangebot. Diese Reihenfolge erscheint Ihnen
sicher folgerichtig. Dennoch wird gerade gegen diesen logischen Ablauf
oft verstoßen, indem der Gesprächsstörer 5 „Vorschläge vorschnell anbieten" angewendet wird.

Kunden drängen Berater des öfteren in die Stufe 3, wenn sie schnell um
ein Angebot bitten. Der persönliche Bedarf ist zuvor unvollständig ermittelt (Stufe 2) worden. dass solch ein hervorgelocktes Angebot nicht
immer (voll) den Erwartungen des Kunden entsprechen kann, ist die
Folge der unzureichenden Bedarfsermittlung. Unvorbereitete Angebote –
der Bedarf ist nicht vollständig ermittelt – können vereinzelt Kunden
überzeugen; in vielen Gesprächen werden solche Angebote jedoch abge-
lehnt werden.

Gesprächsverhalten, das sich nach der Systematik des Beratungs- und Verkaufsgesprächs – den Stufen 1 bis 6 – richtet, schützt Sie vor voreiligen und nicht passenden Vorschlägen an Ihre Kunden. Diese Systematik soll Ihnen Sicherheit in Ihrer Gesprächsführung geben und Ihnen helfen, Ihre knapp bemessene Beratungszeit erfolgreich einzusetzen.

4.1 Die Gesprächseröffnung

Stufe 1: Die Gesprächseröffnung	Gesprächsvorbereitung Begrüßung Kontaktthema Überleitung
Stufe 2:	Die Bedarfsermittlung
Stufe 3:	Das kundenspezifische Angebot
Stufe 4:	Der Abschluss
Stufe 5:	Der Zusatzverkauf
Stufe 6:	Die Kontaktsicherung

Die erste Stufe des systematischen Beratungs- und Verkaufsgesprächs nennen wir „Die Gesprächseröffnung". Sie umfasst die Vorbereitung auf das Gespräch, die Begrüßung des Kunden, das Kontaktthema und die Überleitung zur folgenden Stufe – der Bedarfsermittlung.

4.1.1 Gesprächsvorbereitung

Alle Gespräche mit Kunden können Sie vorbereiten: einen Teil individuell und einen anderen Teil allgemein. Fest terminierte Gespräche und angekündigte Besuche lassen eine individuelle Vorbereitung auf die Kunden zu. Dies gilt für Gespräche in der Bank wie bei Ihren (potentiellen) Kunden. Die individuelle Gesprächsvorbereitung zielt auf verschiedene Bereiche:

- Informationen über den oder die Kunden,
- Informationen über die Geschäftsverbindung,
- Gesprächsziele und -teilziele der Gesprächsbeteiligten sowie
- Unterlagen für das Gespräch.

Vorbereitete Gespräche laufen zügiger und damit zeitsparender als unvorbereitete Gespräche ab. Die Vorbereitung des Beraters wird von dessen Kunden geschätzt – der Berater drückt durch seine Vorbereitung Wertschätzung für seinen Kunden aus. Ein gut vorbereitetes Gespräch wird zudem weniger überraschende Momente, die häufig Unsicherheiten ausdrücken, enthalten. Sie verhandeln vorbereitet zielgerichteter, denn Sie kennen Ihre Gesprächsziele und haben Hilfsmittel einsatzbereit zur Hand, diese Ziele zu erreichen.

Steigern Sie die Anzahl Ihrer fest terminierten Verkaufsgespräche. Sprechen Sie deshalb mit Ihren Kollegen und Mitarbeitern, die Beratungswünsche von Kunden annehmen und für Sie Termine vereinbaren. Eine Notiz wie ‚Kunde Müller kommt morgen vorbei!' ist ein klassischer Zeitdieb: Welcher Müller?, Was will der Müller?, Wann kommt der Müller?, ... – Fragen, die eigentlich bei der Terminabsprache klärbar sind.

Deshalb: Akzeptieren Sie Terminabsprachen aus Ihrem beruflichen Umfeld nur, wenn

- der komplette Kundenname (Vorname, Rechtsform),
- das Gesprächsthema und
- die exakte Gesprächszeit (konkrete Uhrzeit)

abgesprochen (und notiert!) sind. Mit jeder fehlenden Information wird die Gesprächsvorbereitung schwieriger und damit der Verkaufserfolg unwahrscheinlicher.

Zeigen Sie bei fest terminierten Gesprächen Ihren Kunden die Vorbereitung. Nehmen Sie zum Beispiel Unterlagen und Ausdrucke in eine – für den Kunden sichtbare – Transparenzhülle oder Mappe. Sprechen Sie, nach dem Motto „Tue Gutes und rede darüber!", die Vorbereitung an. Zum Beispiel: „Ich habe mir schon einige Unterlagen für Sie bereitgelegt ...".

Legen Sie einen kleinen Packen Visitenkarten offen auf Ihrem Beratungsplatz aus. Direkt neben einem Namensschild oder einem kleinen Prospektständer reizen Sie den Kunden zum Zugreifen. Unterstützen Sie die Mitnahme und fordern Sie gezielt Ihre Kunden auf, Visitenkarten an Bekannte oder Geschäftsfreunde weiterzugeben.

Selbst kurzfristig vereinbarte und unvereinbarte Gespräche – ohne lange Zeit zur Vorbereitung – lassen sich vorbereiten. Die Gesprächsvorbereitung erfolgt nicht individuell auf einen bestimmten Kunden. Allgemeine Vorbereitungen stehen im Vordergrund: Zum Beispiel kundenbezogenes Informationsmaterial (EDV-Listen, Kundenkarteien usw.) und gesprächsunterstützende Materialien (Formulare, Prospekte, Übersichten, Beratermappe usw.) in greifbarer Nähe, geordnet und auf dem aktuellen Stand.

Besonders notwendig ist die sorgfältige Gesprächsvorbereitung vor Verkaufsgesprächen außerhalb der Bank. Der Berater hat kaum die Möglichkeit, nach dem Gesprächsbeginn auf Unterlagen, die er nicht bei sich führt (= schlechte Vorbereitung!), zurückzugreifen. Unzureichende Gesprächsvorbereitung wirbt sicher nicht für ihn und sein Haus – gerade im Erstgespräch bei einem potentiellen Kunden.

4.1.2 Begrüßung

Das Verkaufsgespräch im engeren Sinne beginnt mit der Begrüßung des Kunden. Insbesondere bei einem neuen Kontakt zwischen Kunde und Berater spielen die ersten Momente, die Momente vor, bei und direkt nach der Begrüßung eine gesprächsbeeinflussende Rolle. Sie können sich bestimmt an Ihren ersten Eindruck über Kunden erinnern:

- Ein angenehmer Gesprächspartner.
- Irgendetwas stört mich an diesem Kunden.
- Mit diesem Kunden komme ich bestimmt klar.
- An dem ist was, was mir überhaupt nicht gefällt.
- Mit diesem Kunden macht es direkt Freude zu sprechen.

Ähnlich gewinnt Ihr Kunde sehr schnell einen individuellen Eindruck von Ihrer Person. Der Kunde nimmt sprachliches und nichtsprachliches Verhalten von Ihnen auf und formt aus beidem seinen ersten Eindruck. Ihre ersten wenigen Mitteilungen an Ihren Kunden bewirken durch den bleibenden ersten Eindruck oft mehr als wesentlich umfangreichere und bedeutungsvollere Mitteilungen, die Sie später machen.

Denken Sie noch einmal an die Aussage des Volksmunds „Kleider machen Leute". Schon vor Ihren ersten sprachlichen Äußerungen wirken Sie durch Ihre gesamte Erscheinung auf die Kunden. Mit dem Merksatz

Beachten Sie die Erwartungen Ihrer Kunden – und bewahren Sie Ihre
Individualität!

haben wir zu Beginn dieses Buches eine Verhaltensrichtlinie festgelegt.
Sie gilt auch bei der Begrüßung des Kunden am Beratungstisch in der
Bank.

Diese Begrüßung erwartet wahrscheinlich Ihr Kunde: Der Kunde kommt
– bei einem offenen Beratungsplatz – auf Sie zu. Sie blicken ihn freundlich, nicht übertrieben, an und stehen von Ihrem Platz auf. Sie reichen ihm
die Hand zur Begrüßung und bieten ihm Platz an. Wenn Sie sich persönlich noch nicht kennen, stellen Sie sich vor und geben Ihrem Kunden Zeit,
sich ebenfalls vorzustellen. Ihr Name bleibt besser in Erinnerung, wenn
Sie nach der Vorstellung Ihre Visitenkarte überreichen. Sie enthält Ihre
Bankadresse mit Telefondurchwahl, Faxnummer und E-Mail-Adresse.
Für ausgewählte Kunden können Sie Ihre Privatadresse und vor allem
auch Ihre private Telefonnummer oder die Handy-Nummer ergänzen.
Damit dokumentieren Sie, dass Sie bei dringenden Anliegen neben den
Geschäftszeiten auch in Ihrer Privatsphäre als Berater ansprechbar sind.

Strecken Sie Ihre Hand nicht ins Leere. Einige Kunden scheuen sich, generell oder bei Beginn des Verkaufsgesprächs, die Hände zu schütteln.
Wechseln Sie kurz vor dem Handschlag einen Stift, ein Schriftstück, eine
Mappe oder eine andere Unterlage von der rechten zur linken Hand. Dieser Reiz bewirkt bei den meisten Begrüßungen, dass der Kunde durch Ihr
Signal „rechte Hand freimachen" mit dem Handreichen beginnt. Jetzt
kann Ihre gestreckte Hand nicht mehr vor dem Körper des Kunden „ver-
sauern". Sie starten mit einer positiven Geste – der Begrüßungshand-
schlag schafft eine frühe Gemeinsamkeit im Gespräch.

Drücken Sie die Hand Ihres Kunden weder zu fest noch zu schwach. Außer-
ordentliche Druckstärken, die vom Kunden nachhaltig beachtet werden,
schmälern die Gemeinsamkeit Ihrer Begrüßungsgeste. Gleiches gilt für die
Dauer des Handschlags: Dynamisch und schnell ausgeführt wirkt der
Handschlag überzeugender als langsam und ohne Energie ausgeführt.

Sprechen Sie Ihre Kunden schon in der Stufe der Begrüßung mit dem Namen an. Wenn Sie den Kundennamen oder den Namen eines Begleiters
nicht richtig verstanden haben, fragen Sie sofort nach. Begründen Sie Ihre

Frage nach dem oder den Namen: „Ich möchte Sie gerne richtig ansprechen. Wie heißen Sie?"

Die Begrüßung des Kunden kann durch Atmosphäre schaffende Erfrischungen abgerundet werden. Bei allen Gesprächen, die längere Zeiträume beanspruchen, lockert das Angebot alkoholfreier Getränke das Gespräch. Eine Kaffeetasse oder ein Glas kann darüber hinaus im weiteren Gespräch Sicherheit vermitteln: Der Kunde hat die Möglichkeit, sich – im wörtlichen Sinne – festzuhalten. Doch Achtung: Erfrischungsgetränke oder der Kaffee verlängern automatisch Beratungs- und Verkaufsgespräche. Setzen Sie Getränke deshalb nur bewusst als Investition in ertragsstärkere Kunden ein. – Zeigen Sie Ihrem Kunden durch Ihre Begrüßung, dass Sie jetzt nur für ihn da sind.

4.1.3 Kontaktthema

Nach der Begrüßung sprechen Sie oder Ihr Gesprächspartner ein Kontaktthema an. Das Kontaktthema soll durch unbelastete Konversation den weiteren Gesprächsverlauf positiv beeinflussen. Sie sprechen mit dem Kunden meist über einen Bereich, der nicht unmittelbarer Gegenstand des Verkaufsgesprächs ist. Anknüpfungspunkte aus dem Wohn-, Lebens- und Geschäftsbereich des Kunden bieten sich an. Alles, was den Kunden bewegt, ist geeignet, als Kontaktthema von Ihnen angesprochen zu werden. Wenn dieses Thema noch einen Bezug zur Bank und deren Leistungsangeboten hat, wird es Ihnen besonders für den weiteren Gesprächsverlauf förderlich sein. Achten Sie auf einen partnerschaftlichen Gedankenaustausch – Unterwürfigkeit und Überheblichkeit von der einen oder anderen Seite können nicht entstehen.

Das gemeinsame Sprechen über ein Kontaktthema erzeugt bei Ihrem Kunden Aufnahmebereitschaft für Ihre Person, für Ihre Argumente, für Ihre Angebote und für Ihr Institut.

Versetzen Sie sich in die Situation eines Kunden: Er betritt, manchmal mit „Schwellenangst", die Geschäftsräume eines Kreditinstituts und wünscht eine Beratung. Es geht für ihn um eine nicht alltägliche und weitreichende Entscheidung (um eine Kreditaufnahme oder einen langjährigen Sparvertrag). Viel Geld steht für ihn auf dem Spiel. Vielleicht möchte er sich erst in dieser ungewohnten Situation „freisprechen" und an die Bankumgebung gewöhnen. Er wählt ein Kontaktthema und spricht den Berater an:

56 K: Recht schwer, hier bei Ihnen einen Parkplatz zu finden.

Oder: Na, wie wird es mit den Zinsen weitergehen? Steigen die weiter so an?

Oder: Was macht denn Ihr Hobby, das Segelfliegen, von dem Sie mir das letzte Mal erzählt haben?

Der Kunde könnte auch etwas zurückhaltender sein und auf einen Impuls des Beraters warten. Dieser spricht ein Kontaktthema nach der abgeschlossenen Begrüßung an, um seinem Kunden einige Äußerungen zu ermöglichen, die dessen Selbstsicherheit steigern:

57 B: Herr Groß, wie läuft es zur Zeit bei Ihrer Firma?

Oder: Na, Herr Müller, Sie hatten in der letzten Woche in der XY-Straße ein Straßenfest. Waren Sie auch dabei?

Oder: Frau Schneider, ich habe in der Tageszeitung über die Werbewoche Ihrer Boutique gelesen. – Zufrieden mit dem Verlauf?

Oder: Herr Köhler, vor Ihrem Firmengelände sehe ich in letzter Zeit häufig italienische Lastwagen. Arbeiten Sie jetzt enger mit dem Ausland zusammen?

Freuen Sie sich, wenn Ihre Kunden Ihnen Kontaktthemen unaufgefordert als Gesprächseinstieg vorgeben. Greifen Sie solche Kundenthemen auf. Sie gehen sicher, dass diese Gesprächsinhalte für Ihren Kunden interessant sind. Ihr Kunde fühlt sich bei den von ihm vorgegebenen Themen wohl. Einige Kundenthemen können Sie viel Zeit kosten (Gesundheit, Kinder, Urlaub usw.), andere Kundenthemen können bald zu Kontroversen führen (Politik, Religion, Grundanschauungen und oft auch Sport). Hier ist es Ihre Aufgabe, rechtzeitig auf das bankgeschäftliche Anliegen des Kunden überzuleiten.

Eine Kundenäußerung wie „So, jetzt kommen wir zum Thema" sollten Sie nicht abwarten. Diese Äußerung sagt Ihnen, in eine deutlichere Sprache „übersetzt", „So, wir haben jetzt lange genug geplaudert. Es wird höchste Zeit, dass wir zum Thema kommen". Dies ist ein harter Vorwurf an Ihre Eigenschaften der Gesprächsführung, denn: Ihr Kunde erwartet nicht, dass sich ein Gespräch mit einem Bankmitarbeiter sehr ausführlich um das Kontaktthema dreht. Er erwartet eine solide Beratung und umfassende Informationen vor der Pflege von Konversation.

Oft werden Ihre Kunden die weitere Entwicklung der Konjunktur oder künftige Zinstendenzen ansprechen. Für Firmenkunden sind beide Themen typische Bankgesprächsthemen. Sie erwarten, dass ein qualifizierter Bankberater eine fundierte Stellungnahme abgeben kann.

Scheuen Sie sich nicht, diese Kundenerwartungen zu erfüllen. Die Kundenerwartungen stellen keine Aufforderungen zu Konjunktur- und Zinsprognosen oder gar -spekulationen dar. Ihr Kunde fragt nach Informationen und Hintergründen, sowohl für einen Konjunktur- oder Zinsanstieg als auch für einen Konjunktur- oder Zinsrückgang. Wenn Sie die einschlägige Wirtschaftspresse regelmäßig verfolgen, finden Sie immer wieder Darstellungen grundsätzlicher Art mit Prognosecharakter – von Journalisten, Politikern, Instituten, Ökonomen und führenden Bankern. Sprechen Sie mit Ihren Kunden über optimistische und pessimistische Einschätzungen und die Begründungen. Es wird Ihre Kunden interessieren.

Scheuen Sie sich, eigene Prognosen abzugeben – auch wenn Sie wiederholt danach gefragt werden. Die „Für und Wider" können Sie noch belegen, eine eigene Prognose wird Sie häufig überfordern. Ihr Kunde wird Sie später an Ihre Prognosen erinnern – nicht alle Prognosen werden eintreffen können. Sie verspielen mit Prognosen sehr schnell Vertrauen.

Sprechen Sie die Kontaktthemen wertfrei an. Sie vermeiden die Gefahr, durch sich vom Kunden unterscheidende Wertungen, Konfrontationen einzugehen. Sie erinnern sich bestimmt an unseren Gesprächsstörer 7 „Bewerten". Gerade in der Stufe der Gesprächseröffnung wirkt er besonders gesprächsstörend. Zur risikofreien Einleitung des Kontaktthemas eignen sich offene Fragen:

- Herr Schmidt, wie war es in Ihrem Urlaub?
- Was gibt es Neues, Frau Krause, in Ihrem Verein?
- Wie ist Ihr Räumungsverkauf gelaufen, Herr Dreier?

4.1.4 Überleitung

Ein individuelles Kontaktthema, das jeweils an dem Interessenbereich des Kunden ausgerichtet ist, schafft schnell eine konstruktive Gesprächsatmosphäre. Leiten Sie zur Stufe 2 „Bedarfsermittlung" über, wenn der Kunde sich an die Umgebung gewöhnt hat, wenn er sich gelockert hat und eine gemeinsame „Wellenlänge" entstanden ist. Am besten: Lassen Sie Ihren Kunden ruhig zum Kontaktthema aussprechen und stellen Sie eine offene Frage als Überleitung. Zum Beispiel:

58 B: Was kann ich für Sie heute tun?
    Oder: Was führt Sie heute zu mir?
    Oder: Was steht heute an?
    Oder: Wie kann ich Ihnen heute helfen?
    Oder: Was möchten Sie heute mit mir besprechen?

Sie fordern durch diese Fragen den Kunden deutlich auf, seine Wünsche zu nennen. Er wird Ihrer Aufforderung folgen und sein Anliegen darstellen. Sie haben ihm durch Ihre gezielte Gesprächseröffnung seine Unsicherheit genommen.

Checkliste zur Gesprächsvorbereitung eines Erstgesprächs

1. Wer ist mein Gesprächspartner/potentieller Kunde?
   Vorname, Name, Anschrift, Telefon, Telefax, Rechtsform, Gesellschafter, Daten des Unternehmens, Konzernzugehörigkeit, Beschäftigtenzahl, Umsätze, Investitionen, Geschäftsverbindungen, ...
2. Welche Branche? Mit welchen Branchen verflochten?
   Daten allgemein, Struktur, künftige Entwicklungen, Besonderheiten, Messen, Ausstellungen, werbliche Aktivitäten, ...
3. Bestehende Bankverbindungen? Hausbank?
4. Gesprächspartner und zuständiger Mitarbeiter?
   Persönliche Daten, Telefondurchwahl, günstige Besuchszeiten, Vertreter, ...
5. Welche Informationen sind vom Gesprächspartner notwendig?
6. Welche Unterlagen muß ich mitnehmen?
7. Mit welchen Störungen muß ich rechnen?
8. Wie ist die Situation des Gesprächspartners?
   Abhängig, interessiert, unter Druck, selbständig, ...
9. Welche Taktik könnte der Partner anwenden?
10. Welche Ziele und Unterziele habe ich?
11. Wie kann das Gespräch eröffnet werden?
12. Was könnte den Gesprächspartner besonders interessieren?
13. Was kann ich anbieten/vorstellen?
14. Wo sind meine Stärken und meine Schwächen (Angebot)?
15. Welche Konditionen kann ich minimal und maximal anbieten?
16. Welche Einwände sind von meinem Gesprächspartner im einzelnen zu erwarten?
    Antworten auf die Einwände vorbereiten
17. Welche Schwierigkeiten könnte der Gesprächspartner sehen?
18. Welche Vorteile könnte mein Gesprächspartner durch meinen Vorschlag/Angebot im einzelnen haben?
19. Welche Alternative habe ich zu dem Angebot?
20. Welche Zusatzleistungen kann ich dem Gesprächspartner bieten?

4.2 Die Bedarfsermittlung

Stufe 1:	Die Gesprächseröffnung
Stufe 2: Die Bedarfsermittlung	Begründung für den Kunden Bedarfsfragen Zusammenfassung
Stufe 3:	Das kundenspezifische Angebot
Stufe 4:	Der Abschluss
Stufe 5:	Der Zusatzverkauf
Stufe 6:	Die Kontaktsicherung

4.2.1 Begründung für den Kunden

Die exakte Ermittlung des Bedarfs Ihrer Kunden ist Voraussetzung für Ihre erfolgreichen Verkaufsgespräche. Viele Kunden sehen nicht die Bedeutung dieser Gesprächsstufe. Sie wünschen ohne lange „Fragerei" Vorschläge des Beraters. Häufig empfinden sie das Interesse – durch die gezielten Fragen des Beraters – an den persönlichen Verhältnissen als Neugierde und als überflüssige Zeitvergeudung. Diese negativen Eindrücke vermeiden Sie, wenn Sie Ihren Kunden eine Begründung für Ihre Fragen, eine Begründung für die Bedarfsermittlung geben:

59 B: Ich benötige von Ihnen einige Angaben, um Ihnen ein persönliches Angebot zu unterbreiten ...

Oder: Gerne zeige ich Ihnen verschiedene Anlagemöglichkeiten auf. Um Ihre individuelle Situation zu berücksichtigen, brauche ich von Ihnen einige Auskünfte ...

Oder: Um Ihnen ein maßgeschneidertes Angebot vorzulegen, sollte ich einige Informationen von Ihnen erhalten ...

Oder: Wenn Sie mir die folgenden Fragen beantworten, kann ich Ihnen den günstigsten Weg zu ... aufzeigen ...

Oder: Für die schnelle Bearbeitung Ihres Kreditantrages benötige ich von Ihnen einige Unterlagen und Angaben ...

Verbinden Sie, wie in diesen Formulierungsvorschlägen, die Begründung Ihrer Bedarfsermittlung mit Vorteilen für Ihren Kunden: persönliches Angebot (statt: unpersönliches Angebot), Berücksichtigung der individuellen Situation (statt: übliche Situation), maßgeschneidertes Angebot (statt: standardisiertes Angebot), günstigster Weg (statt: normaler Weg) und schnelle Bearbeitung (statt: längere Wartezeiten). Die Auskunftsbereitschaft bringt Ihrem Kunden Vorteile – die Fragen werden nicht mehr als überflüssige Ausfragerei (Gesprächsstörer 4!), sondern als notwendige Voraussetzung empfunden, den persönlichen Nutzen zu erhöhen. Mit Ihrer Begründung können Sie zeitgleich durch einen fragenden Blick um Erlaubnis für die Bedarfsermittlung bitten. Ihr Kunde wird mit großer Wahrscheinlichkeit zustimmen, da er persönliche Vorteile aus der Bedarfsermittlung ziehen wird.

Sollte der Kunde während der Bedarfsermittlung seine Auskunftsbereitschaft zurückziehen, können Sie ihn darauf hinweisen, dass Sie zu Beginn der Bedarfsermittlung seine Zustimmung erhalten haben. Mit Ihrer Begründung und der Zustimmung des Kunden beginnt die Bedarfsermittlung im engeren Sinne.

4.2.2 Bedarfstrichter

Stellen Sie sich die Vorgehensweise bei der Bedarfsermittlung wie einen Trichter (siehe Abbildung 6) vor. Ein Trichter ist oben sehr breit gebaut und verengt sich stetig nach unten. Sie beginnen also die Bedarfsermittlung auch ganz breit und wenig konkret mit Aufforderungen an den Kunden. Die Kernbotschaft lautet dabei

„Ich höre Ihnen gerne zu. Bitte erzählen Sie. (Ich bin ganz neugierig, Ihre Wünsche zu erfüllen!)“.

Sie können das mit sehr unterschiedlichen Formulierungen ausdrücken. Hier einige Beispiele:

60 B: Was sollte ich zu Ihrem Finanzierungswunsch alles wissen? Bitte legen Sie los!

Oder: Erzählen Sie mal: Wo haben Sie sich bei früheren Geldanlagen besonders gut gefühlt? (aber auch: geärgert, konnten nicht schlafen usw.)

Oder: Bitte schildern Sie mir Ihre Vorstellungen zu ...!

Oder: Informieren Sie mich bitte über ... (in Abhängigkeit vom Gesprächsthema)!

Die Berateraussagen richten sich noch nicht auf exakte Sachverhalte. Es geht vielmehr um Einstellungen, Grundpositionen, Mentalitäten und Erfahrungen der Kunden. Direkte konkrete Fragen zu diesen Kategorien führen oft nur zu gesellschaftlich erwarteten Antworten.

Bei der ersten Trichterstufe tasten Sie sich dagegen sehr auffordernd vor: „Ich höre Ihnen gerne intensiv zu. Bitte informieren Sie mich ausführlich. Dann kann ich Sie bestens beraten, dann kann ich Ihnen ein passendes (= kundenorientiertes) Angebot unterbreiten." Und ein zusätzlicher Gedanke sollte Sie begleiten ‚Ich höre intensiv zu, damit ich mit dem passenden Angebot meine Abschlusswahrscheinlichkeit erhöhe!'.

Mit jeder Information, die Sie von Ihren Kunden erhalten, ersparen Sie sich detaillierte Fragen. Sie forcieren den Informationsfluss, wenn Sie die Aufforderungen zum Erzählen (= Stufe 1 des Bedarfstrichters) mit dem Ihnen bereits bekannten aktivierenden Zuhören kombinieren. Stoppen die Kundeninformationen trotz aller Aktivierungen, gehen Sie zur Stufe 2 des Bedarfstrichters weiter – den offenen Fragen.

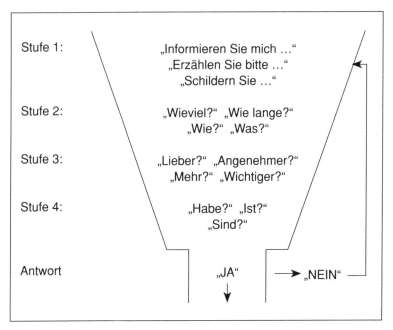

Stufe 1:   „Informieren Sie mich ..."
„Erzählen Sie bitte ..."
„Schildern Sie ..."

Stufe 2:   „Wieviel?" „Wie lange?"
„Wie?" „Was?"

Stufe 3:   „Lieber?" „Angenehmer?"
„Mehr?" „Wichtiger?"

Stufe 4:   „Habe?" „Ist?"
„Sind?"

Antwort   „JA"   → „NEIN"

Abbildung 6: Der Bedarfstrichter

4.2.3 Offene Bedarfsfragen

Die weitere Bedarfsermittlung richtet sich auf zwei Informationsbereiche: Informationen über Wünsche, Anliegen, Vorstellungen, Einstellungen, Mentalitäten und bisherige Nutzung von Leistungen sowie Informationen über persönliche Daten des Kunden (Gehalt, weitere Einkommen, Vermögensverhältnisse, Familienverhältnisse usw.). Beide Informationsbereiche können Sie mit den bekannten Gesprächssteuerern – lenkende Fragen und aktivierendes Zuhören – angehen. Der Merksatz „Wer fragt, der führt" gilt auch bei der Bedarfsermittlung.

Im Privatkundengeschäft werden Sie fast immer Antworten auf vier Fragen benötigen. Wir wollen sie „die vier zentralen Fragen" der Bedarfsermittlung nennen.

---

1. Die „Mengen-Frage"
   - Wie viel möchten Sie anlegen?
   - Wie viel möchten Sie erhalten (Kredit)?
   - Wie viel möchten Sie zurückzahlen?
   - Wie viel wollen Sie überweisen?
2. Die „Zeit-Frage"
   - Wie lange möchten Sie den Betrag anlegen?
   - Wie lange wollen Sie zurückzahlen?
   - Wann soll der Betrag ankommen?
   - Wann soll der Auftrag ausgeführt werden?
3. Die „Grundlagen-Frage"
   - Welche Spar-/Anlageformen nutzen Sie bereits?
   - Welche Kreditformen nehmen Sie schon in Anspruch?
   - Welche regelmäßigen Einkünfte/Ausgaben fallen an?
   - Wie haben Sie in der Vergangenheit diese Zahlungen vorgenommen?
   - Welche Erfahrungen haben Sie bereits mit ... gemacht?
4. Die „Wunsch-Frage"
   - Welche Vorstellungen haben Sie?
   - Auf was legen Sie besonderen Wert?
   - Was möchten Sie auf keinen Fall?
   - Welche Merkmale wünschen Sie?

Die offenen Bedarfsfragen, die Mengen-, die Zeit-, die Grundlagen und die Wunschfragen, werden nicht immer – aus Beratersicht – umfassend beantwortet. Gehen Sie dann in unserem Bild des Bedarfstrichters eine Stufe weiter und schieben Sie in einem 3. Schritt Alternativfragen gezielt nach:

61 B „Was ist Ihnen lieber: ... oder ...?"
„Welche ... ist Ihnen angenehmer?"
„Was ist für Sie wichtiger: ... oder ...?"

Doch nicht alle Kunden folgen direkt dieser Vorgehensweise. Sie hören Antworten wie „So genau habe ich mir das noch nicht überlegt!" oder auch „Ich wollte eigentlich nur den günstigsten Vorschlag von Ihnen hören!". Lassen Sie sich nicht dadurch aus dem Konzept bringen. Abbildung 7 zeigt Ihnen Wege für unterschiedliche Kundenreaktionen auf.

Aktivität des Beraters	Reaktion des Kunden	Folgende Aktivität
1. Begründung der Bedarfsermittlung mit Vorteil für Kunden	Verständnis Informationsbereitschaft Zwischenfragen Zweifel an Vorteilen Eile, Hast, keine Zeit	weiter mit 2. weiter mit 2. vertiefen von 1. vertiefen von 1. Terminvereinbarung oder Abgabe des Standard-angebots
2. Bedarfsfragen: 4 zentrale Fragen • Mengenfrage • Zeitfrage • Grundlagenfrage • Wunschfrage	Fragen werden umfassend beantwortet Fragen teilweise beantwortet keine Antworten keine Vorstellungen widersprüchliche Antworten	weiter mit 3. vertiefen von 2. weiter mit 1. Angebotsmerkmale abfragen vertiefen von 2.
3. Zusammenfassung der Bedarfsermittlung	Bestätigung teilweise Bestätigung Verneinung	weiter mit Gesprächs-stufe 3: Kunden-spezifisches Angebot weiter mit 2. weiter mit 1.

Abbildung 7: Vorgehensweise Bedarfsermittlung

4.2.4 Zusammenfassung des Kundenwunsches

Nach der Aufforderung zum Erzählen (Stufe 1), den offenen Bedarfsfragen (Stufe 2) und den Alternativfragen (Stufe 3) soll der Kunde jetzt einer Bedarfszusammenfassung (Stufe 4) zustimmen. Doch das gewünschte „Ja" (siehe noch einmal Abbildung 6) wird nicht immer sofort ausgelöst. Einige Kunden werden sich – noch – nicht festlegen, andere sogar mit einem klaren „Nein" antworten. Und in solchen Gesprächssituationen beginnt der Bedarfsrichter noch einmal von oben.

Wiederholen Sie Ihre Begründungen für Ihre Bedarfsermittlung, wenn Sie keine Antworten erhalten. Vertiefen Sie Ihre Fragen, wenn Sie widersprüchliche oder unvollständige Antworten erhalten. Ihre Aussage kann i vielen Gesprächssituationen lauten: „Erst wenn ich Ihren exakten Wunsch kenne, kann ich Ihnen ein individuelles (maßgeschneidertes, detailliertes, persönliches) Angebot unterbreiten". – Und direkt nach dieser Aussage setzen Ihre Fragen an den Kunden wieder ein. Sie werden bei Wiederholungen Varianten der Fragen einsetzen.

Wenn die vier zentralen Fragen und die Alternativfragen – aus Ihrer Sicht – vollständig von Ihrem Kunden beantwortet sind, setzen Sie den Gesprächsförderer 4 „Zusammenfassen" ein. Sie zielen auf eine vollständige Bestätigung Ihrer Zusammenfassung. Hier einige Formulierungsbeispiele für das Zusammenfassen des Kundenwunsches:

62 B: • Habe ich Sie richtig verstanden, dass Sie jetzt 15.000 € anlegen möchten und außerdem ab Juni monatlich 400 € regelmäßig sparen wollen?
   • Sie wünschen eine bequeme und sichere Zahlungsweise für Ihre Ausgaben im Urlaub?
   • Ist das so richtig, dass Sie jetzt 85.000 € für 5 Monate benötigen? Im September erhalten Sie den Gesamtbetrag von Ihrer Lebensversicherung ausgezahlt?

Ungenauigkeiten, Doppeldeutigkeiten und Missverständnisse können Sie mit der Zusammenfassung frühzeitig ausräumen. Sie legen mit einer Zusammenfassung und der Bestätigung durch den Kunden die Basis für ein kundenspezifisches Angebot. Nebenbei gewinnen Sie mit dieser Vorgehensweise Klarheit, Sicherheit und Zeit.

Halten Sie sich an das Bild: Die Bedarfsermittlung ist wie ein Trichter. Sie starten nach der Begründung weit geöffnet mit Aufforderungen zum Erzählen. Es folgen gesprächsverengend die vier zentralen Fragen der Bedarfsermittlung (offene Fragen). Der Trichter wird mit konkretisierenden Alternativfragen noch enger. Schließlich bleibt eine kleine Öffnung für das ‚Ja' des Kunden, die geschlossene Frage der Zusammenfassung. Beim – überraschenden – ‚Nein' des Kunden geht es wieder im Bedarfstrichter nach oben und die Aufforderungen zum Erzählen werden wiederholt.

4.3 Das kundenspezifische Angebot

Ihr Haus bietet eine breite Palette von Bankleistungen an; bei Ihrem Kunden haben Sie einen individuellen Bedarf ermittelt. Mit dem kundenspezifischen Angebot wählen Sie genau die Leistung Ihres Kreditinstituts aus der breiten Palette, die den Wünschen und Vorstellungen Ihres Kunden entspricht. Sie zeigen Ihre Stärke als Berater, wenn Sie auf Anhieb die richtige Angebots-„Schublade" ziehen.

Stufe 1:	Die Gesprächseröffnung
Stufe 2:	Die Bedarfsermittlung
Stufe 3:	Formulierung des Angebots Kundenspezifische Erläuterung Demonstration
Stufe 4:	Der Abschluss
Stufe 5:	Der Zusatzverkauf
Stufe 6:	Die Kontaktsicherung

Für die meisten Kundenwünsche kommt nur ein Bankangebot in Frage, hie und da können es auch zwei ähnliche Bankleistungen sein. Sollten Sie eine ganze Reihe von Vorschlägen machen, verlassen Sie unsere Systematik des Verkaufsgesprächs: Sie haben den Bedarf des Kunden unvollständig erfragt und damit könnten mehr als ein oder zwei Vorschläge passen.

Der zielgerichtete Weg besteht aus einer detaillierten Bedarfsermittlung und einem Angebot. Wer erst Angebote unterbreitet und dann fragt „Wäre Ihnen das angenehm?" oder „Hatten Sie sich das so vorgestellt?", wirft Pfeile auf seinen Kunden: Pfeile können ihr Ziel treffen, doch nicht jeder wirft zirkusreif Pfeile, nicht jeder ist Meister im Pfeilewerfen. Die Pfeile werden dann nur teilweise in den Zielbereich (= Wunschbereich des Kunden) treffen. Der Kunde äußert verstärkt Einwände, das Verkaufsgespräch wird schwieriger. Loten Sie das Zielgebiet Ihrer Angebote, die Kundenvorstellungen, aus und Ihre Angebote erreichen sicher Ihren Kunden.

4.3.1 Formulierung des Angebots

Leiten Sie mit bewusst gewählten Formulierungen von der Stufe 2 (Bedarfsermittlung) auf Stufe 3 (kundenspezifisches Angebot) über. Drücken Sie deutlich aus, dass Sie Ihrem Kunden gut zugehört haben (1), dass Sie ihm die Entscheidung überlassen (2), dass Sie selbst von Ihrem Angebot felsenfest überzeugt sind (3) und dass es ein kundenspezifisches Angebot ist (4):

63 B: Dann (1) empfehle (2) ich (3) Ihnen (4) …
Oder: Bei Ihren Vorstellungen (1) schlage (2) ich (3) Ihnen (4) vor…
Oder: In dieser Situation (1) rate (2) ich (3) Ihnen (4) zu …
Oder: Aufgrund Ihrer Angaben (1) empfehle (2) ich (3) Ihnen (4) …

Erwähnen Sie am Ende dieses Einleitungssatzes die genaue Bezeichnung des Angebots (Sparkassenbrief, Persönlicher Kleinkredit, X-Bank-Hypothekendarlehen, Bundesobligation usw.). Legen Sie dann eine kleine Pause ein und schauen Sie Ihren Kunden auffordernd, aber ohne eine verbale Äußerung, an. Fast alle Kunden stellen Ihnen auf diese Verhaltensweise eine Frage „Was ist denn ein …?" oder „Was bringt mir der …?" oder „Was muss ich da tun?" oder eine ähnliche Frage.

Diese Fragen spiegeln das Kundeninteresse an Ihrem Angebot wider. Die Gesprächssituation dreht sich deutlich zu Ihren Gunsten: Nicht Sie wollen Ihr Angebot darstellen, sondern Ihr Kunde möchte Erläuterungen zu Ihrem angedeuteten Angebot. Jegliche Gefahr des aggressiven und aufdringlichen Verkaufens meiden Sie mit diesem Verhalten.

Sollte Ihr Kunde die Interessensfrage wider Erwarten nicht stellen, können Sie eine ähnliche Frage gesprächslenkend einsetzen: „Sie fragen sich sicher, was ein … ist?", „Für Sie ist es wahrscheinlich wichtig zu wissen, was der … bringt?", „Sie interessieren sich bestimmt für die Voraussetzungen?" – Wenn Sie den Bedarf des Kunden richtig ermittelt haben und Ihr Angebot den Bedarf deckt, werden Sie bei diesen Suggestivfragen immer ein „Ja" als Antwort erhalten. Auf das „Ja" können Sie wie bei den oben aufgeführten Interessensfragen Ihrer Kunden verfahren.

Konzentrieren Sie sich auf das passende, das richtige Angebot für Ihren Kunden. Eine Aussage wie „Zur Zeit empfehlen wir allen unseren Kunden … (konkretes Angebot)" ist nicht kundenorientiert und sehr riskant. Sie kann passen, sie wird aber oft an den Vorstellungen Ihrer Kunden vorbeigehen. Dann wird es Einwände, Fragen und Kundenwiderstände hageln – das schnelle pauschale Angebot kostet plötzlich viel Beratungszeit.

4.3.2 Kundenspezifische Erläuterung

Sie stellen Ihr Angebot mit seinen verschiedenen Merkmalen vor. Ihr Kunde hat Ihnen durch die Interessensfrage oder die Bejahung Ihrer Frage grünes Licht gegeben. Da Sie aus der Stufe 2 die Vorstellungen und Anforderungen kennen, verbinden Sie am besten die Merkmale mit kundenspezifischen Aussagen. Aus einem standardisierten Angebot entsteht über Ihre kundenorientierten Formulierungen für den Kunden ein individuelles Angebot. Hier drei Vergleichsformulierungen zu einem genormten Angebot:

64 B: Genormt: Die Zinsen werden jährlich ausgezahlt.

Kundenspezifisch: Wie Sie es gewünscht haben, erhalten Sie bei ... jährlich die Zinsen ausgezahlt.

G.: Die Rate beträgt 1.250 € monatlich.

K.: Die Rate liegt mit 1.250 € monatlich noch weit unter Ihren Vorstellungen von 1.500 €.

G.: Wir führen den Auftrag automatisch durch.

K.: Sie nannten den Wunsch, dass Sie sich um nichts mehr kümmern möchten. Genau das erreichen Sie mit diesem Auftrag.

Die kundenspezifische Erläuterung zielt schon stark auf den erfolgreichen Abschluss – Stufe 4 des systematischen Verkaufsgesprächs. Voraussetzungen sind

● die gezielte Bedarfsermittlung,
● genaues Zuhören und
● Notizen über die Vorstellungen des Kunden

in der Gesprächsstufe 2. Argumente, die an den Interessen Ihrer Kunden vorbeigehen, entsprechen Eigentoren im Fußball. Sie belasten den Gesprächsablauf und erschweren den erfolgreichen Geschäftsabschluss. Im nächsten Kapitel „Die Argumentation" erfahren Sie Einzelheiten über Argumentationstechniken.

Verkäufer, die sich wenig Zeit für die Analyse der Kundenwünsche nehmen (können), geraten schnell in einen wenig erfolgversprechenden Dialog:

65 B: Möchten Sie diese praktischen Schnürsenkel?
K: Nein, ich trage nur Slipper.
B: Oder vielleicht diese modernen Knöpfe?
K: Nein, danke. Kein Bedarf.
B: Und diese schönen Strümpfe?
K: Nein ...

Der Schnürsenkelverkäufer im Dialog 65 sucht keine langfristige Kundenbindung. Für ihn mag es noch angehen, ein solches Verkaufsgespräch ohne große Abschlusschance zu führen. Übertragen wir diesen Dialog auf die Bankensphäre:

66: K: Ich möchte mein erspartes Geld anlegen.
B: Möchten Sie ein Sparbuch?
K: Nein, ich lege Wert auf mehr Zinsen.
B: Oder vielleicht einen Sparbrief mit jährlicher Zinszahlung?
K: Nein, danke. Ich dachte eher an ...

Hier wirft der Berater – wie ein Schnürsenkelverkäufer – Pfeile, bevor er sein Zielgebiet erfragt hat. Er begeht den häufigsten Fehler an der Systematik des Verkaufsgesprächs. Nicht immer ist der Fehler so klar zu erkennen. Das sicherste Kennzeichen für die verfrühte Angebotsabgabe sind Fragen, die der Berater bei der Erläuterung seines Angebots an seinen Kunden nachschieben muss.

Beschränken Sie sich auf wenige Angebote, im Normalfall auf ein Angebot je ermitteltem Bedarf. Damit weisen Sie sich als routinierter, bank- und kundenorientierter Berater aus. Sie handeln ökonomisch – da Sie Zeit sparen, Sie handeln erfolgsorientiert – da Sie die Abschlusswahrscheinlichkeit erhöhen, Sie handeln im Kundeninteresse – da Sie Ihre Kunden nicht durch eine Vielzahl von Angeboten und Einzelheiten überfordern. Weniger ist hier mehr! Gute Berater besitzen Kenntnisse über viele Angebote; sie wählen gezielt für den Kunden das passende Angebot aus und erläutern es kundenspezifisch.

Berücksichtigen Sie bei allen Beratungs- und Verkaufsgesprächen die Warnung:

> Mit jeder weiteren Angebots-/Produktnennung wird die Abschlusswahrscheinlichkeit geringer und gleichzeitig der Zeitbedarf größer!

Begrenzen Sie nicht nur die Zahl der Angebote, begrenzen Sie auch die Anzahl der kundenspezifischen Argumente. Ein einziges Argument ist sicher zu wenig. Zehn oder zwölf Argumente überfordern die Aufnahmefähigkeit Ihrer Kunden. – Die Werbung gibt Ihnen eine gute Orientierung. Dort haben Dreieraufzählungen Hochkonjunktur: „Drei Dinge braucht ein Mann: Feuer, Pfeife, (Tabakname)" oder „Gut, Besser, (Biermarke)" oder „(Schokoladenmarke): Quadratisch, Praktisch, Gut". Verwenden Sie möglichst drei prägnante Argumente und lassen Sie mindestens ein weiteres Argument in der Hinterhand.

4.3.3 Demonstration

Mit der Erläuterung Ihres Angebots sprechen Sie nur einen Aufnahmekanal Ihres Kunden an. Setzen Sie zusätzlich Demonstrationsmittel ein – Prospekte, Formulare, Übersichten, Verkaufshilfen, Beispielrechnungen, Tabellen, Graphische Darstellungen, Computerausdrucke, Taschenrechnerstreifen usw. Neben dem Ohr aktivieren Sie die Augen des Kunden. Sie steigern damit die Verständlichkeit Ihrer Äußerungen und erhöhen die Behaltenswerte Ihres Kunden. Denken Sie an den Volksmund: Was du schwarz auf weiß hast, kannst du getrost mit nach Hause nehmen.

Achten Sie einmal auf die typischen Reaktionen Ihrer Kunden, wenn Sie Demonstrationsmittel auf den Beratungstisch legen. Ihre Kunden werden umgehend auf die Unterlagen schauen – die Augen werden durch Ihre Demonstration gebunden, häufig geht der Oberkörper mit auf die Unterlage zu.

Die Demonstration von Bankleistungen ist bei den wichtigsten Bankangeboten nur über Hilfskonstruktionen möglich. Ein Autoverkäufer kann sein neuestes Modell vorführen, ein Einzelhändler die Verpackung oder das Aussehen von Waschmitteln, Grieß oder einer Torte; einen Füller können Sie sogar vor dem Erwerb testen (Schreibprobe). Bei Krediten, Sparverträgen, Daueraufträgen, Wertpapieren usw., sind Ihre Demonstrationsmöglichkeiten begrenzt. Ihr Kunde kann weder den Kredit noch den Sparvertrag sehen oder anfassen. Prospekte ersetzen weitgehend die Warenprobe oder das Vorführmodell.

Wie können Sie Ihre Demonstration im Verkaufsgespräch wirkungsvoll gestalten?

Setzen Sie alle Verhaltensweisen ein, die die Verständlichkeit Ihrer Aussagen bei Ihren Kunden erhöhen und zu einem überzeugenden Eindruck führen, insbesondere:

- Erst zeigen und dann sprechen (oder umgekehrt)

  Wenn Sie gleichzeitig demonstrieren und sprechen, nimmt Ihr Kunde gegensätzliche Informationen auf: Entweder hört er zu oder er schaut sich das Demonstrationsmittel an. Lassen Sie ihn erst sehen und anschließend erläutern Sie – Ihr Kunde nimmt mehr auf.

- Informieren Sie sich über die Inhalte Ihrer Hilfsmittel

  Wenn Sie Prospektinhalte, Beispielsrechnungen und Tabellen nicht kennen, wie wollen Sie diese Demonstrationsmittel verkaufsunterstützend einsetzen? Welchen Eindruck hinterlassen Sie, wenn Sie im Verkaufsgespräch die Inhalte Ihrer Prospekte noch schnell nachlesen müssen?

- Verwenden Sie pro Angebot nur einen Prospekt

  Wenn Sie zu viele Prospekte überreichen, verliert der einzelne Prospekt seine Wirkung. Er geht in der Masse unter, denn nur wenige Kunden sind bereit, viele Prospekte zu studieren. Klären Sie den Bedarf – auch an Prospekten – mit Ihren Kunden ab.

- Machen Sie Ihre Prospekte „persönlich" und „werthaltig"

  Wenn Sie Prospekte ohne Ergänzungen übergeben, verzichten Sie auf einen Teil Ihrer Überzeugungsmöglichkeiten. Unterstreichen Sie, kreuzen Sie an, heben Sie Aussagen durch Umkreisen hervor, ergänzen Sie Prospekte durch persönliche Zahlen und Angaben.

- Verwenden Sie Übersichtsprospekte

  Wenn Sie einen Sammelprospekt über die wichtigsten Angebote Ihres Hauses zur Verfügung haben, verwenden Sie ihn bei allen Erstkontakten zusätzlich zu den Produktprospekten. Bitten Sie Ihren Kunden, dass er den Übersichtsprospekt zu seinen Unterlagen nimmt. Kreuzen Sie bereits genutzte Leistungen an, ergänzen Sie Ihren Namen, Telefonnummer und Bankadresse oder heften Sie Ihre Visitenkarte an.

- Verwenden Sie aktuelle Demonstrationsmittel

  Wenn Sie einen nachhaltig positiven Eindruck hinterlassen wollen, ist aktuelles Material notwendig. Sie vermeiden Doppelarbeit und Ärger.

Wie wirkt ein Prospekt, in dem weder die Zins- und Prämiensätze noch Einkommensgrenzen auf aktuellem Stand sind?

- Zeigen Sie Muster

Wenn sich Ihnen die Möglichkeit bietet (zum Beispiel bei Kreditkarten, Sparbüchern, Sparbriefen, Wertpapieren, Verträgen, Zertifikaten, Münzen, Gold), machen Sie Ihr Angebot für den Kunden begreifbar. Das Wort „Begreifen" kommt vom körperlichen Anfassen/Begreifen eines Gegenstands.

- Setzen Sie Graphiken und Tabellen ein

Wenn Sie Zahlenübersichten, Tabellen und Graphiken zeigen, erleichtern Sie das Verständnis. Mit unterstützenden Erläuterungen begreift Ihr Kunde häufig „auf den ersten Blick". Ergänzen Sie allgemein gehaltene Graphiken und Tabellen mit den persönlichen Daten Ihrer Kunden. Nutzen Sie besonders die Möglichkeiten der Datenverarbeitung: Zeigen Sie auf den PC-Bildschirm oder drucken Sie kundenspezifische Unterlagen aus.

- Fertigen Sie für Ihre Kunden Gesprächsnotizen an

Wenn Sie kein geeignetes Demonstrationsmittel zur Verfügung haben, verzichten Sie nicht sofort auf die Demonstration, denn: Reden ist Silber, zeigen ist Gold! Nehmen Sie einen neutralen Notizzettel oder einen Geschäftsbogen. Ergänzen Sie Ihr „Notizblatt" mit Ihrem Namen, Ihrer Telefonnummer und der Bankanschrift sowie mit allen wichtigen Informationen für den Kunden (Zinssätzen, Beträgen, Terminen, Graphiken). Ihr Kunde wird diesen individuell erstellten Prospekt als Gedankenstütze gerne mit nach Hause nehmen. Vergessen Sie nicht, das Datum des Beratungstages zu vermerken, vor allem bei stichtagsbezogenen Konditionenangaben.

- Sichern Sie sich die individuellen Notizen

Oft erhalten Kunden Gesprächsnotizen oder individuelle EDV-Ausdrucke. Doch der Banker hat einige Tage später keine Unterlagen mehr. Mit einer Kopie, einem Durchschlag oder einer Durchschrift bleibt er ‚voll im Bild', es gehen keine Informationen verloren. Sehr praktisch sind Durchschreibeformulare (Brief-/Geschäftsbogen usw.): Der Kunde erhält das Original, die Durchschrift bleibt im Kreditinstitut. Neben der Informationssicherung ist die Durchschrift gleichzeitig eine Erinnerungsunterlage zum Nachfassen.

Eine oft verwendete Verhaltensweise mindert Ihre Erfolgschancen: Sie geben Ihrem Kunden einen Prospekt mit der Bitte, ihn in Ruhe zu lesen und in einigen Tagen noch einmal zur Bank zu kommen. Sie verschieben die Aktivität für das Beratungsgespräch auf den Kunden. Sie verlieren eine gute Abschlusschance.

Beachten Sie die bewährte Merkformel: „Kein Angebot ohne Nachfassen!"

Deuten Sie schon frühzeitig Ihren Kunden an, dass Sie am Ball bleiben. Lassen Sie ganz nebenbei Sätze wie „Ich melde mich dann noch einmal bei Ihnen" oder „Ich halte dann Kontakt mit Ihnen" fallen. Ihr Kunde spürt dann auch Ihr Interesse an einem Abschluss.

4.4 Der Abschluss

Stufe 1:	Die Gesprächseröffnung
Stufe 2:	Die Bedarfsermittlung
Stufe 3:	Das kundenspezifische Angebot
Stufe 4: Der Abschluß	Kaufsignale Abschlussmethoden Abschlussverstärker
Stufe 5:	Der Zusatzverkauf
Stufe 6:	Die Kontaktsicherung

Sie sind mit der Stufe 4 am entscheidenden Abschnitt für den Erfolg des Verkaufsgesprächs angelangt, dem Abschluss. Die Zustimmung oder die Unterschrift Ihres Kunden belohnt Ihren bisherigen Einsatz, belohnt Ihren systematischen Gesprächsaufbau. Häufig werden Sie Bedenken und Einwände ihrer Kunden vor dem Abschluss auszuräumen haben. Bewährte ältere und geeignete neue Methoden der Einwandbewältigung sind dem nächsten Kapitel vorbehalten. Hier folgen wir der Stufe 4 unserer Gesprächssystematik.

Nach der kundenspezifischen Erläuterung des Angebots und der unterstützenden Demonstration kann sich der Kunde entscheiden. Manchmal ringt er sich schnell zu einer Entscheidung durch (Zustimmung oder Ablehnung), manchmal benötigt er Entscheidungshilfen durch Ihre Abschlussmethoden und manchmal signalisiert er seine vorzeitige Zustimmung durch Kaufsignale.

4.4.1 Kaufsignale

Kaufsignale sind sprachliche und nichtsprachliche Mitteilungen des Kunden, die seine Abschlussbereitschaft, seinen Kaufwunsch, ausdrücken. Ihre Beobachtungsgabe ist in dieser Gesprächssituation besonders gefordert: Wenn Sie Kaufsignale erkennen, können Sie sofort den Geschäftsabschluss vornehmen. Sie gewinnen Zeit und vermeiden zusätzliche Informationen, die Ihren Kunden irritieren sowie von den bereits getroffenen Entscheidungen abbringen können. Sie erleichtern Ihren Kunden Entscheidungen, indem Sie schon die ersten Kaufsignale registrieren und aufgreifen. Kaufsignale aktivieren Sie bei Ihren Kunden, wenn Sie frühzeitig Unterlagen bereitlegen oder sich nach Teilentscheidungen Notizen machen.

Direkte Kaufsignale sind Kundenäußerungen wie „Ja, das mache ich so" oder „Mhm. Das vereinbaren wir wie besprochen". Der Kunde äußert seine eindeutige Zustimmung zu Ihrem Angebot. Oft treffen Kunden schneller Kaufentscheidungen, als es Verkäufer vermuten. Diese Verkäufer laufen Gefahr, dass mit weiteren Informationen und Argumenten der Kaufentschluss noch einmal zurückgenommen wird. Hier ein solches Verkaufsgespräch (Verkauf einer Videokamera):

67 K: Ja, diese Videokamera nehme ich.
B: Gerne, achten Sie bitte auf den Auslöser und die Einstellung der Linse.
K: Was? So kompliziert ist das!
B: Ja, diese Aufnahmen sind nur so möglich.
K: Dann überlege ich mir das noch einmal.

Dieses Beispiel sollte Sie mahnen: Bei direkten Kaufsignalen gilt es, sofort den Kundenwunsch ohne Umwege zu erfüllen. Die noch offenen Informationen können nach allen Formalitäten nachgereicht werden. Der Kunde empfindet diese Informationen dann als Teil einer umfassenden und seriösen Beratung.

Indirekte Kaufsignale können sehr unterschiedlich sein. Hier einige Beispiele für indirekte Kaufsignale:

- Ihr Kunde fragt nach Ihrer persönlichen Empfehlung.
- Ihr Kunde fragt nach erforderlichen Unterlagen, Terminen, Ablauf der Abwicklung, Auszahlungsmodalitäten, Beteiligung anderer Stellen Ihres Hauses usw.
- Ihr Kunde fragt nach der Zeit nach dem Geschäftsabschluss.
- Ihr Kunde legt Unterlagen zusammen.
- Ihr Kunde ergreift die Beratungsunterlagen.
- Ihr Kunde nickt Ihnen verstärkt zu.
- Ihr Kunde legt Kugelschreiber, Brieftasche und Brille bereit.
- Ihr Kunde geht zu seinem nächsten Anliegen weiter.
- Ihr Kunde sichert die gefällte Entscheidung ab.
- Ihr Kunde wiederholt Ihre Argumente.
- Ihr Kunde erzählt über die Zeit nach dem Abschluss, zum Beispiel über die Verwendung der angesparten Summe oder von dem zu finanzierenden Objekt.
- Ihr Kunde verwendet die Wörter „mein", „mir", „unser", „mich". Er formuliert: „Das wäre mein Kurs?" oder „Diese Kondition gilt auch für mich?".

4.4.2 Abschlussmethoden

Unmittelbar nach der Beobachtung eines oder mehrerer Kaufsignale leiten Sie den Geschäftsabschluss ein. Dazu stehen Ihnen eine Reihe von Abschlussmethoden zur Verfügung, die Sie situationsgerecht einsetzen können. Ziel der einzelnen Abschlussmethoden ist es, dem Kunden die Entscheidung zum Abschluss zu erleichtern – es ist kein Ziel, einen Kunden zum Abschluss zu überreden (Gesprächsstörer 9), ihn zu manipulieren oder auszutricksen. Sie zielen auf einen Abschluss mit Ihrem Kunden und nicht auf einen Abschuss des Kunden.

Die verschiedenen Abschlussmethoden in einem Überblick mit Beispielen:

Abschlussmethode 1: Empfehlen

68 K: Was soll ich denn jetzt mit meinem Geld tun?
       B: Dann entscheiden Sie sich am besten für die Bundesanleihe: Alle Ihre Vorstellungen werden durch diese Anleihe erfüllt.

Der Berater empfiehlt ein Angebot, ohne die eigene Person durch eine Ich-Formulierung hervorzuheben. Die Entscheidung soll der Kunde fällen; die Entscheidung soll ihm durch den Vorschlag, das Empfehlen, leichter gemacht werden. Bei Kunden, die mit Ihnen auf einer gesellschaftlichen Ebene oder – in der allgemeinen öffentlichen Einordnung – unter Ihrer Ebene steht, können Sie verstärkt das Wort „Ich" benutzen. Die Empfehlung wird stärker, allerdings auch Ihre Verantwortung für Erfolg oder Misserfolg der Empfehlung.

69 K: Was soll ich denn jetzt mit meinem Geld tun?
    B: Ich empfehle Ihnen die Bundesanleihe: Alle Ihre Vorstellungen …

Weitere Empfehlungsformulierungen können „Ich schlage Ihnen … vor." oder „Dann rate ich Ihnen zu …" lauten.

Die häufige Verwendung der Ich-Formulierungen kann Personen, die sich gesellschaftlich deutlich über Ihnen einordnen, abwerten. Hier sind Widerstände gegen die Abschlussmethode „Empfehlen" mit der Ich-Formulierung zu erwarten.

Abschlussmethode 2: Direkt bestätigen

70 K: Ich glaube, dass das so mit dem monatlichen Betrag machbar ist.
    B: Damit haben Sie sich für den Prämienvertrag entschlossen. Ich mache Ihnen Ihre Unterlagen fertig. – Ab wann möchten Sie die …

Der Kunde signalisiert mit seiner Aussage seinen klaren Abschlusswillen. Die Abschlussmethode „Direkt bestätigen" setzt diesen Willen voraus. Mit einem Kontrollblick verbunden sind folgende direkte Bestätigungen wirksam:

71 B: Dann machen wir es so wie besprochen.
    Oder: Dann mache ich alles für Sie fertig.
    Oder: Dann bereite ich Ihnen alle Unterlagen vor.
    Oder: Damit haben Sie sich für … entschieden.
    Oder: Dann fülle ich für Sie das Formular für … aus.

Wenn Sie eine zurückhaltende Äußerung Ihres Kunden fälschlicherweise als Abschlussbereitschaft interpretieren, laufen Sie Gefahr, dass Sie den Kunden mit dem voreiligen Einsatz einer Abschlussmethode erschrecken. Sie lösen bei ihm den Eindruck von aggressiven Verkaufstechniken aus.

Wählen Sie die Abschlussmethode „Direkt bestätigen" bei eindeutigen Kaufsignalen Ihrer Kunden. Bei weniger deutlichen und bei unsicheren Kaufsignalen ziehen Sie andere Abschlussmethoden vor. Sie erhöhen die Abschlusswahrscheinlichkeit mit der Wahl der situationsgerechten Methode.

Abschlussmethode 3: Zusammenfassen

72 K: ... Einem Laien wie mir fällt da die Entscheidung schwer.

B: Sie wünschen Ansammlung der Zinsen über die Laufzeit und wollen bei Bedarf schon bald wieder an Ihr Geld, daneben legen Sie Wert auf eine überdurchschnittliche Verzinsung.

K: Ja, das sind meine Vorstellungen.

B: Dann empfehle ich Ihnen ... Damit erreichen Sie alle Ihre Vorstellungen.

Mit der Zusammenfassung verengt der Berater die Gesprächsinhalte auf die bereits geäußerten Kundenwünsche. Alle anderen Aussagen werden vernachlässigt. Nach der Volksweisheit „Aus den Augen, aus dem Sinn" kann die Abschlussmethode „Zusammenfassen" auch schriftlich eingesetzt werden. Dem Inhalt der Zusammenfassung wird – optisch – ein Angebot gegenübergestellt. Die unausgesprochene Aufforderung lautet „Nur wenn Sie dieses Angebot wählen, realisieren Sie alle Ihre geäußerten Wünsche". Weitere zusammenfassende Initiativen:

73 B: Ich halte noch einmal fest ...

Oder: Ich fasse meinen Vorschlag zusammen: ...

Oder: Ich halte nochmals die wichtigsten Punkte fest: ...

Oder: Sie erreichen damit alle Ihre Vorstellungen: Die monatliche Rate bleibt unter 500 €, der Zinssatz ist für die gesamte Kreditlaufzeit garantie und Sie erhalten bei Ihrem Autohändler den Barzahlungsrabatt.

Oder: Ich wiederhole noch einmal die wichtigsten Vorteile dieser Anlageform für Sie: Sie erhalten einen garantierten Zins von 7 %, können jederzeit Teilbeträge zum aktuellen Kurs über die Börse verkaufen und erhalten automatisch die Zinsen auf Ihr Ertragskonto."

Abschlussmethode 4: Alternativfragen stellen

74 B: Möchten Sie den Kreditvertrag mit oder ohne Restkredit-
versicherung abschließen?
B: Soll Ihr Sparvertrag ab sofort oder ab dem 1. Januar nächsten
Jahres beginnen?
B: Sollen die Wertpapiere effektiv ausgeliefert oder im Sam-
meldepot verwahrt werden?
B: Möchten Sie den Betrag in einer Summe oder in Teilbeträ-
gen anlegen?
B: Sollen die Zinsen jährlich ausgezahlt werden oder automa-
tisch Zinseszinsen bringen?

Sie bieten Ihrem Kunden zwei Alternativen an. Aus dem bisherigen Verlauf des Verkaufsgesprächs sind beide Alternativen denkbare Entschei-
dungsvarianten für Ihren Kunden. Der Gedanke, ob der Kunde überhaupt
abschließen soll, wird durch die Frage nach der Form des Abschlusses
verdrängt.

Abschlussmethode 5: Ja-Fragen stellen

75 K: Da fällt mir die Entscheidung schon schwer.
B: Sie haben den Betrag im Augenblick mit 6 Prozent als Fest-
geld angelegt?
K: Ja.
B: Und wollen mehr Zinsen erzielen …?
K: Ja.
B: Dann nehmen wir den Betrag mit dem Auslaufen des Fest-
geldes und kaufen festverzinsliche Wertpapiere zu 8 Pro-
zent. Sie erhöhen Ihre Verzinsung um ein Drittel und können
jederzeit an den Anlagebetrag.
K: Ja, damit bin ich einverstanden.

Der Berater stellt seinem Kunden eine Reihe von Fragen. Alle Fragen
werden mit großer Sicherheit mit „Ja" beantwortet, da im Laufe des Gesprächs der Kunde schon Hinweise gegeben hat. Die letzte Frage in der
Fragenreihe soll mit der Zustimmung zum Geschäftsabschluss beantwortet werden.

Abschlussmethode 6: Teilentscheidungen herbeiführen

Der Berater stellt seinem Kunden Fragen, ähnlich wie bei der vorangegangenen Abschlussmethode. Mit jeder Frage trifft der Kunde eine Teil-
entscheidung. Durch mehrere Teilentscheidungen legt er sich auf den
Abschluss fest. Nur mit einem seinen Teilentscheidungen widerspre-
chenden Verhalten kann er auf den Geschäftsabschluss verzichten. Die
Teilentscheidungen können mit unterschiedlichen Frageformen herbeige-
führt werden: offenen, geschlossenen, direkten und indirekten Fragen sowie Suggestiv- und Alternativfragen.

76 B: Was ist Ihr wichtigstes Ziel?
K: Ich möchte in ca. zehn Jahren neben meiner Pension auf Er-
sparnisse zurückgreifen können.
B: Sparen Sie lieber regelmäßig oder unregelmäßig auf dieses
Ziel?
K: Ich möchte jeden Monat etwas sparen.
B: Soll es immer der gleiche Betrag sein?
K: Einen festen Betrag habe ich mir vorgestellt.
B: Und alle Zinsen sollen bis zu Ihrer Pensionierung angespart
werden?
K: Ja.
B: Mit einem XY-Sparvertrag können Sie all Ihre Vorstellungen ver-
wirklichen ...

Im Beispiel 76 sind positive Teilentscheidungen aufgrund der Fragestel-
lungen gefällt worden. Mit der „Taktik der falschen Wahl" können Sie ab-
schlussauslösende Reaktionen bewirken:

77 B: Möchten Sie den Sparbrief mit jährlicher Zinszahlung?
K: Nein, der ist weniger interessant.
B: Dann nehmen Sie den Sparbrief mit Zinsansammlung. Das hat
für Sie den Vorteil, dass die Zinsen auch hoch mitverzinst werden ...

Abschlussmethode 7: Auffordern

78 B: Entschließen Sie sich noch heute. Sie sichern sich den wesentlich günstigeren Kaufkurs der Bundesobligationen. Ab Montag müssten Sie schon 0,7 Punkte bei gleicher Verzinsung
mehr zahlen. Wie viel wollen Sie anlegen?

B: Dann nehmen Sie den 15. eines jeden Monats. Sie sind bei diesem Termin immer sicher, dass … Auf welchem Konto richten Sie den Dauerauftrag ein?

B: Entscheiden Sie sich für diese günstige Zwischenfinanzierung. Sie können schneller in Ihr eigenes Heim einziehen und … Wann soll der Betrag zur Verfügung stehen?

Der Berater fordert seinen Kunden direkt oder indirekt zur Zustimmung auf. Mit der Aufforderung verbindet er einen belohnenden Reiz und eine Verfahrensfrage. Beantwortet der Kunde die Verfahrensfrage – in den Beispielen: „Wieviel …?", „Auf welchem …?" und „Wann …?" –, stimmt er der gesamten Aufforderung zu. Der Abschluss ist damit vereinbart. Die Abschlussmethode „Auffordern" macht die Entscheidung dringend. Insbesondere in der Verbindung mit Konditionenänderungen entsteht schnell der Eindruck der Erpressung:

79 B: Die genannten Konditionen kann ich Ihnen nur bis morgen zusichern. Greifen Sie also schnell zu.

Setzen Sie diese Abschlussmethode nicht im erpresserischen Sinne ein. Wenn Sie Ihren Kunden zur Entscheidung auffordern und er dadurch Vorteile erzielt, so ist Ihr Verhalten im Sinne der Geschäftspartnerschaft.

Abschlussmethode 8: Zustimmung zum Prinzip einholen

80 B: Findet diese kombinierte Finanzierungsform Ihre Zustimmung?

B: Sind Sie prinzipiell mit dem Verfahren einverstanden?

B: Können wir erst die Grundlagen unserer Zusammenarbeit und dann die Einzelheiten vereinbaren?

B: Sind Sie grundsätzlich damit einverstanden, dass …?

B: Stimmen Sie mir im Prinzip zu?

Der Berater zielt auf eine allgemeine Übereinkunft mit seinem Kunden. Hat der Kunde seine prinzipielle Zustimmung gegeben, ist der Abschluss schon erreicht. Die Detailfragen werden anschließend oder zu einem späteren Zeitpunkt geklärt.

Abschlussmethode 9: Plus-Minus-Methode anwenden

Abschlussmethode 10: Konzession anbieten

81 B: ... wir sprechen schon recht lange über Ihre Baufinanzierung. Kann ich noch einmal unser Gespräch zusammenfassen, damit wir wissen, wo wir stehen?

K: Ja.

B: Ich nehme dazu dieses Blatt und stelle Ihnen noch einmal die Vor- und Nachteile meines Angebots gegenüber. Ja?

K: Bitte.

B: Welche Nachteile hat das Angebot für Sie?

K: Die Bereitstellungsprovision und – der Auszahlungskurs. (B schreibt)

B: Ich glaube, die Schätzgebühren gefielen Ihnen auch nicht, ja?

K: Ja, richtig, die Schätzgebühren.

B: Und welche Vorteile sehen Sie?

K: Ja, dass ich alles bei Ihnen bekommen kann und mit dem Baufortschritt ausgezahlt wird und ...

B: ... die Steuervorteile hatten wir genannt, die schnelle Bearbeitung, den günstigen Zinssatz und die Festzinsgarantie von fünf Jahren.

K: Ja, das ist richtig.

B: Eine ganze Reihe wichtiger Vorteile für Sie. – Hatten wir einen Nachteil vergessen?

K: Nein, ich glaube nicht.

B: Das ergibt ein interessantes Bild. Was ist für Sie der wichtigste Nachteil?

K: Hm. – Der Auszahlungskurs. (B kreist auf dem Blatt „Auszahlungskurs" ein)

B: Wenn ich Ihnen in diesem Punkt entgegenkomme, kommen wir dann zusammen?

K: Ja, was ist denn noch möglich?

B: Ich biete Ihnen 97 Prozent an, wenn Sie statt der quartalsweisen monatliche Zahlungen leisten. Das ist für Sie bequemer, denn Sie erhalten Ihr Gehalt ja auch monatlich, und Sie haben bei Ihrer Finanzierung volle 3.000 € mehr zur Verfügung.

K: Ja, wenn das gilt, dann stimme ich zu.

Dialog 81 verbindet die Abschlussmethode 9 „Plus-Minus-Methode anwenden" mit 10 „Konzession anbieten". Die optische Gegenüberstellung von Vorteilen und Nachteilen des Angebots wird mit vertrauenschaffenden Fragen verbunden. Der Kunde sieht die wesentlichen Auswirkungen seiner Entscheidung für oder gegen das Angebot. Die Vorteilliste wird bei erfahrenen Beratern immer deutlich länger als die Nachteilliste. Scheuen Sie sich nicht, den Kunden nach Nachteilen zu fragen. Die Nachteile sind vielen Kunden sehr bewusst. Das Unterdrücken von Nachteilen würde Sie zum „Manipulator" werden lassen – und welcher Kunde möchte sich gerne von Ihnen manipulieren lassen?

Im Beispiel 81 bietet der Berater seinem Kunden Entgegenkommen – eine Konzession – an. Er richtet sich mit der Antwort auf die Frage „Was ist für Sie der wichtigste Nachteil?" nach seinem Kunden. Alle anderen Nachteile werden mit dieser Fragestellung zur Seite gerückt. Sie spielen im weiteren Gespräch keine Rolle mehr. Die Konzession, ein besserer Auszahlungskurs, verbindet der Berater mit einer Gegenleistung, monatliche statt quartalsweise Zahlung. Die Ertragsseite der Bank wird berücksichtigt und gegenüber dem Kunden wird dokumentiert, dass nur Leistung und Gegenleistung zusammen möglich sind. Gibt der Berater nur bei dem Auszahlungskurs nach, könnte bei seinem Kunden der wenig verkaufsfördernde Gedanke entstehen, dass in der ursprünglichen Kondition „Luft" war.

So wie die Abschlussmethoden 9 und 10 im Beispiel 81 miteinander verbunden sind, können Sie auch alle anderen Methoden miteinander situationsabhängig kombinieren. Sie entfalten Ihre Abschlussstärke erst richtig, wenn Sie bei unterschiedlichen Rahmenbedingungen auf die verschiedenen Abschlussmethoden zurückgreifen.

4.4.3 Abschlussverstärker

Gehen Sie von den Abschlussmethoden direkt zu den einzelnen Formalitäten des Geschäfts über. Achten Sie darauf, dass zwischen der Entscheidung und dem Ausfüllen von Formularen, Eingaben in die Datenverarbeitung, Erfragen von Einzelheiten oder Vereinbarungen über Detailfragen keine Unterbrechung eintritt. Zeigen Sie Ihrem Kunden durch Ihr freundliches und sicheres Verhalten, dass er keine außergewöhnliche Entscheidung, sondern die richtige Entscheidung getroffen hat. Formulierungen des Beraters wie

82 B: Na, da haben wir das Wesentliche entschieden ...
Jetzt ist die Entscheidung getroffen ...
Das ist mein erstes XY-Geschäft mit Ihnen als Kunden ...
Da hätten wir es wohl so gut wie geschafft ...

sind ungeeignet, da sie den Kunden eher verunsichern als Hilfe geben. Ergreifen Sie die erforderlichen Unterlagen und strahlen Sie weiter Ruhe und Sicherheit aus. Vermeiden Sie Verhaltensweisen (Freude, Überlegenheit usw.), die Sie als Sieger erkennen lassen. Zu jedem Sieger gehört auch ein Besiegter – zum Gedanken der Geschäftspartnerschaft passen beide nicht.

Sichern Sie die Entscheidung des Kunden ab – bedanken Sie sich für dessen Unterschrift oder verbindliche Zusage. Setzen Sie danach Abschlussverstärker ein. Abschlussverstärker unterstützen den Kunden in seiner Gewissheit, dass er sich richtig entschieden hat. Sie sollen die bald folgende Entscheidungsreue reduzieren.

Sie kennen solche Reuegedanken aus Ihrem eigenen Kaufverhalten: Sie haben sich für einen Kaufgegenstand entschieden und ihn erworben. In der Wohnung begutachten Sie den Gegenstand noch einmal. Jetzt kommen erst zögernd, später schneller, zweifelnde Fragen – War die Entscheidung richtig?, Ist der Preis angemessen?, Wäre es nicht sinnvoller gewesen, wenn ...?, Wie wird der Kundendienst sein?

Je mehr und individueller Verstärker nach einer Entscheidung eingesetzt werden, desto weniger stark werden Reuegefühle beim Entscheider einsetzen. Dies ist die Aufforderung an den Berater, nach erfolgreichen Abschlüssen und den erledigten Formalitäten, Abschlussverstärker zu verwenden.

83 B: Sie haben eine gute Entscheidung getroffen. Für volle fünf Jahre haben Sie sich die günstigen Zinsen gesichert.
Mit dem Kredit werden Sie Barzahler. Sie zahlen nur für den tatsächlich in Anspruch genommenen Betrag Zinsen.
Wie immer sich das Zinsniveau entwickelt, Sie können zwei Jahre jederzeit eine feste Kondition vereinbaren.
Mit dieser Sparform bleiben Sie liquide und erzielen überdurchschnittliche Erträge.

Abschlussverstärker verfestigen die wichtigsten Vorteile für den Kunden. Im übertragenen Sinne lauten die Verstärkerformulierungen „Ihre Entscheidung ist deshalb richtig und vorteilhaft für Sie, weil ...". Nehmen

Sie Ihren Kunden die Ängste nach deren Entscheidungen. Setzen Sie Abschlussverstärker individuell ein.

4.5 Der Zusatzverkauf

Stufe 1:	Die Gesprächseröffnung
Stufe 2:	Die Bedarfsermittlung
Stufe 3:	Das kundenspezifische Angebot
Stufe 4:	Der Abschluss
Stufe 5: Der Zusatzverkauf	Gründe für Zusatzverkäufe Vorgehensweise
Stufe 6:	Die Kontaktsicherung

Mit dem erfolgreichen Geschäftsabschluss haben Sie eine Leistung Ihres Kreditinstituts Ihrem Kunden erläutert und an ihn verkauft. Direkt nach dem Geschäftsabschluss sprechen Sie über weitere Leistungsbereiche Ihres Hauses mit Ihrem Kunden. Sie bemühen sich um Zusatzverkäufe. Oft wird bei Kreditinstituten der neudeutsche Begriff „cross-selling" für Zusatzverkauf verwendet. Wir verwenden hier aus Verständlichkeitsgründen konsequent den Begriff Zusatzverkauf. Die Initiative zum Zusatzverkauf geht überwiegend vom Bankberater aus. Er will den Kunden für zusätzliche Abschlüsse gewinnen.

Manchmal fragt der Kunde schon zu Beginn des Gesprächs nach mehreren Bankleistungen. Erklären Sie in solchen Fällen die Vorgehensweise, zum Beispiel:

84 K: Ich möchte für mich ein Girokonto eröffnen und darauf einige Daueraufträge einrichten.

  B: Ja, gerne. Ich eröffne Ihnen zuerst Ihr Girokonto und anschließend können wir die Daueraufträge …

In der Stufe 5 des systematischen Verkaufsgesprächs greifen Sie Ihren Verfahrensvorschlag, wie im Dialog 81, wieder auf:

84 B: Sie haben zu Beginn des Gesprächs gesagt, dass Sie Daueraufträge einrichten möchten. Was …

Auch nach solchen frühen Kundenäußerungen, die Informations- oder Leistungsbedarf über ein Angebot hinaus erkennen lassen, bleibt die Initiative für den Zeitpunkt des Zusatzverkaufs beim Berater.

Der Begriff „Zusatzverkauf" bezeichnet somit einen Gesprächsteil, in dem der Berater weitere Abschlüsse erzielen möchte. In atypischen Gesprächen sprechen Kunden die Gesprächsstufe Zusatzverkauf an.

4.5.1 Gründe für Zusatzverkäufe

Der Zusatzverkauf durchläuft die gleichen Gesprächsstufen wie der Erstverkauf an den Kunden (Abbildung 8). dass Verkaufsgespräche nicht schon mit der Stufe 4 (Geschäftsabschluss) enden, liegt im Interesse des Kunden, im Interesse der Bank und in Ihrem Interesse als Berater.

Ihr Kunde ist sich zu Beginn eines Beratungsgesprächs oft nicht bewusst, dass er Bedarf nach weiteren Bankleistungen hat. Durch die gezielte Ansprache durch den Berater erkennt er seinen zusätzlichen Bedarf. Aus latent vorhandenem Bedarf wird der Bedarf zeitlich früher bewusst. Es entsteht zusätzliche Nachfrage des Kunden (Abbildung 9). Mit dem Ansprechen des Zusatzverkaufs senkt der Berater die Bewusstseinsschwelle für die zusätzlichen Leistungen. Je stärker die Bewußtseinsschwelle des Kunden gesenkt wird, desto früher wird aus latentem Bedarf bewusster Bedarf des Kunden. Damit steigt die Chance auf einen zusätzlichen Abschluss. In vielen Gesprächen reicht die Initiative zum Zusatzverkauf (= Senken der Bewusstseinsschwelle) für einen zusätzlichen Abschluss aus, in einigen bleibt es beim latenten Bedarf. Auch dann haben Sie einen positiven Eindruck bei Ihrem Kunden erzielt: Sie haben sich als umfassender Berater ausgewiesen, Sie haben Ihrem Kunden Hilfestellung in weiteren Geld- und Finanzangelegenheiten angedeutet.

Kreditinstitute erreichen mit dem aktiven Ansprechen weiterer Leistungen zusätzliche Abschlüsse bei ihren Kunden. Je mehr Leistungen ein Kunde bei einem Institut in Anspruch nimmt, desto stärker wird die Bindung zwischen Bank und Kunde werden. Das Ende einer intensiven Zusammenarbeit bereitet Kunden viele Unannehmlichkeiten. Kunden fragen weitere Leistungen mit einer hohen Wahrscheinlichkeit bei Instituten nach, bei denen sie schon früher Leistungen genutzt haben. Werden Zusatzangebote Kunden frühzeitig angeboten, reduzieren sich die Akquisitionschancen anderer Banken weiter.

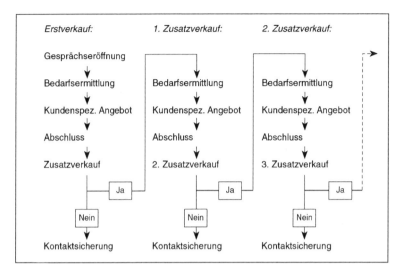

Abbildung 8: Verkauf von mehreren Bankleistungen

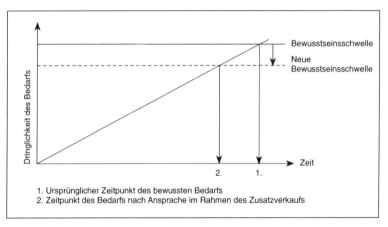

Abbildung 9: Latenten Bedarf dem Kunden bewusster machen

4.5.2 Vorgehensweise

Da es für Banken immer schwieriger wird, neue Kunden zu gewinnen, liegen die größten Wachstumschancen im vorhandenen Kundenstamm. Wenn die Stufe des Zusatzverkaufs Bestandteil jedes Verkaufsgesprächs ist, können die Expansionsmöglichkeiten über intensivere geschäftliche Verbindungen mit bisherigen Kunden ausgeschöpft werden. Aus Bankensicht stellt sich nicht die Frage „Sollen wir den Zusatzverkauf pflegen?", sondern „Wie wird der Zusatzverkauf erfolgreich gestaltet?"

Bei einem hohen Anteil von Kunden, die nur ein oder zwei Leistungen eines Hauses nutzen, ist das brachliegende Geschäftspotential groß. Nur wenige Leistungen nutzende Kunden kennen bereits Ihre Bank und sie kennen Sie als Ansprechpartner in dieser Bank. Machen Sie aus diesem Potenzial Ihren Verkaufserfolg.

Dieser Zielgruppe können Sie Leistungen „aktiv" verkaufen. Warten Sie nicht auf den Besuch oder Anruf dieser Kunden, sondern sprechen Sie diese Kunden an: in Ihrer Geschäftsstelle, über briefliche Kontaktaufnahme, per E-Mail oder per Telefon. Je länger Sie mit der aktiven Kundenansprache zögern, desto größer ist die Zeitspanne für Ihre Konkurrenten, in Ihrem Kundenkreis Fuß zu fassen.

In Kreditinstituten, die noch mit getrennten Geschäftssparten – Giroabteilung, Sparabteilung, Wertpapierabteilung, Kreditabteilung, Auslandsabteilung – arbeiten, ist der Zusatzverkauf ähnlich bedeutend. Viele Kunden nutzen bei dieser Organisationsform nur die Leistungen einer Geschäftssparte. Häufig ist anderen Stellen der Bank die Zusammenarbeit eines Kunden mit der Bank unbekannt. Die Überleitung von einer Sparte zur anderen – als Voraussetzung des Zusatzverkaufs – bringt weitere Geschäfte und bindet die Kunden enger an die Bank. Ein weiteres Feld für schnelle Zusatzverkäufe ist die Privatseite von Unternehmerkunden und die Firmenseite von Unternehmern und Managern, die nur private Bankgeschäfte nutzen.

Für Sie – als Berater – bringt der Zusatzverkauf weitere Einblicke in die Verhältnisse Ihrer Kunden und in deren Einstellung und Verhaltensweisen. Sie können sie umfassender und noch persönlicher beraten. Berücksichtigen Sie beim aktiven Verkaufen von Finanzdienstleistungen auch einen Erfahrungswert:

> Es ist viel schwerer, ein zusätzliches Geschäft mit einem neuen Kunden zu tätigen, als einem bestehenden Kunden eine weitere Leistung zu verkaufen.

Detaillierte Hinweise zur konkreten Vorgehensweise beim Zusatzverkauf finden Sie im Kapitel 6. dieses Buches.

In meinen Trainingsveranstaltungen höre ich oft die Aussage „Zum Zusatzverkauf habe ich keine Zeit!" von Teilnehmern. – Trotz knappem Zeitrahmen kostet eine Initiative wenig zusätzliche Zeit. Freundliche Fragen wie

85 B: Was kann ich noch für Sie tun?

Worüber darf ich Sie noch informieren?

Wie kann ich Ihnen noch helfen?

Was haben Sie in nächster Zeit vor, bei dem ich Sie unterstützen kann?

Was haben Sie für Pläne, die ich mit Tipps und Ideen begleiten kann?

werten Ihre Kunden auf. Der eigentliche Zusatzverkauf kann auch bei einem späteren Termin realisiert werden.

Respektieren Sie Ablehnungen Ihres Kunden. Er sollte als Ihr Gesprächspartner ebenso seine Vorstellungen äußern können wie Sie Ihren Wunsch nach dem Zusatzverkauf. Seien Sie ihm für ein schnelles „Nein, im Moment habe ich kein Interesse" dankbar. Sie sparen Beratungszeit und wirken auf den Kunden nicht aufdringlich. Auch beim Zusatzverkauf ist das Überreden ein Gesprächsstörer, also keine Grundlage für Ihren Gesprächserfolg. Übrigens: Die übliche Reaktion der Kunden sind Ablehnungen – trotz bester Vorbereitung des Zusatzverkaufes.

4.6 Die Kontaktsicherung

Stufe 1:	Die Gesprächseröffnung
Stufe 2:	Die Bedarfsermittlung
Stufe 3:	Das kundenspezifische Angebot
Stufe 4:	Der Abschluss
Stufe 5:	Der Zusatzverkauf
Stufe 6: Kontaktsicherung	Persönliche Bindung Kontaktthema Gesprächsnachbereitung

Mit der Stufe 6 des systematischen Verkaufsgesprächs, der Kontaktsicherung, denken Sie weniger an das schnelle Beenden des Gesprächs als an eine positive Nachwirkung bei Ihrem Kunden. Ziel ist es, die Grundlage für weitere erfolgreiche Verkaufsgespräche mit dem Kunden und dessen Bezugspersonen zu schaffen. Früher haben wir für die Stufe 6 den Begriff „Verabschiedung" verwendet. Doch dabei entsteht ein ungewollter Eindruck: Wir wollen den Kunden möglichst schnell verabschieden und damit das Gespräch beenden. Das Gegenteil ist unser verkäuferisches Ziel:

> Wir wollen ein Gespräch als Grundlage für weitere erfolgversprechende Kontakte nutzen. Diese Kontakte streben wir gezielt an.

Die Verabschiedung wirkt besonders intensiv auf die Zeit nach dem Gespräch. Vermeiden Sie deshalb in dieser Stufe alles, was Ihren Kunden abwerten oder verunsichern könnte.

So wie der erste Eindruck von einem anderen Menschen lange haften bleibt, so ist auch der letzte Eindruck von besonderer Wirkung. Unterschiedliches Verhalten des Beraters während des Verkaufsgesprächs – in den ersten Gesprächsstufen sachlich, zurückhaltend und höflich, in der letzten Gesprächsstufe emotional, hektisch und kumpelhaft – wird von den Kunden bemerkt werden. Der Kunde wird nachdenklich – vielleicht überdenkt er sogar seine bereits getroffenen Entscheidungen und nimmt seine Zusagen zurück.

Die Gesprächseröffnung leitet harmonisch Verkaufsgespräche ein, die Kontaktsicherung soll mit der persönlichen Bindung, einem abschließenden Kontaktthema und dem Abschied im engeren Sinne das Verkaufsgespräch abrunden. Die Gesprächsnachbereitung schließt, nachdem der Kunde den Berater verlassen hat, die Gesprächsstufe 6 ab.

4.6.1 Persönliche Bindung

Im Verlauf des Verkaufsgesprächs ist das Vertrauen des Kunden in den Berater gewachsen. Der Berater hat sich als kompetenter Gesprächspartner in allen Finanzangelegenheiten bei seinem Kunden profiliert. Er hat eine Reihe von Maßnahmen ergriffen, um Anonymität im Gespräch und zu dem Kunden zu vermeiden: freundliche Begrüßung mit Handschlag, Anbieten eines Platzes, Überreichen der Visitenkarte, Sitzanordnung über Eck, Getränke zur Auflockerung, kundenorientierte Sprache, Namensnennung, ausreichend Zeit für den Kunden, persönliche Zahlenbeispiele usw.

Verstärken Sie die Bindung zwischen Ihnen und Ihrem Kunden, bevor sie auseinandergehen. Sorgen Sie mit Ihren Äußerungen dafür, dass die persönliche Bindung nach dem Verkaufsgespräch bestehen bleibt und, wenn möglich, weiter wächst:

86 B: Herr …, bitte wenden Sie sich in allen Bankfragen in Zukunft an mich.

Oder: Frau …, wenn Ihnen etwas unklar ist oder sich wider Erwarten Schwierigkeiten ergeben, sprechen Sie mich bitte persönlich an.

Oder: Herr …, ich bin ab heute Ihr Gesprächspartner in der Bank. Bitte sprechen Sie mich in allen Geldangelegenheiten an.

Oder: Frau …, bitte sprechen Sie mich künftig bei allen offenen Fragen an. Ich helfe Ihnen gerne weiter.

Diese Äußerungen sollen es Ihren Kunden leichter machen, Sie künftig anzusprechen. Bei einer festen persönlichen Bindung wird der Kunde schneller mit seinem Anliegen auf die Bank zukommen; wechselnde Berater erschweren das Entstehen von persönlichen Bindungen. Bankleistungen verkaufen sich erfolgreich, wenn neben allen sachlichen Erfordernissen die menschliche Seite stimmt. Fordern Sie deshalb

Ihre Kunden auf, den Kontakt mit Ihnen zu pflegen. Überreichen Sie jetzt (spätestens!) Ihre Visitenkarte. Dort findet der Kunde: Vorname, Name, Funktion (Titel), Telefonnummer, Faxnummer, Öffnungszeiten, Adresse, Internet- und E-Mail-Adresse ...

Gehen Sie auch in die verkäuferische Offensive. Oft bedanken sich Kunden für die gute Beratung oder Ihren Service. Nutzen Sie diese Kundenzufriedenheit: „Vielen Dank, das freut mich. Bitte informieren Sie mich, wenn ein Bekannter, ein Kollege oder Geschäftspartner ähnliche Pläne haben. Ich würde mich über jeden Kontakt sehr freuen." Lassen Sie diese Worte nicht ohne Vertiefung stehen. Fragen Sie beim nächsten Gespräch konkret nach Namen. Es lohnt sich verkäuferisch – auch wenn es erst einmal Mut erfordert.

4.6.2 Kontaktthema

Der Kontakt zu Ihren Kunden wird gefördert, wenn Sie – ähnlich wie in der Stufe der Gesprächseröffnung – ein Kontaktthema ansprechen. Der Bogen schließt sich: Ein Kontaktthema, um Gesprächsatmosphäre zu schaffen (Stufe 1), die geschäftlichen Themen (Stufen 2 bis 5) und ein abschließendes Kontaktthema (Stufe 6) als Übergang vom Geschäft zum Alltäglichen. Mit dem Kontaktthema stellt sich der Kunde auf die Zeit nach dem Gespräch ein: Die Bank- und Verkaufsatmosphäre wird durch eine Normalatmosphäre ersetzt.

An die Themen der abschließenden Konversation sind die gleichen Anforderungen wie in der Gesprächseröffnung zu richten. In erster Linie sollen Gemeinsamkeiten zwischen Kunde und Berater verstärkt werden. Die Nähe des Themas zur Bank ist in dieser letzten Gesprächsstufe nicht mehr wichtig, da der Kunde anschließend Bank und Berater verlässt. Themen, die in die Zukunft führen, eignen sich besonders:

87 B: ● Welche Pläne haben Sie?
        ● Welche Erwartungen haben Sie zu ...?
        ● Wie wird sich ... weiter entwickeln?
        ● Was macht ...?

Häufig enden abschließende Dialoge mit Formulierungen wie:

88   B: • Ich befürchte, dass ...
       • Da sind wir doch alle machtlos
       • Dieses Problem wird uns noch lange beschäftigen.

Es sind pessimistische Aussagen. Sie sind nicht geeignet, zusätzliches Interesse an weiteren Gesprächen mit dem Bankberater zu schaffen. Deshalb sollte das Kontaktthema einen gemeinsamen optimistischen Schluss ermöglichen. Einige Vorschläge für abschließende Äußerungen:

89   B: • Blicken wir mit Optimismus nach vorne ...
       • Hoffen wir gemeinsam, dass ...
       • Ich kann mir mit Ihnen vorstellen, dass ...
       • Wir werden es erleben, ob ...
       • Freuen wir uns zusammen auf ...

Achten Sie darauf, dass Ihr Kontaktthema nicht übermäßig Zeit beansprucht. Ihr Kunde denkt oft schon in dieser Stufe an seine späteren Vorhaben. Er zeigt Ihnen durch seine Körpersprache, dass er das Gespräch beenden möchte. Greifen Sie seine Signale auf und verabschieden Sie sich.

Sie stehen mit Ihrem Kunden auf und reichen ihm Ihre Hand zur Verabschiedung. Ihre Körpersprache ist weiter freundlich und offen. Sie danken für das Gespräch, den Besuch sowie die Aufmerksamkeit und nennen noch einmal den Namen des Kunden. Wenn der Kunde sich von Ihnen abdreht, nehmen Sie wieder Ihren Platz ein.

4.6.3 Gesprächsnachbereitung

Das Verkaufsgespräch ist beendet und dennoch steht ein weiterer Punkt in unserer Gesprächssystematik an: Die Nachbereitung des Gesprächs. Abbildung 10 zeigt Ihnen, dass Sie im ersten Zeitabschnitt nach Informationsanfall (Viertelstunde, Stunde oder Tag) mehr Informationen vergessen (Menge A) als im zweiten (Menge B) oder gar im dritten (Menge C). Diese Tatsache soll Sie veranlassen, dass Sie sich während des Gesprächs Notizen machen, um Informationsverluste zu reduzieren. Gleich nach dem Gespräch sollten Sie alle Veranlassungen festhalten.

Denken Sie an die Weitergabe von Informationen an Kollegen oder andere Abteilungen, das Besorgen von zugesagten Broschüren, Unterlagen, Informationsmaterial und das Ausfüllen von Kunden-/Berater-/Servicekarten

… – Halten Sie alle Besonderheiten des Gesprächs und des Kunden schriftlich fest, denn „Was Sie schwarz auf weiß haben, können Sie …“ – im nächsten Gespräch mit Ihrem Kunden kontaktfördernd verwenden.

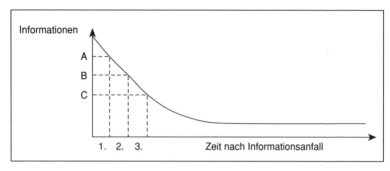

Abbildung 10: Informationsverluste im Zeitablauf

Vergessen Sie bei der Gesprächsnachbereitung keinesfalls eine Kurzanalyse des Gesprächs. Stellen Sie sich die folgenden – und ähnliche – Fragen:

- Was hat den Kunden überzeugt?
- Was hat dem Kunden weniger gefallen?
- Wie lässt sich das in künftigen Gesprächen vermeiden?
- Wo waren meine verkäuferischen Stärken?
- Wo waren meine verkäuferischen Schwächen?
- Welche Alternativen habe ich?
- Was sollte ich künftig unterlassen?
- Was sollte ich künftig stärker nutzen?

Überdenken Sie vor allem die Gespräche, die ohne Geschäftsabschluss endeten, nach dem Motto „Wer sein Ziel nicht erreicht hat und weiß warum, ist klüger geworden". Das Ziel wird künftig eher erreicht werden.

Zur Gesprächsnachbereitung gehört auch die Kontaktpflege nach dem Verkaufsgespräch. Bei bedeutenderen Geschäftsabschlüssen können Sie wenige Tage nach der Leistungserstellung oder Leistungsnutzung bei Ihrem Kunden anrufen.

Führen Sie Ihre Beratungs- und Verkaufsgespräche nach der in diesem Kapitel dargestellten Systematik mit den sechs Stufen durch. Sie

- erreichen einen logischen Gesprächsaufbau,
- respektieren die Wünsche Ihrer Kunden,
- berücksichtigen die Interessen Ihres Hauses und
- streben zum Geschäftsabschluss.

Bedenken Sie die Aussage: Wer nicht weiß, wohin er will, braucht sich nicht zu wundern, wenn er ganz woanders ankommt! Mit dem systematischen Verkaufsgespräch kennen Sie die einzelnen Schritte, deren Reihenfolge und das Gesamtziel – Ihre Gespräche werden erfolgreicher.

Die wichtigsten Tipps aus Kapitel 4:

Tipp 066: Führen Sie Ihre Beratungs- und Verkaufsgespräche systematisch und folgen Sie den Stufen Gesprächseröffnung, Bedarfsermittlung, kundenspezifisches Angebot, Abschluss, Zusatzverkauf und Kontaktsicherung.

Tipp 067: Bereiten Sie Ihre Gespräche sorgfältig vor und informieren Sie sich über Ihre Kunden und deren Gesamtgeschäftsverbindungen.

Tipp 068: Legen Sie Gesprächsziele und -teilziele fest.

Tipp 069: Ordnen Sie gesprächsunterstützende Unterlagen griffbereit an.

Tipp 070: Denken Sie an die Bedeutung des „ersten Eindrucks".

Tipp 071: Begrüßen Sie Ihre Kunden.

Tipp 072: Greifen Sie die Namen der Kunden auf und sprechen Sie sie wiederholt mit Namen an.

Tipp 073: Sorgen Sie für eine angenehme Gesprächsatmosphäre.

Tipp 074: Erzeugen Sie mit einem Kontaktthema Aufnahmebereitschaft für Ihre Person, Ihre Argumente, Ihre Angebote und Ihr Institut.

Tipp 075: Greifen Sie Kontaktthemen Ihrer Kunden auf.

Tipp 076: Vermeiden Sie Prognosen (Zins- und Konjunkturentwicklung).

Tipp 077: Sprechen Sie Kontaktthemen wertfrei an.

Tipp 078: Leiten Sie (und nicht der Kunde) zur Bedarfsermittlung über.

Tipp 079: Begründen Sie die Bedarfsermittlung.

Tipp 080: Verbinden Sie die Begründung mit Vorteilen für die Kunden.

Tipp 081: Stellen Sie die Mengen-, Zeit-, Grundlagen- und Wunschfrage.

Tipp 082: Fassen Sie den ermittelten Bedarf zusammen.

Tipp 083: Werfen Sie keine Angebotspfeile (erst Angebote unterbreiten und anschließend den Bedarf ermitteln).

Tipp 084: Beschränken Sie sich auf wenige Angebote; am besten nur ein Angebot.

Tipp 085: Formulieren Sie das Angebot kundenspezifisch.

Tipp 086: Erläutern Sie das Angebot kundenspezifisch.

Tipp 087: Achten Sie darauf, dass Sie Ihre Kunden nicht überfordern: Weniger ist oft mehr!

Tipp 088: Unterstützen Sie Ihre Erläuterungen durch die Demonstration Ihres Angebots.

Tipp 089: Informieren Sie sich über die genauen Inhalte der Demonstrationsmittel.

Tipp 090: Zeigen Sie erst und sprechen Sie anschließend (oder umgekehrt).

Tipp 091: Verwenden Sie pro Angebot nur einen Prospekt.

Tipp 092: Machen Sie Prospekte „persönlich" und „werthaltig".

Tipp 093: Verwenden Sie Übersichts- und Sammelprospekte.

Tipp 094: Verwenden Sie aktuelle Demonstrationsmittel.

Tipp 095: Zeigen Sie Muster (Sparbriefe, Wertpapiere, Urkunden usw.).

Tipp 096: Setzen Sie Graphiken und Tabellen ein.

Tipp 097: Fertigen Sie Gesprächsnotizen für Ihre Kunden an.

Tipp 098: Behalten Sie die Aktivitäten; verweisen Sie Kunden nie an einen Prospektständer.

Tipp 099: Steuern Sie nach der Demonstration den Geschäftsabschluss an.

Tipp 100: Achten Sie auf direkte und indirekte Kaufsignale.

Tipp 101: Aktivieren Sie Kaufsignale Ihrer Kunden.

Tipp 102:	Leiten Sie unmittelbar nach der Beobachtung eines Kaufsignals den Geschäftsabschluss ein.
Tipp 103:	Setzen Sie die Abschlussmethoden situationsgerecht ein.
Tipp 104:	Empfehlen Sie den Abschluss.
Tipp 105:	Bestätigen Sie die Entscheidung des Kunden.
Tipp 106:	Fassen Sie zusammen und fordern Sie zur Entscheidung auf.
Tipp 107:	Stellen Sie Alternativ- und Entscheidungsfragen.
Tipp 108:	Stellen Sie eine Reihe von Ja-Fragen.
Tipp 109:	Führen Sie Teilentscheidungen herbei.
Tipp 110:	Fordern Sie Ihre Kunden zum Abschluss auf.
Tipp 111:	Holen sie die Zustimmung zum Prinzip ein.
Tipp 112:	Wenden Sie die Plus-Minus-Methode an.
Tipp 113:	Bieten Sie Konzessionen an.
Tipp 114:	Schließen Sie die Formalitäten direkt an die Abschlussentscheidung an.
Tipp 115:	Vermeiden Sie Siegeräußerungen nach dem Entschluss.
Tipp 116:	Sichern Sie die Entscheidung des Kunden ab.
Tipp 117:	Bedanken Sie sich für die Unterschrift oder die verbindliche Zusage.
Tipp 118:	Setzen Sie individuelle Verstärker ein, um Reuegefühlen vorzubeugen.
Tipp 119:	Sprechen Sie nach dem Abschluss den Zusatzverkauf an oder greifen Sie weitere Wünsche Ihrer Kunden auf.
Tipp 120:	Richten Sie sich auch beim Zusatzverkauf nach den sechs Gesprächsstufen.
Tipp 121:	Machen Sie Ihren Kunden latenten Bedarf bewusst.

Tipp 122:   Binden Sie Ihre Kunden durch weitere Bankleistungen enger an Ihr Institut.

Tipp 123:   Leiten Sie den Zusatzverkauf mit einer Frage ein.

Tipp 124:   Bieten Sie Ihren Kunden Vorteile an.

Tipp 125:   Respektieren Sie Ablehnungen Ihrer Kunden.

Tipp 126:   Verstärken Sie die Bindung zu Ihren Kunden, bevor sie auseinandergehen.

Tipp 127:   Bereiten Sie Ihre Kunden mit einem abschließenden Kontaktthema auf die Zeit nach dem Gespräch vor.

Tipp 128:   Wählen Sie Kontaktthemen mit einem optimistischen Ausblick.

Tipp 129:   Verabschieden Sie sich mit einem Dank für den Besuch oder den Geschäftsabschluss.

Tipp 130:   Machen Sie sich schon während des Gesprächs Notizen.

Tipp 131:   Bereiten Sie das Gespräch sorgfältig nach.

Tipp 132:   Überdenken Sie noch einmal den Gesprächsverlauf.

Tipp 133:   Pflegen Sie nach dem Gespräch den Kontakt mit Ihren Kunden.

Kapitel 5

Die Argumentation

In Kapitel 5 geht es vor allem um:

- Argumentationsvarianten im Beratungs- und Verkaufsgespräch
- Die wichtigsten Kaufmotive der Kunden von Kreditinstituten
- Die Argumentation für das eigene Kreditinstitut und dessen Dienstleistungen
- Vorwände, sachliche und emotionale Einwände und deren Bewältigung
- Kunden- und verkaufsorientierter Umgang mit Reklamationen
- Den Nein-Verkauf bei Kreditinstituten

5. Die Argumentation

Die sprachlich überzeugende Erläuterung von Bankleistungen, die verkäuferische Darstellung Ihres Kreditinstituts und die konstruktiven Antworten auf Kundenäußerungen – Argumentationsvarianten im Beratungs- und Verkaufsgespräch – sind Gegenstand dieses Kapitels. Sie erhalten

- Informationen über Entscheidungsgrundlagen Ihrer Kunden,
- Argumente für Ihr Haus und dessen Angebote an die Kunden,
- Argumente gegen andere Kreditinstitute und deren Angebote,
- Reaktionsmöglichkeiten auf Kaufhemmnisse, Vorwände und Einwände Ihrer Kunden,
- Vorschläge für Reaktionen auf Reklamationen und
- Informationen über kundenorientierte Absagen an den Kunden (Nein-Verkauf).

Die in diesem Abschnitt angeführten Argumentations- und Verhaltensvorschläge berücksichtigen die bisherigen Ausführungen dieses Buches. Die Argumentation der Bankberater erfolgt vor dem Hintergrund wachsenden Wettbewerbs in der Kreditwirtschaft. Das Verhältnis zwischen Kunde und Bankberater ist geschäftspartnerschaftlich ausgerichtet. Die Argumentation erfolgt während der sechs Stufen des systematischen Beratungs- und Verkaufsgesprächs. Sie soll das Gespräch fördern und steuern; sie soll Gesprächsstörungen vermeiden. Eine anerkennende und kundenorientierte Sprache, durch die Körpersprache unterstützt, soll zum Geschäftsabschluss führen. Eine langfristige Zusammenarbeit zwischen Bank und Kunde wird vom Berater angestrebt.

Die Argumentation ist die sprachliche Kunst der Beweisführung und der Begründung. In vielen unterschiedlichen Gesprächssituationen wird sie mit dem Ziel der Überzeugung des Gesprächspartners eingesetzt. Wir wollen auch die Präsentation von Bank- und Angebotsmerkmalen sowie die Reaktion auf Kundenäußerungen dem Begriff Argumentation zuordnen. Vor allem in den Gesprächsstufen 3 „Kundenspezifisches Angebot" und 4 „Abschluss" argumentiert der Bankberater. Doch auch in den anderen Gesprächsstufen sind Beweisführung und Begründung, Präsentation und Reaktion erfolgsentscheidend.

Sie können sich in diesem Kapitel, unabhängig von den Gesprächsstufen des letzten und den Gesprächsformen des nächsten Kapitels, über die Argumentation informieren. Da jede Argumentation personen- und situationsbezogen ist, sind nicht alle Beispiele wortwörtlich weiterverwendbar. Sie sind jedoch von Ihnen schnell auf Ihren Arbeitsalltag übertragbar.

5.1 Die Motive der Kunden

Das Verhalten Ihrer Kunden wird von deren Beweggründen bestimmt. Wenn Sie als Bankberater die Beweggründe jedes einzelnen Kunden kennen, können Sie sich darauf einstellen. Ihre Argumentation erfolgt nicht pauschalierend und standardisiert, sondern individuell an den Beweggründen des jeweiligen Kunden ausgerichtet.

Die Motivtheorie in der Psychologie untersucht das Warum im Verhalten von Menschen. Freud und Adler gehen von einem dominierenden Motiv aus; Maslow beschreibt verschiedene Motive. Eine Zählung hat nach Bernard über 5000 Motive erbracht. So wie die Anzahl der Motive werden in der Fachliteratur auch die Definitionen für die Ausdrücke Motivation, Motiv, Bedürfnis, Antrieb, Trieb, Drang usw. unterschiedlich angegeben. Wir wollen uns im Folgenden auf praktikable und beobachtbare Kategorien beschränken. Die Wahl der Begriffe wird nicht in erster Linie wissenschaftlich, sondern anwendungsorientiert getroffen.

Die Begriffe Motiv und Beweggrund beschreiben die Bereitschaft einer Person zu einem bestimmten Verhalten. Motivation ist die Aktivierung von Motiven/Beweggründen. Aktivierungsformen nennen wir Anreize oder Reize. Kaufmotive bezeichnen die Bereitschaft zum Kauf einer Leistung, insbesondere einer Bankleistung.

Im Verhalten der Kunden von Kreditinstituten sind sieben Kaufmotive schnell erkennbar und voneinander unterscheidbar:

1. Kaufmotiv: Ertrag/Gewinn/niedrige Kosten
2. Kaufmotiv: Rationalisierung/Schnelligkeit/Bequemlichkeit
3. Kaufmotiv: Sicherheit/Zuverlässigkeit
4. Kaufmotiv: Ansehen/Geltung/Status
5. Kaufmotiv: Neugierde/Spiellust
6. Kaufmotiv: Gesundheit/Vorsorge
7. Kaufmotiv: Soziales Mitgefühl/Fürsorge

Aus den ersten Buchstaben dieser Kaufmotive ergibt sich die Merkformel „ER SANGS".

Das Verhalten Ihrer Kunden zeigt Ihnen deren Kaufmotive. Häufiger erkennen Sie nicht nur ein Motiv, sondern mehrere – ein Motivbündel. Einige Beispiele für die sieben Kaufmotive:

5.1.1 Kaufmotiv: Ertrag/Gewinn/niedrige Kosten

Manche Kunden entscheiden nur nach Ertrags- oder Kostengesichtspunkten. So wird die Bank bei einem Festgeld von 10.000 € wegen eines Zinsvorteils von 0,1 % für 30 Tage gewechselt. Mit dem Bankwechsel gewinnt der Kunde betragsmäßig keinen Euro! Neben den höheren Ertrags- und Gewinnchancen wird das Verhalten von niedrigeren Kosten bestimmt, wenn Kunden nach einer Gebührenanhebung zu einem Kreditinstitut mit niedrigeren Gebühren wechseln oder statt einer teureren Abhebung an der Kasse die Barabhebung am billigeren Geldautomaten vornehmen. Das Kaufmotiv Ertrag/Gewinn/niedrige Kosten sucht immer nach geldwerten Vorteilen.

5.1.2 Kaufmotiv: Rationalisierung/Schnelligkeit/Bequemlichkeit

Der Festgeldkunde bleibt bei seiner Bank trotz des Zinsnachteils und äußert: „Bis ich das alles bei der anderen Bank eingerichtet habe, das ist mir viel zu umständlich". Ihm kommt es nicht auf den höchsten Ertrag oder die niedrigsten Kosten an. Er legt großen Wert auf reibungslose Abwicklung und Bequemlichkeit – beides ist ihm Geld wert. So wird er nicht die Bank bei einer Gebührenerhöhung wechseln oder sich in die Schlange am Geldautomaten stellen. Er wechselt die Bank, wenn die bisherige schlechter erreichbar (Wohnungs- oder Arbeitsplatzwechsel) ist als eine andere Bank. Der Bargeldautomat wird von ihm in den Nachtstunden oder bei Hochbetrieb an der Kasse genutzt. Eine typische Kundenfrage: „Sie machen das doch alles für mich so weit fertig, ja?".

5.1.3 Kaufmotiv: Sicherheit/Zuverlässigkeit

Für einen Festgeldkunden steht ein Vergleich der Konditionen mehrerer Banken unter diesem Kaufmotiv nicht an. Er verlässt sich darauf, dass sein Berater – besonders bei Festgeldverlängerungen – ihm einen guten

Zinssatz bietet. Er handelt um keinen Top-Zinssatz, denn er unterstellt, dass er dauerhaft solche Konditionen erhält. Bemerkt er bei seiner Bank oder seinem Berater Verhaltensweisen, die diese Sicherheit und folglich sein Vertrauen stören, reagiert er oft schnell und empfindlich. Sicherheit/Zuverlässigkeit steht bei langer Zinsbindungsdauer, bei ungenutzten Kreditlinien und vor allem bei Anlagen im Vordergrund. Nicht der günstigste Preis oder die Nähe zur Bank entscheiden – hier dominiert beim Kunden das Vertrauen in die Sicherheit und Zuverlässigkeit der Bank und der Bankleistungen.

5.1.4 Kaufmotiv: Ansehen/Geltung/Status

Auch aus diesem Kaufmotiv entschließen sich Kunden zu Festgeldanlagen. So haben vor einigen Jahren viele private Kunden erstmals ein Festgeldkonto bei einer Bank eröffnet. Der günstige Zins war nicht entscheidungsauslösend, wichtiger war das mit einer Festgeldanlage verbundene Ansehen. Viele Kunden haben sich in ihrem Bekannten- und Kollegenkreis mit der Nutzung dieser Bankleistung Geltung verschafft. Es wurde zum Sport, die beste Festgeldkondition erhalten zu haben. Sparbücher mit Bonifikation hätten den gleichen Ertrag erbracht; mit dem Festgeldkonto konnten sich diese Kunden ein Statussymbol zulegen.

Denken Sie auch an Unternehmer, die zum Beispiel die Investition einer Ausstellungshalle vornehmen, nur weil der Konkurrent am Ort gerade auch eine neue Ausstellungshalle baut. Mit der Nutzung von Bankleistungen sind häufig Statussymbole verbunden: die erste Scheckkarte für einen Jugendlichen, der Anleger als Wertpapierbesitzer oder Aktionär, der Dispositions- oder Kontokorrentkredit als Zeichen der Kreditwürdigkeit, die Kreditkarte.

5.1.5 Kaufmotiv: Neugierde/Spiellust

Gerade neue Angebotsformen in der Leistungspalette von Banken sprechen bestimmte Kunden an. Die Geldkarte wird von einigen Kunden schnell nachgefragt und sofort getestet, andere Kunden „spielen" mit dem neuen Online-Konto. Anlageformen, die noch nicht genutzt wurden, üben auf Kunden Anziehungskraft aus – und das auch bei hohen Risiken wie bei Gold, Aktien, Optionen oder Warenterminkontrakten. Viele zehntausend Kunden der Sparkassen und genossenschaftlichen Banken bedienen regelmäßig Sparverträge, die mit einem Gewinnspiel kombiniert sind. Hier wird neben den anderen Kaufmotiven die Spiellust des Kunden angesprochen.

5.1.6 Kaufmotiv: Gesundheit/Vorsorge

Insbesondere Anlage- und Kreditentscheidungen werden von diesem Kaufmotiv beeinflusst: gesünderes Wohnen im Grünen mit besserer Luft und Umwelt (auf Kredit und/oder langfristig erspart), die Sauna und Sonnenbank im eigenen Fitnessraum (Kredit), der Urlaub und die Kur (Kredit, Sparen, Versicherung) sowie die unterschiedlichsten langfristigen Anlageentscheidungen und Versicherungsformen.

5.1.7 Kaufmotiv: Soziales Mitgefühl/Fürsorge

Die Kaufentscheidung wird bei diesem Kaufmotiv eher für Dritte als für die eigene Person getroffen. Dritte steht für Familienangehörige wie Kinder, Eltern oder Partner, Dritte steht aber auch für soziale oder umweltorientierte Gedanken. Denken Sie an die Gründung der Öko-Bank in Frankfurt oder die Etablierung von sogenannten Ethik-Fonds.

5.1.8 Vom Defiziterlebnis zur Kaufentscheidung

Im Verhalten Ihrer Kunden können Sie deren Kaufmotive erkennen. Aus Ihrer Beratungserfahrung wissen Sie, dass bei dem einen Kunden ein Kaufmotiv, bei dem nächsten Kunden ein anderes und bei einem dritten Kunden sogar zwei oder drei weitere Kaufmotive den Ausschlag für die Nutzung der gleichen Bankleistung geben. Die Kaufentscheidung kann aufgrund einer statischen oder dynamischen Motivstruktur erfolgen. Das 1. Kaufmotiv „Ertrag" führt bei statischer Struktur zur Absicherung bisheriger Erträge und zur Vermeidung von Kostensteigerungen, bei dynamischer Struktur zur Ertragssteigerung und Kostensenkung. Kunden äußern beispielsweise „Ich möchte den bisherigen Ertrag in den kommenden Jahren auch erzielen" (statisches Motiv) oder „Ich möchte meinen bisherigen Ertrag in den kommenden Jahren steigern" (dynamisches Motiv).

Mit einem bewusst erlebten Bedürfnis, wir wollen es als Defiziterlebnis bezeichnen, beginnt die Entscheidungskette zur Kaufentscheidung. Das Defiziterlebnis gibt dem Kunden den Gedankenanstoß, ein Kaufmotiv be-

Entwicklungskette	Kunde A	Kunde B	Kunde C	Kunde D
1. Defiziterlebnis	... erhält 20.000 € aus einer Erbschaft			
2. Kaufmotiv	Ertrag	Rationalisierung	Sicherheit	Neugierde
3. Wunsch nach Motivbefriedigung	... möchte regelmäßig höchste Erträge	... möchte schnell das Geld angelegt haben	... möchte Geld sicher verwahrt haben	... möchte einmal spekulieren
4. Beobachtbares Kaufverhalten	... informiert sich über zinsgünstige Anlagen	... spricht mit seinem Bankberater	... informiert sich über Aufbewahrungs-möglichkeiten	... liest verschiedene Börseninforma-tionsdienste
5. Kaufentscheidung	... legt in Renten bei der Bank mit den niedrigsten Depotkosten an	... legt nach dem Rat seines Beraters in Sparbriefen an	... legt auf einem Spar-buch (4-j. Künd.) an und verwahrt es in der Bank	... legt in drei Aktien-werten mit Spekula-tionscharakter an

Abbildung 11: Entwicklung zur Kaufentscheidung

Entwicklungskette	Kunde E	Kunde F	Kunde G	Kunde H
1. Defiziterlebnis	... sieht, dass der Nachbar sein Haus neu verputzt	... stellt fest, dass Ziegel vom Dach fallen	... liest in der Presse über zinsgünstige Mittel	... beobachtet, dass Ziegel vom Dach in den Garten fallen
2. Kaufmotiv	Ansehen	Sicherheit	Ertrag	Gesundheit
3. Wunsch nach Motivbefriedigung	... möchte gut-aussehendes Eigenheim	... möchte ein trockenes und sicheres Eigenheim	... möchte die gün-stigen öffentlichen Mittel nutzen	... möchte die Gesundheit der Familie erhalten
4. Beobachtbares Kaufverhalten	Alle Kunden gehen zu einem Kreditinstitut			
5. Kaufentscheidung	Alle Kunden nehmen einen Sonderkredit auf			

Abbildung 11: Kaufentscheidung bei unterschiedlichen Kaufmotiven

stimmt die Gedanken und die weiteren Handlungen, Wünsche nach Motivbefriedigung verstärken die Gedanken zu beobachtbarem Kaufverhalten, das mit der Kaufentscheidung endet. Einige Beispiele für diese Gedankenkette ersehen Sie aus Abbildung 11. Bei gleichen Defiziterlebnissen bewirken unterschiedliche Kaufmotive unterschiedliche Kaufentscheidungen. Ebenso können unterschiedliche Defiziterlebnisse durch unterschiedliche Kaufmotive zu gleichen Kaufentscheidungen Ihrer Kunden führen (Abbildung 12).

5.2 Das eigene Institut und die Wettbewerber

Mit den Kaufmotiven Ihrer Kunden haben Sie den zentralen Anknüpfungspunkt für die gesamte Argumentation in Beratungs- und Verkaufsgesprächen kennengelernt. Dieser Abschnitt behandelt die Argumentation für Ihr Kreditinstitut und die Argumentation zur Abhebung von konkurrierenden Kreditinstituten.

5.2.1 Institutsbezogene Argumentation

Jedes Kreditinstitut weist eine lange Kette von besonderen Merkmalen und Eigenschaften auf. Sie sind die Basis der institutsbezogenen Argumentation. Die einzelnen Merkmale und Eigenschaften beschreiben das Kreditinstitut. Ein Beispiel:

Die XY-Bank besteht seit 71 Jahren und wird in der Form einer Aktiengesellschaft geführt. Rund 800 Mitarbeiter arbeiten in 26 Geschäftsstellen der Z-Region. Die Bank bietet privaten und Firmenkunden universelle Bankleistungen. Das Geschäftsvolumen betrug Ende des letzten Jahres über 2 Milliarden Euro und ...

Kundenspezifische Interessen werden bei solchen Beschreibungen kaum berücksichtigt; individuelle Kaufmotive werden nicht angesprochen. Die Motivation zu einer Kaufentscheidung wird entsprechend gering ausfallen. Die Formulierungen in dem vorangegangenen Beispiel sind somit nur für eine breitgestreute Informationsschrift geeignet, die keine direkten Anreize zu Kaufentscheidungen bei Kunden bewirken soll.

Gleiche Merkmale und Eigenschaften können die verschiedenen Kaufmotive Ihrer Kunden ansprechen. Voraussetzung sind kundenspezifische Formulierungen der Argumente des Beraters, die er von den Merkmalen und Eigenschaften seiner Bank ableiten kann (Abbildung 12). Aus der Verknüpfung von Merkmalen/Eigenschaften und einem Kaufmotiv entsteht die Argumentationsrichtung. Über eine Vorteilsformulierung zeigt der Berater seinen Kunden individuelle Vorteile auf. Die Vorteile des Kunden entsprechen spürbarem Nutzen, je nach angesprochenem Kaufmotiv.

Merkmal Eigenschaft	Kaufmotiv	Vorteilsformulierung	Vorteil für den Kunden
Geschäfts- volumen von 2 Milliarden € ...	Ertrag	... vermeidet Ihnen	... Verluste durch die Zusammenarbeit mit bedeutendem Partner
	Rationalisierung	... ermöglicht Ihnen	... eine bequeme Abwicklung
	Sicherheit	... beweist Ihnen	... die zuverlässigen Beratungsleistungen
	Ansehen	... zeigt Ihnen	... die Zusammen- arbeit mit einem starken Kreditinstitut
	Neugierde	... ermöglicht Ihnen	... die Nutzung neuer und moderner Bankleistungen
	Gesundheit	... schützt Sie	... vor Ärger bei komplizierten Bankangeboten
	Soziales Mitgefühl	... garantiert Ihnen	... die finanzielle Sicherheit Ihrer Familie

Abbildung 12: Kundenspezifische Instituts-Argumente

Die allgemeinen Argumente werden durch Vorteilsformulierungen kundenspezifisch abgewandelt und nur so eingesetzt. Die Vorteilsformulierungen entsprechen oft den bereits erläuterten Übersetzungsformulierungen. Die Übersetzungsformulierungen ersetzen die Bankfachsprache durch eine kundennahe Sprache und die Vorteilsformulierungen ersetzen allgemeine Eigenschaften und Merkmale durch kundenspezifische Vorteile. Die Kaufmotive werden mit Vorteilsformulierungen kombiniert. Durch die zusätzliche Anwendung des Sie-Stils werden die Vorteilsformulierungen voll wirksam. Einige weitere Formulierungsbeispiele:

Kaufmotiv:	Zentrale Begriffe für Vorteilsformulierungen:
Ertrag	bringt, erhöht, vermeidet
Rationalisierung	beschleunigt, vereinfacht, erspart
Sicherheit	garantiert, gewährleistet, bewahrt
Ansehen	steigert, dokumentiert, belegt
Neugierde	ermöglicht, zeigt, verbreitet
Gesundheit	(be)schützt, senkt, vermeidet
Soziales Mitgefühl	hilft, beschützt, versorgt

90 B: E: Das universelle Angebot unserer Bank erspart Ihnen weite Wege und wertvolle Zeit.

R: Das universelle Angebot unserer Bank sichert Ihnen immer günstige Anlagen und Finanzierungen.

S: Das universelle Angebot unserer Bank vermeidet für Sie die umständliche Zusammenarbeit mit mehreren Banken.

A: Das universelle Angebot unserer Bank zeigt Ihnen die Größe und Bedeutung Ihrer Bank.

N: Das universelle Angebot unserer Bank ermöglicht es Ihnen, neue Bankleistungen zu nutzen.

G: Das universelle Angebot unserer Bank schützt Sie vor unseriösen Angeboten und dem damit verbundenen Ärger.

S: Das universelle Angebot unserer Bank versorgt Ihre gesamte Familie mit vorteilhaften Finanzdienstleistungen.

Wenn Sie Merkmale und Eigenschaften Ihres Kreditinstitutes mit allen Kaufmotiven kombinieren, erhalten Sie bei 15 Merkmalen und Eigenschaften, verknüpft mit den sieben Kaufmotiven, über hundert Formulierungen. Mit allen Varianten der Vorteilsformulierungen ergibt das mehrere hundert kundenspezifische Argumente alleine für Ihr Kreditinstitut. – So schematisch diese Argumente erscheinen, in der Vielzahl und im Beratungsgespräch eingesetzt, wirken sie individuell und überzeugend.

Ergreifen Sie die Initiative und kombinieren Sie Eigenschaften/Merkmale mit den Kaufmotiven. Wählen Sie am besten dazu die Schriftform. Auch wenn es anfänglich eine schwere Arbeit ist, es lohnt sich sicher. Je mehr Argumentationen Sie sich erarbeiten, desto leichter fällt Ihnen der Einsatz der Argumente in Beratungs- und Verkaufsgesprächen.

5.2.2 Wettbewerbsbezogene Argumentation

Kunden sprechen neben Ihrem Kreditinstitut auch andere Banken an, mit denen Ihr Haus um die Kunden konkurriert. Als Berater möchten Sie gerne die Stärken Ihres Hauses im Vergleich mit anderen Bankhäusern demonstrieren. Die Argumentationsmöglichkeiten zu den Leistungen Ihres Hauses und der anderen Häuser können Sie dem nächsten Abschnitt dieses Kapitels entnehmen. Zuerst stellen sich uns die Fragen zum Gesamtbild von Kreditinstituten, unabhängig von deren einzelnen Angeboten für die Kunden:

- Wie spreche ich über andere Banken, um die eigene Bank optimal zu „verkaufen"?
- Wie reagiere ich auf Kundenäußerungen, die sich auf andere Banken beziehen?

Sprechen Sie über andere Kreditinstitute sachlich, keinesfalls abwertend. Sie wissen, ebenso wie die meisten Bankkunden, dass heute fast alle Kreditinstitute sehr leistungsfähig sind. Abwertende Formulierungen kann Ihr Kunde als Zeichen Ihrer Schwäche verstehen, abwertende Formulierungen würden Ihrem Gesprächspartner ängstliche Eindrücke vermitteln – Ängste vor dem direkten Vergleich Ihres Hauses mit anderen Bankhäusern.

Teilen Sie die Stärken Ihres Hauses Ihren Kunden mit. Sammeln Sie deshalb die Schwachpunkte Ihrer Wettbewerber. Die einzelnen Schwachpunkte sind die Ansätze für Ihre Argumentation.

Wenn zum Beispiel die wichtigsten konkurrierenden Institute beim Merkmal „Kooperationspartner" ungünstig abschneiden, sind folgende kundenspezifische Äußerungen möglich:

91 B: E: Die ausgewählten Kooperationspartner unseres Hauses bringen Ihnen weitere Dienstleistungen zu sehr günstigen Preisen.

R: Die ... ersparen Ihnen weitere Termine und Gespräche mit all dem unnötigen Zeitaufwand.

S: Die ... bewahren Sie vor Fehlentscheidungen.

A: Die ... dokumentieren Ihre Zusammenarbeit mit einem angesehenen Kreditinstitut.

N: Die ... verbreitern Ihre Anlage- und Finanzierungsmöglichkeiten.

G: Die ... vermeiden Ihnen Konflikte und Unzufriedenheit mit fremden Anbietern.

S: Die ... bieten Ihnen und allen Ihren Angehörigen umfassende Dienstleistungen aus einer Hand.

Alle Aussagen beziehen sich auf Ihr Haus und zeigen den Kunden die Leistungsfähigkeit. Vermeiden Sie Aussagen wie:

● Mein Haus arbeitet mit leistungsfähigeren Kooperationspartnern zusammen als die XY-Bank.

Eine solche Aussage steht ohne Beweis im Raum. Sie reizt Kunden sehr schnell zum Widerspruch oder dem Wunsch, nach Belegen für die Behauptung zu fragen. Die angeführten kundenspezifischen Äußerungen können Sie mit Begründungen ergänzen; sie wirken dann noch überzeugender:

92 B: E: ... günstigen Preisen, weil keine zusätzlichen Vertriebskosten entstehen.

R: ... Zeitaufwand, weil ich alles für Sie sofort erledigen kann.

S: ... Fehlentscheidungen, da wir schon lange mit besten Erfahrungen zusammenarbeiten.

A: ... angesehenen Kreditinstitut, weil diese Partner nur mit ersten Adressen kooperieren.

N: ... Finanzierungsmöglichkeiten, weil Kreditinstitute diese Angebote nicht anbieten.

G: ... fremden Anbietern, da wir diese Partner sorgfältig auf ihre Leistungsfähigkeit geprüft haben.

S: ... Dienstleistungen aus einer Hand, da wir besonderen Wert auf kompetente Partner legen.

Vermeiden Sie die Wörter „Konkurrent" und „Konkurrenz" im Beratungs- und Verkaufsgespräch. Beide Wörter lassen Ihren Kunden eine sehr große Leistungsfähigkeit dieser anderen Banken sowie gewisse Zweifel über die Stärke und das Selbstbewusstsein Ihres Hauses spüren. Einige andere Ausdrücke können die beiden Begriffe ersetzen, ohne dass diese Reaktionen bei den Kunden erzeugt werden: Mitbewerber, Wettbewerber, der Wettbewerb, andere Banken, andere Häuser, andere (Kredit)Institute, andere Geldinstitute.

Erinnern Sie sich an die kommunikativen Erwartungen von Menschen an ihre Mitmenschen: Sie erwarten Belohnungen und keine Bestrafungen. Belohnen Sie Ihre Gesprächspartner durch gezielt verwendete Kundenvorteile. Sie zeigen sowohl Ihre positive Grundeinstellung zum Kunden als auch Ihre Selbstsicherheit, dass andere Banken für Ihr Haus keinen Grund zur Sorge darstellen.

Solange Sie nur über Ihre Bank und deren Leistungen, Eigenschaften und Merkmale sprechen, nutzen Sie einen strategischen Vorteil. Sie binden das Denken und – hoffentlich – das Handeln des Kunden an das von Ihnen Erwähnte. Erst wenn Sie über eine andere Bank sprechen, wird Ihr Kunde den gedanklichen Faden aufgreifen und auch über eine oder mehrere Banken sprechen. Mit dem Ansprechen anderer Kreditinstitute würden Sie sich Ihre Argumentationssituation erschweren. Deshalb: Verhalten Sie sich so, als gäbe es nur Ihr Kreditinstitut als möglichen Anbieter für Ihre Kunden.

Wenn Ihr Kunde weitere Kreditinstitute im Verlauf eines Gesprächs anspricht, scheuen Sie sich nicht, auf die angesprochenen Institute einzugehen. Ihr Kunde wünscht es so, und Sie richten sich nach dem Gesprächsförderer „Kundenwunsch geht vor", indem Sie ihm die Fragen beantworten. Führen Sie die Vorteile Ihres Hauses stärker an als die Nachteile Ihrer Mitbewerber. Direkte Fragen, die einen Vergleich Ihres Hauses mit einem oder mehreren anderen bezwecken, können Sie genauso direkt beantworten.

Seien Sie mindestens so fair zu Ihren Mitbewerbern, wie Sie es von Ihren Mitbewerbern in deren Verkaufsgesprächen erwarten. Ihre Kunden wissen diese Fairness zu schätzen.

Stellen Sie keine unbelegbaren Behauptungen auf, vermeiden Sie Übertreibungen und werden Sie nicht persönlich, indem Sie über bestimmte Mitarbeiter Ihrer Konkurrenten sprechen. Sie erleichtern sich die vergleichende Argumentation, wenn Sie weniger die Banken als Gesamtheit, sondern einzelne Bankleistungen vergleichen. Die Unterschiede werden für Ihre Kunden fassbarer und stärker nachvollziehbar.

5.3 Die Bankleistungen

Ihre Kunden suchen nach erlebbarem Nutzen von Bankdienstleistungen.
Deshalb ist es besonders wichtig, die Kaufmotive der Kunden mit einzelnen Leistungen anzusprechen.

5.3.1 Leistungen des eigenen Instituts

So wie Sie die Eigenschaften und Merkmale Ihrer Bank als Gesamtes
sprachlich überzeugend darstellen können, so können Sie es auch für die
verschiedenen Bankleistungen vornehmen. Im ersten Schritt kombinieren
wir die Leistungen mit den sieben Kaufmotiven. Sie erhalten für jeweils
jeden motivbestimmten „Kundentyp" mindestens einen Kundenvorteil.
Kombinieren wir in einem Beispiel einen Sparbrief mit den Kaufmotiven:

E: Sparbrief – hoher Zins
R: Sparbrief – automatische Zinszahlung
S: Sparbrief – fester Zinssatz
A: Sparbrief – „höhere" Sparform
N: Sparbrief – weitere Sparform
G: Sparbrief – in Notfällen: Beleihung
S: Sparbrief – für Familienmitglieder

Die motivbestimmten Kombinationen Bankleistung-Kundenvorteil werden in einem zweiten Schritt durch Vorteilsformulierungen zu gesprächs-
reifen Argumenten ergänzt:

93 B: E: Der Sparbrief bringt Ihnen vier Jahre lang hohe Zinserträge.
R: Beim Sparbrief brauchen Sie sich nach dem Erwerb um
nichts mehr zu kümmern; die Zinsen werden Ihnen auto-
matisch überwiesen.
S: Mit dem Sparbrief sichern Sie sich die aktuellen hohen Zin-
sen für volle vier Jahre.
A: Mit einem Sparbrief legen Sie Ihr Geld in einer „höheren"
Sparform an.
N: Nutzen Sie mit einem Sparbrief eine weitere Sparform ne-
ben Ihren bisherigen Sparformen.
G: Der Sparbrief ist ertragreich und sicher; bei unvorhergese-
henem Geldbedarf können wir Ihren Sparbrief beleihen.
S: Mit Sparbriefen kann die gesamte Familie ertragreich sparen.

In einem dritten Schritt können Sie sich für Leistungen, die Sie häufiger verkaufen oder bei denen Ihnen die Argumentation schwerfällt, weitere motivbestimmte Kundenvorteile erarbeiten. Für unser Sparbriefbeispiel ergibt sich das Argumentationstableau in Abbildung 13. Mit Vorteilsformulierungen verbunden ergeben sich aus der Abbildung 13 zum Beispiel für die ersten Felder folgende Argumente:

94 B: • Schon ab 100 € können Sie den guten Zinssatz des Sparbriefs nutzen.
- Sie können Sparbriefe für 100 € und für jedes beliebige Vielfache dieses Betrags erwerben.
- Da Sie bei uns schon ab 100 € Sparbriefe erhalten, können Sie Ihre Ersparnisse streuen.
- Sparbriefe erhalten Sie bei uns für runde Beträge: ab 100 G und für volle Hunderterbeträge.
- Mit 100 € können Sie bei den Sparbriefen schon dabei sein.
- Für Ihre Vorsorge eignet sich der Sparbrief ab 100 €
- Sie erhalten mittelfristig die günstigen Zinserträge aus dem Sparbrief.
- Die Laufzeit von vier Jahren ist für Sie überschaubar.
- Die Laufzeit ist wie der Zinssatz und die jährliche Zinsausschüttung garantiert.
- Die längere Laufzeit von vier Jahren weist Ihnen aus, dass es sich um eine „höhere" Sparform handelt.

Ein solches Argumentationstableau liefert Ihnen bei nur sieben Merkmalen einer Bankleistung schon über vierzig motivbestimmte Kundenvorteile. Auch wenn einige der Kundenvorteile weniger Überzeugungskraft besitzen, bleiben noch ausreichend starke Argumente für Ihre Verkaufsgespräche.

Die bisherigen Argumentationsvorschläge orientieren sich an den sieben Kaufmotiven. Einige Kunden versuchen durch Ihre Äußerungen, insbesondere mit eingrenzenden Fragen, dass Sie Ihre Argumente nur auf das Kaufmotiv „Ertrag/Gewinn/niedrige Kosten" ausrichten. Ihre Aufgabe besteht darin, dem Kunden neben den Konditionen auch die anderen Merkmale und Eigenschaften der Bankleistungen verkäuferisch vorzustellen.

Bankleistung: Sparbrief

Eigenschaften Merkmale	E	R	S	A	N	G	S
ab 100 €	kleine Beträge	günstige Stückelung	Streuung	runde Beträge	kleiner Mindestbetrag	individuelle Vorsorge	als Geschenk geeignet
4 Jahre	mittelfristig	überschaubar	garantierte Laufzeit	längere Laufzeit	feste Laufzeit	Anschluss-Sparbrief	feste Anlage
8 % Zins	hoher Zins	feststehend	garantierter Zins	hoher Zins	sicherer Gewinn	Zuwachs, Reserve	jährlicher hoher Ertrag
jährl. Zins	Zinseszins-Effekt	automatische Zahlung	garantierte Zahlung	jährliche Erträge	etwas zum Gönnen	sichere Vorsorge	regelmäßige Erträge
Urkunde	ertragreiches Präsent	übertragbar	Beweisstück	vorzeigbar	Nachlesen, Vorzeigen	vererbbar, übertragbar	dokumentierte Unterstützung
kostenfreie Verwaltung	Ersparnis	spart Arbeit	Schutz vor Verlust	Depotkunde	keine lästige Arbeit	keine Ertragseinbuße	volle Erträge
Beleihung	spart Zinsen	schnelle Liquidität	Liquiditäts-reserve	Kreditwürdig-keit	schnelles Bargeld	Liquiditäts-reserve	Hilfe in Notfällen

Abbildung 13: Argumentationstableau

Zeigen Sie Ihren Kunden, dass eine auf den ersten Blick günstige Bankleistung bei näherer Prüfung weniger interessant sein kann. Dies gilt sowohl für Leistungen Ihres Hauses als auch für Leistungen Ihrer Mitbewerber. Üblicherweise werden im Verkaufsgespräch nur wenige Merkmale bei nahe beieinanderliegenden Leistungen angesprochen. Bei Anlageformen reduzieren sich Vergleiche häufig auf den Nominalzins, den Ausgabekurs und die Laufzeit; vielleicht wird noch über die Zinszahlungen und die Anlagebeträge gesprochen.

5.3.2 Leistungen der Wettbewerber

Neben Vergleichen von unterschiedlichen Leistungen des eigenen Instituts sprechen Ihre Kunden auch Angebote anderer Banken vergleichend an. Besonders bei beratungsintensiven Bankleistungen lohnen sich Vergleiche zwischen Leistungen der Wettbewerber und des eigenen Hauses.

Exakte Vergleiche, die auch die positiven und negativen Auswirkungen von Nebenbedingungen berücksichtigen, bringen Ihnen oft überraschende Ergebnisse. So ist das „auf den ersten Blick" günstigste Angebot bei genauerer Prüfung oft einem vermeintlich weniger attraktiven Angebot unterlegen.

Vor allem Hypothekenkreditangebote werden oft nur durch drei „Säulen" beschrieben: der Nominalzinssatz, den Auszahlungskurs und die Bindungsdauer des Zinssatzes. Die Checkliste der folgenden Abbildung gibt Ihnen die Möglichkeit, die effektiven Kosten von Hypothekenkreditangeboten zu ermitteln. Rechnen Sie die Vor- oder Nachteile der 34 Punkte in Geldbeträge um – erst unter Berücksichtigung dieser langen Liste sind Angebotsvergleiche vollständig. Die Checkliste ist vor allem beim Vergleich mehrerer Angebote mit den gleichen oder nahe beieinanderliegenden „Säulen" eine wertvolle Beratungshilfe.

Merkmal:	Betrag:	Merkmal:	Betrag:
1. Zinssatz		2. Fest- oder var. Zins	
3. Auszahlungskurs		4. Zinsbindungsdauer	
5. Bearbeitungs-gebühren		6. Erneutes Disagio nach Ablauf d. Zinsbindung	
7. Bereitstellungs-provision		9. Geldbeschaffungs-kosten	
8. Bereitstellungszinsen		11. Beleihungshöhe	
10. Beleihungsgrenzen		13. Tilgungsaussetzung	
12. Tilgungsrate/-höhe		15. Tilgungsverrechnung	
14. Sondertilgungen		17. Zinsberechnungs-methode	
16. Tilgungsstreckung		19. Vorfälligkeits-entschädigung	
18. Zinsfälligkeit		22. Teilauszahlung	
20. Kündigungs-möglichkeit		24. Sicherheiten	
21. Auszahlungs-bedingungen		25. Kosten f. Sicherheiten	
23. Auszahlung nach Baufortschritt		27. Schätzergebühren	
26. Kosten für Grund-pfandrechte (Übertragung)		28. Finanzierung aus einer Hand	
29. Monatliche Rate		31. Auszahlungs-bedingungen	
30. Feste Annuitäten auch nach Zinsanpassung		33. Bindefrist für das Angebot	
32. Kontoführungs-gebühren		34. Anfänglicher effektiver Jahreszins	

Abbildung 14: Checkliste Hypothekenkredit

5.3.3 Identifikation mit Bankleistungen

Bankmitarbeiter nehmen einige Bankleistungen stärker, andere Bankleistungen schwächer in Anspruch als mit ihnen vergleichbare Kunden (ähnliche Einkommens- und Vermögensverhältnisse). Daraus resultiert, dass sie für Bankleistungen unterschiedlich intensiv und überzeugend argumentieren. Erst wenn der Berater selbst von seiner Bank und von den einzelnen Angeboten überzeugt ist, kann er auch überzeugend für die einzelnen Angebote der Bank argumentieren.

Beobachter von Verkaufsgesprächen in Kreditinstituten stellen immer wieder fest, dass die Argumentation für das klassische Sparbuch mit dreimonatiger Kündigungsfrist besonders oberflächlich und hastig geführt wird. Die Tendenz zu höheren Sparformen im Sparverhalten der Berater schlägt sich auf ihre Argumentation nieder. Hier einige Argumente für das Sparbuch mit dreimonatiger Kündigungsfrist und die jeweils angesprochenen Kaufmotive (in Klammern):

95 B: • Sie schaffen sich auf Ihrem Sparkonto eine gute Rücklage für Wechselfälle des Lebens/Überraschungen. (S/G)
- Sie erhalten auf Ihrem Sparbuch auch für kleinere Beträge eine gute Verzinsung. (E/R)
- Ihr Spargeld ist völlig sicher angelegt. (S)
- Ihr Zinssatz entspricht immer der Marktlage. (E/R)
- Sie können jederzeit im Rahmen der vereinbarten Bestimmungen über Ihr Spargeld verfügen. (R/A)
- Die Zinsen werden Ihnen automatisch am Jahresende gutgeschrieben und sofort weiterverzinst. (E/R/S)
- Auf Ihrem Sparbuch erhalten Sie auch für Restbeträge gute Zinsen. (E/A)
- Die Erträge aus … bringen auf Ihrem Sparbuch noch zusätzliche Zinsen. (E/R)
- Mit dem Sparbuch entscheiden Sie sich für die beweglichste Sparform. (E/R/A)
- Sie sehen Ihr Guthaben auch zuhause in Ihrem Sparbuch eingetragen. (S/A/N)
- Sie können bei allen … Geld von Ihrem Sparbuch abheben. (R/S/G)
- Sie zahlen keine Gebühren und Spesen. (E)
- Das Sparbuch ist die Grundlage für alle weiteren Sparformen. (R/A)
- Das Sparbuch ist für Ihre Kinder die ideale Möglichkeit, den Sparvorgang kennenzulernen. (S)

Beachten Sie bei Ihrer Argumentation, dass die einzelnen Merkmale und Eigenschaften sowohl Ihrer Bank als auch der Bankleistungen für Kunden wenig aussagefähige Beschreibungen sind. Argumente, die nur die Merkmale und die Eigenschaften ansprechen, berücksichtigen

- weder die Kaufmotive der Kunden
- noch die Sprache der Kunden und
- die damit verbundenen Vorteile für den Kunden.

Der Berater beschreibt einen Ratenkredit: „Der Zinssatz ist fest". So verständlich und vorteilhaft diese Aussage für den Berater auch sein mag, seine Kunden werden die Tragweite der Aussage kaum erfassen – das starke Argument verpufft, es bleibt ohne Überzeugungskraft. Der Berater hat ungeschickt argumentiert.

Sie können das gleiche Merkmal des Ratenkredits für die Kunden vorteilhafter präsentieren:

96 B: „Der feste Zinssatz für die gesamte Laufzeit sichert Ihnen die günstigen Konditionen und gibt Ihnen eine stabile Grundlage für Ihre Planungen. Und zusätzlich werden Sie zum Barzahler bei Ihrem Händler".

Ihre Argumentation wird erfolgreicher, wenn Sie von einzelnen Merkmalen und Eigenschaften ausgehen, diese mit Kaufmotiven kombinieren und durch Vorteilsformulierungen als Kundenvorteile in einer verständlichen Sprache darstellen.

5.4 Einwände

Hemmnisse vor einem Abschluss eines Bankgeschäftes, die der Kunde im Gespräch äußert, bezeichnen wir als Einwände. Unerfahrene Berater empfinden Einwände als Zeichen der Ablehnung des Kunden gegen die Bank, die Person des Beraters und/oder die vorgestellte Bankleistung. Sie werden ängstlich, verlieren den Optimismus zum erfolgreichen Abschluss und beginnen zu resignieren. Einwände verursachen Ärger, das Interesse am Kunden sowie an der Beantwortung der Einwände schwindet.

Mit den pessimistischen Reaktionen auf die Einwände leidet die Dynamik und die Überzeugungskraft. Einwände stellen vielfach für diese Berater die Ankündigung vom Ende erfolgversprechender Verkaufsgespräche dar. Ein belastender Teufelskreis beginnt; der Teufelskreis fördert verstärkt weitere Ängste als Reaktion auf Einwände.

5.4.1 Ursachen und Formen

Warum treffen Kunden Aussagen, die die Berater als Einwände bezeichnen? – Der Kunde ist vielleicht nur teilweise von dem Kreditinstitut, dem Berater oder der Leistung überzeugt. Ihm könnten Informationen fehlen.

Vielleicht sind seine Kaufmotive nicht angesprochen worden oder er hatte zuvor einen anderen Entschluss gefasst. Er könnte von anderen Informationen ausgegangen sein oder sich vor einer Abschlussentscheidung ängstigen usw.

Diese und ähnliche Voraussetzungen für das Äußern von Einwänden signalisieren Ihnen, dass eine besonders gute Chance zum Abschluss vorliegt, da der Kunde mit dem Einwand Interesse für Ihr Haus, für Sie als Berater oder für die angesprochene Bankleistung ausdrückt. Das kann kein Grund für eine pessimistische Reaktion sein. Im Gegenteil: Wenn Sie Einwände registrieren, haben Sie Interesse bemerkt, das Sie optimistisch stimmen sollte. Nehmen Sie jeden einzelnen Einwand als Herausforderung an – im sportlichen Sinne. Ihr Ziel ist die vollständige Beantwortung des Einwands; eine Beantwortung, die den Kunden überzeugt und Sie zufriedenstellt. Jeder Einwand ist ein sportlicher Wettkampf, der weder Gewinner noch Verlierer kennt, sondern zwei Sieger.

Unangenehmer als Einwände sind fehlende Reaktionen von Kunden. Ihnen ist es dann unmöglich, die offenen Informationen nachzuschieben oder Ihre Argumentation zu ergänzen. Denken Sie nur an Beratungs- und Verkaufsgespräche, die mit der Präsentation Ihres Angebotes enden – und keinerlei positive oder negative Reaktion hervorrufen. Klar, eine positive Antwort ist sicher erfreulicher als Einwände. Dennoch: Einwände sind eine bessere Chance zum Verkauf als keine Kundenreaktion.

Die bekannten Gesprächsförderer (vor allem „Zuhören", „Nachfragen", „Relativieren" und „Bedingte Zustimmung") und -steuerer können Sie bei der Behandlung von Einwänden unterstützen. Sie finden im folgenden Abschnitt eine Reihe von Reaktionsmöglichkeiten dargestellt. Alle basieren auf einer gemeinsamen Einstellung zum Kunden: der Geschäftspartnerschaft. Sie berücksichtigen das Ziel einer dauerhaften Geschäftsverbindung. Oft genügt diese konstruktive Einstellung zum Kunden, um eine geeignete Antwort auf einen Einwand zu finden. Häufig verhindert eine destruktive Einstellung zum Kunden, dass die bewährten Reaktionstechniken zum Erfolg führen. Der Kunde spürt in der Einwandbehandlung Manipulationselemente oder Verkäufertricks.

Alle Einwände und alle Antworten auf Einwände sind situationsabhängig: Die Einwände werden in bestimmten Gesprächssituationen von Ihren Gesprächspartnern vorgebracht. In einer anderen Situation würde der

Kunde eine ganz andere Äußerung tätigen. Ein und derselbe Einwand erfordert bei unterschiedlichen Gesprächssituationen oft unterschiedliche Antworten. In unterschiedlichen Situationen können sogar gleiche Antworten erfolgreich eingesetzt werden – situationsabhängig.

Einwände lassen sich in drei Gruppen unterteilen:

● Vorwände,
● sachliche Einwände und
● unsachliche Einwände (Provokationen).

Vorwände sind solche Hemmnisse, die vom Kunden an Stelle seiner tatsächlichen Hemmnisse vorgebracht werden. Häufig will er einen längst getroffenen Entschluss nicht mehr revidieren. Er will noch nicht abschließen, bei einem anderen Institut abschließen oder er möchte das eigentliche Hemmnis vor einer positiven Abschlussentscheidung nicht nennen. Er schiebt einen Vorwand vor. Gerne verwendete Vorwände lauten zum Beispiel:

97 K: Das muss ich mir noch überlegen.

98 K: So dringend benötige ich ... im Moment noch nicht.

99 K: Ich habe jetzt keine Zeit mehr.

Mit wenigen, gezielten Fragen erhalten Sie Informationen, die Ihnen den weiteren Gesprächsverlauf weisen:

97 B: Welche Fragen/Punkte/Details soll ich Ihnen noch erläutern?
Wann benötigen Sie ...?
Wann wird Ihre Entscheidung gefallen sein?

98 B: Bis wann benötigen Sie ...?
Kann ich Sie am ... wieder ansprechen?

99 B: Kann ich Ihnen den ... schnell fertigmachen oder sollen wir einen neuen Termin vereinbaren, um alles in Ruhe zu besprechen?
Wann wäre es Ihnen angenehmer: ... oder lieber ...?

Die Antworten auf diese und ähnliche Fragen geben Ihnen zusätzliche Informationen. Sie erfahren, ob es sich um Vorwände handelt, die Sie wie die anderen Einwände beantworten können oder ob es umschriebene Ablehnungen des Angebots sind. Solche Ablehnungen können Sie noch kurz auf die Festigkeit überprüfen. Bei festen Entscheidungen gehen Sie weiter zur Gesprächsstufe 5 „Zusatzverkauf".

Sachliche Einwände sind vielschichtig: Goldmann führt unter anderem Vorurteile, vorgefasste Meinungen, Informationswünsche, Geltungsbedürfnis, subjektive und objektive Einwände sowie allgemeine Kaufwiderstände auf. Der Kunde ist noch nicht abschlussbereit und äußert dies in Form eines sachlichen Einwandes. Die Äußerungen sind sachorientiert und nicht verletzend.

Unsachliche Äußerungen sollen den Berater provozieren. Der Kunde eröffnet durch seine unsachlichen Äußerungen oder die ironisierende und angreifende Art der Äußerungen einen Machtkampf. Das Verhalten des Kunden wirkt auf den Berater aggressiv. Es entsteht die Gefahr, dass das Gespräch eskaliert, indem der Berater aggressiv auf den unsachlichen Einwand reagiert.

5.4.2 Wege der Einwandbeantwortung

Die einzelnen Techniken der Beantwortung von Einwänden im Überblick zeigt Ihnen Abbildung 15.

1. Vorwegnehmen des Einwandes
2. Zurückstellen des Einwandes
3. Überhören des Einwandes
4. Bedingte Zustimmungen auf Einwände
5. Gezielte Fragen auf Einwände
6. Konstruktive Vorschläge nach Einwänden
7. Beweise gegen Einwände
8. Kompensieren des Einwandes
9. Andere Gesichtspunkte zu Einwänden anführen
10. Einwände zurückgeben
11. Erlebnisse und Referenzen anführen
12. Einwände in Wünsche transformieren
13. Selbstbehauptung auf Einwände zeigen

Abbildung 15: Einwandbehandlung

In den nächsten Abschnitten erhalten Sie nähere Erläuterungen zu jedem einzelnen Weg der Einwandbeantwortung. Es sind jeweils Formulierungsbeispiele angeführt. Gehen Sie weniger kritisch an jedes einzelne Beispiel. Anwendungsorientierter ist jeweils die Frage „Wie kann ich das Beispiel auf meine persönliche Verkäufersituation in meinem Kreditinstitut übertragen?". Sicher sind die Beispiele eine umfangreiche Fundgrube für die Optimierung Ihrer Einwandbehandlung.

1. Vorwegnehmen des Einwandes

Eine Reihe von Einwänden sind Ihnen während eines Gespräches schon bekannt, bevor sie von Ihren Kunden ausgesprochen werden. Es sind die „üblichen" Einwände, die von fast jedem Kunden als Reaktion auf bestimmte Bankangebote vorgebracht werden. Die Kunden sagen mit hoher Wahrscheinlichkeit auf das Angebot von

100 Bausparverträgen: Da gibt's ja einige Jahre nur niedrige Zinsen.

101 Darlehen mit variablen Zinsen: Bei Zinserhöhungen bin ich dann immer der Dumme.

102 Sparbüchern (dreimonatige Kündigung): Der Zins gleicht noch nicht mal die Inflationsrate aus.

oder eine sinngemäße andere Äußerung.

Diese Einwände können Sie sich ersparen, wenn Sie die Einwände zuvor selbst beantworten. Sie vermeiden mit dem Vorwegnehmen Konfrontationen mit den Kunden. Sie bestimmen den Zeitpunkt und die Formulierung des Einwands. Ihr Kunde bemerkt Ihr Bemühen um Offenheit, indem Sie neben den Vorteilen auch auf die Nachteile der Bankleistungen hinweisen. Sie gewinnen Vertrauen und der Einwand verliert gleichzeitig an Bedeutung.

100 B: Häufig höre ich Unzufriedenheit über die Bausparzinsen in der Ansparphase. Die Sparzinsen werden durch die niedrigen Kreditzinsen voll aufgewogen – dann, wenn Sie jeden Euro für die Einrichtung Ihres Eigenheims verwenden möchten …

101 B: Gerade der variable Zinssatz erspart Ihnen bei rückläufigen Zinsen viel Geld. Dieser guten Chance steht das Risiko steigender Zinsen gegenüber ...

102 B: Sie erhalten für Ihr Sparbuch mit dreimonatiger Kündigungsfrist einen marktgerechten Zins. Höhere Zinssätze erreichen Sie, wenn Sie weniger große Ansprüche an die Liquidität Ihrer Anlage ...

Die Vorwegnahme eines Einwands geschieht überwiegend in der Stufe 3 des systematischen Verkaufsgesprächs (kundenspezifisches Angebot). Mit wachsender Beratungserfahrung kennen Sie die Einwände, die Sie bei bestimmten Bankleistungen und Kundengruppen zu erwarten haben. Beantworten Sie diese Einwände, bevor Sie den Geschäftsabschluss erschweren. Sie sparen nebenbei Zeit und zusätzliche Anspannung.

Einwände werden in der Verkaufspraxis relativ selten vorweggenommen. Verkäufer scheinen diesem Weg eher skeptisch gegenüberzustehen. Er ist allerdings äußerst wirkungsvoll und kommt bei Kunden bestens an.

2. Zurückstellen des Einwandes

Wie bei der vorangegangenen Technik „Vorwegnehmen" trennen Sie mit dem „Zurückstellen" den Zeitpunkt der Einwandäußerung des Kunden von Ihrer Einwandbeantwortung. Das „Vorwegnehmen" schmälert die Bedeutung von Einwänden; das „Zurückstellen" kann das gleiche Ziel verfolgen. Es ist sinnvoll für Sie, Einwände zurückzustellen, wenn

● durch den weiteren Verlauf des Verkaufsgesprächs der Einwand entfällt,
● der Einwand aus dem Rahmen des Gesprächs fällt,
● der Einwand im Moment nicht beantwortet werden kann (fehlende Informationen, Unwissenheit usw.),
● der Einwand nur teilweise von Ihnen beantwortet werden kann und ein Spezialist (z. B. für Außenhandels- oder Wertpapierfragen) herangezogen werden muss,
● die Antwort Ihre Argumentation im Moment belasten würde (ungünstiger Zeitpunkt),
● Ihre Antwort für Ihren Kunden unbefriedigend ausfallen oder als Ausrede wirken würde und

- Ihre Beantwortung zu einer Konfrontation mit Ihrem Kunden führen könnte.

Das „Zurückstellen" wirkt auf den Kunden besonders überzeugend, wenn Sie sich den Einwand notieren und um Zustimmung zur späteren Beantwortung bitten:

103 K: ... und dann brauch' ich wohl noch einen Schätzer mit all' den Kosten, die da für mich entstehen?
B: Ich notiere mir diese Frage zum Schätzer. Kann ich Ihnen diese Frage beantworten, wenn wir über den Kreditvertrag als Gesamtes gesprochen haben?

Verwenden Sie bei allen Reaktionen auf Einwände nicht das Wort „Einwand" sondern Umschreibungen wie „diese Frage", „die Angelegenheit" oder „den Punkt". Kommen Sie auf alle Fälle im Verlauf des Gesprächs auf die zurückgestellten Punkte zurück. Sie weisen sich dadurch als zuverlässiger Gesprächspartner aus – Sie schaffen Vertrauen.

Selbst wenn sich durch den weiteren Gesprächsverlauf der Einwand beantwortet, lohnt sich das erneute Aufgreifen des Einwands durch Sie. In unserem Beispiel:

103 B: ... Ist damit die zurückgestellte Frage nach dem Schätzer beantwortet?

In vielen Fällen wird der Einwand schon gemeistert sein, hie und da werden Sie eine zusätzliche Antwort nachschieben müssen. Mit der Technik des „Zurückstellens" bestimmen Sie den günstigsten Zeitpunkt für Ihre Antwort. Sie können diese Technik in fast allen längeren Verkaufsgesprächen anwenden. Achten Sie darauf, dass in jedem Gespräch nur wenige Male die gleiche Technik eingesetzt wird. Dies gilt auch für die anderen Techniken der Einwandbehandlung. Fragen Sie abschließend, ob noch ein Punkt offen ist – Sie schaffen mit dieser Frage erneut Vertrauen.

Einige Verkäufer übertreiben das Zurückstellen von Einwänden. Es wirkt dann wie eine sehr ungeschickte Methode. Dann wäre das sofortige Antworten – mit allen Nachteilen – der bessere Reaktionsweg.

Unseriöse Verkäufer verwenden das Zurückstellen von Einwänden mit der Hoffnung, dass der Kunde den oder die Einwände in der Zwischenzeit vergisst. Die Hoffnung geht nicht immer auf und schlimmer noch: Diese Vorgehensweise widerspricht der Grundeinstellung zum Kunden, der Geschäftspartnerschaft. Zurückstellen und Vergessen ist nur ein mieser, drittklassiger Verkäufertrick.

3. Überhören des Einwandes

Bei einer Reihe von Einwänden liegt es nahe, eine Antwort zu vermeiden. Sie können die Technik des „Überhörens" auch mit einem neuen Gesichtspunkt oder gar mit einem Themenwechsel verbinden.

104 K: ... und die Müller KG wird mit Ihnen sicher auch schon ihre Erfahrungen gemacht haben.
B: ...
K: Ich lege vor allem großen Wert auf ...

Gründe für den Einsatz der Technik „Überhören":

- Bemerkungen des Kunden, die am Kern des Gesprächs vorbeigehen,
- Äußerungen mit „Spitzen" und Ironie sowie Ausreden,
- Bemerkungen über die Kreditwirtschaft, andere Kreditinstitute und Leistungen anderer Kreditinstitute und
- Bemerkungen (mit fragendem Charakter) über Kunden.

Mit dem „Überhören" gehen Sie nur auf einen Bereich der Kundenäußerung näher ein. Auf den aggressiven Teil der Kundenäußerung, häufig mit starken Emotionen verbunden, reagieren Sie freundlich und höflich. Einige Kunden steigern ihr aggressives Verhalten als Reaktion auf das „Überhören". Sie empfinden Nichtbeachtung und dieses Gefühl fördert ihre Aggressionen. Spätestens mit der Wiederholung des Einwands zwingt Ihr Kunde Sie, eine andere Technik einzusetzen. Die unterschiedlichen Formen der „Bedingten Zustimmung" bieten sich dann an.

4. Bedingte Zustimmungen auf Einwände

Die folgenden Techniken 5 bis 13 der Einwandbeantwortung basieren auf dem Gesprächsförderer 9 „Bedingte Zustimmung". Die zustimmende Reaktion erfolgt direkt auf den Einwand; sie wird weder vorgeschoben noch nachgereicht oder überhört.

Gerade bei spontanen Reaktionen und Einwänden besteht für Sie die Gefahr, dass Sie – vor allem auf provozierende und aggressive Äußerungen – mit gleicher Münze zurückzahlen, also auch aggressiv und provozierend antworten. Die Kundenreize und Beraterreaktionen schaukeln sich dann gegenseitig hoch, das Gespräch eskaliert. Die Ihnen bereits bekannten Gesprächsstörer sind die wichtigsten Eskalatoren; aber auch langwierige Rechtfertigungen und Schwächezeichen in den Antworten wie übertriebene Höflichkeit, Stotterpausen und unnötige Entschuldigungen lassen Verkaufsgespräche eskalieren.

Die meisten Gesprächsstörer führen sofort zur Ausweitung von Differenzen und Konflikten. Nur die Schwächezeichen lösen zeitlich verschobene Eskalationen aus: Kunden spüren im Verlauf eines oder mehrerer Gespräche die Schwäche des Beraters. Der Berater wird nicht mehr für „voll" genommen und in unserem bewährten Bild schlägt die Pendelwaage zugunsten des Kunden aus.

Sie können auf die provozierenden und aggressiven Einwände mit sehr verschiedenen Zustimmungsformen antworten – alle vermeiden Eskalationen. In einigen Situationen fällt Ihnen das leicht. In einer Vielzahl von Gesprächssituationen verlangt es eine hohe Disziplin von Ihnen, zum Beispiel weil Sie

- spontan auf den Einwand antworten möchten,
- zu Unrecht angegriffen wurden,
- sich persönlich angegriffen fühlen,
- wütend auf den Kunden sind,
- damit rechnen, dass Ihr Kunde noch unsachlicher, aggressiver oder provozierender das Gespräch fortsetzt oder
- keinen großen Wert auf die weitere Zusammenarbeit mit dem Kunden legen.

Ihre Selbstkontrolle wird neben der beruflichen Sphäre auch von Ihrer privaten Sphäre geprägt. Sie werden ausgeglichener und ruhiger antworten können, wenn Sie nicht von privaten oder beruflichen Problemen gedrückt werden.

1. Direkt zustimmen
   - Ja, das ist richtig.
   - Das stimmt.
   - Mhm, da haben Sie recht.
2. Mit Verständnis zustimmen
   - Ich kann Ihre Äußerung (gut) verstehen.
   - Ich habe Verständnis für Sie.
   - Ich verstehe Sie.
   - Ich verstehe Ihren Hinweis.
   - Ich kann Sie gut verstehen.
   - Das ist verständlich.
3. Dankend zustimmen
   - Vielen Dank für Ihr offenes Wort.
   - Vielen Dank für Ihren Hinweis.
   - Ich danke Ihnen, dass Sie mich direkt darauf ansprechen.
   - Vielen Dank, dass Sie direkt mit mir darüber sprechen.
   - Ich bin Ihnen für Ihren Hinweis (sehr) dankbar.
4. Umformuliert zustimmen
   - Ja, ich sehe die Frage … auch so.
   - Mhm, den Kern Ihrer Aussage … teile ich.
   - Sie sprechen einen wichtigen Aspekt an.
5. Indirekt zustimmen
   - Wie Sie mir das schildern, stimme ich Ihnen zu.
   - Diese Meinung (Ansicht) habe ich schon mehrmals gehört.
   - Das haben mir schon einige Kunden gesagt.
6. Formal zustimmen
   - Ich freue mich, dass Sie sofort zu mir gekommen sind.
   - Ich finde es gut, dass Sie sich mir gegenüber so offen äußern.
   - Ich freue mich, dass Sie mich auf diese Sache (diesen Punkt) an sprechen.
   - Das interessiert mich näher.
7. Fehler zustimmend eingestehen
   - Ja, hier ist etwas schiefgelaufen.
   - Herr/Frau Kunde, hier bin ich im Moment überfragt.
   - Ja, das ist so nicht in Ordnung.
8. Gemeinsames zustimmend betonen
   - Ja, das ist unser gemeinsames Anliegen.
   - Mhm, Ihre Interessen decken sich mit meinen Vorstellungen.

Abbildung 16: Zustimmungsformen

Zustimmungen sind für Ihre Kunden positive Zuwendungen. Sie mildern das aggressive oder provozierende Verhalten. Auch wenn Sie gerne auf das unsachliche Verhalten des Kunden reagieren würden – nur eine positive Reaktion sichert Ihnen eine erfolgreiche Einwandbeantwortung. Die gereizte Verfassung des Kunden macht es ihm unmöglich, sofort auf sachliche Antworten einzugehen. Selbst sachlich schlüssige und überzeugende Antworten können ohne vorherige Zustimmung eskalierend wirken. Die Zustimmung des Beraters ist Ausgangspunkt für die folgenden Techniken der Einwandbeantwortung.

5. Gezielte Fragen auf Einwände

Erinnern Sie sich an die Merkformel ZIMT, die Sie unter dem Gesprächsförderer „Bedingte Zustimmung" kennengelernt haben:

Z	=	Zustimmung/Bestätigung/positive Zuwendung
I	=	Interesse ausdrücken/Information einholen
M	=	Motiv/Mängel/Meinung/Argumentation/Fakten
T	=	Transfer/Offenheit/Übergang zu weiterem Thema

Die Technik „Fragen" reduziert diese Formel häufig auf ZI. Nach der Zustimmung stellen Sie im Schritt I eine Frage an Ihren Kunden. Selbst wenn der Einwand in der Frageform vorgetragen wurde, können Sie mit einer Gegenfrage reagieren. Ohne eine vorherige Zustimmungs- oder Bestätigungsäußerung würde eine Gegenfrage eher eskalierend wirken. Mit der vorangestellten Zuwendungsform bereiten Sie Ihr „Terrain" für die Gegenfrage vor.

105 K: … die Bilanz ist doch für diesen Kredit total nebensächlich. Wir arbeiten jetzt schon über fünf Jahre zusammen. Sie kennen meine Kontobewegungen bald besser als ich selbst. Was soll denn da noch die Bilanz?

B: Ich verstehe Sie gut. Selbstverständlich kann ich Bewegungen auf Ihrem Konto ersehen. (Z) Was hindert Sie im Augenblick, Ihre Bilanz uns einzureichen? (I + Fragen)

Die Einwandbeantwortung mit Fragen bringt Ihnen mehrere Vorteile:

- Der Kunde kann seine Emotionen abbauen, indem er weiter sprechen kann,
- Sie können über die Wahl von geeigneten Fragen die Antwort des Kunden lenken – (vergleichen Sie mit dem Abschnitt: Lenkende Fragen als Gesprächssteuerer),
- Sie können Gründe für den Einwand erfahren,
- Sie können Antworten erwarten, die Ihnen die weitere Behandlung des Einwands erleichtern und
- Sie vermeiden Spekulationen und voreilige Antworten, die zu einer Eskalation führen würden.

Es eignen sich vor allem offene Fragen sowie Alternativ- und Kontrollfragen. Sie können Ihre Kunden in sehr unterschiedliche Richtungen fragen. Wichtig ist, dass Sie mit der Frage Interesse am Kunden, an dessen Einwand oder einer gemeinsamen Lösung dokumentieren. Dies erreichen Sie, wenn Sie

- nach der Vergangenheit (Was ist passiert?),
- nach Ursachen (Wie konnte es passieren?),
- nach Einzelheiten (Wie ist es passiert?) oder
- nach Lösungswegen (Wie geht es jetzt weiter?)

fragen.

Vermeiden Sie die Kombination von Zustimmung mit einem uneingeschränkten „Ja" und die Fortsetzung mit einem „…, aber: …". Auch wenn in der Vergangenheit diese Kombination immer wieder als „Ja-aber-Technik" für die Einwandbewältigung vorgeschlagen wurde, ist „aber" ein Reizwort für die Kunden.

„Ja-aber"-Äußerungen sind zwar konstruktiver als Gesprächsstörer und Schwächezeichen, doch die Techniken der bedingten Zustimmung sind wesentlich wirkungsvoller als „Ja-aber"-Antworten. Achten Sie selbst einmal auf Ihre Reaktionen, vor allem auf Ihre Gefühle, wenn Ihre Gesprächspartner die Kombination „Ja …, aber …" verwenden. – Nur klare Zustimmungen öffnen Gesprächspartner und ermöglichen die Fortsetzung eines Dialogs.

6. Konstruktive Vorschläge nach Einwänden

Diese Technik der Einwandbeantwortung durchläuft die ZIMT-Schritte. Auf die Zustimmung (Z) und den Ausdruck des Interesses (I) bringt der Berater seinem Kunden einen konstruktiven Vorschlag (M) und leitet zu weiteren Gesprächsinhalten (T) über.

106 K: Gestern stand ich mit meinen Schecks bei Ihnen vor geschlossenen Türen – und es war noch längst nicht 16 Uhr. Sie hatten wohl gerade keine Lust mehr zu arbeiten?

B: Das tut mir leid, dass Sie Ihre Schecks nicht mehr einlösen konnten. (Z+I)

K: Es war bestimmt noch keine 16 Uhr ...

B: Wenn die Zeit demnächst wieder einmal knapp sein sollte, rufen Sie mich bitte vorher an oder kommen Sie am folgenden frühen Vormittag vorbei. Ihre Schecks werden dann genauso schnell verbucht, ja? (M + konstruktiver Vorschlag)

K: Ah ja.

B: Was kann ich jetzt für Sie tun? (T)

Sie vermeiden durch die Schritte Z und I eine denkbare Ausweitung des Vorwurfes. Im Beispiel des Dialogs 106 hätte der Berater auch sofort seinen Vorschlag anbringen können. Eine eskalierende Reaktion wäre sehr wahrscheinlich:

106 K: ... Sie hatten wohl gerade keine Lust mehr zu arbeiten?

B: Wenn die Zeit demnächst wieder einmal knapp sein sollte, rufen Sie mich bitte vorher an oder ...

K: ... ich will Sie nicht anrufen, sondern in den Öffnungszeiten auch noch kurz vor 16 Uhr meine Schecks einreichen. Für Ihren superpünktlichen Arbeitsschluss habe ich jedenfalls kein Verständnis ...

Wenn Sie „konstruktive Vorschläge" als Reaktionen auf Einwände einsetzen, halten Sie sich insbesondere an die ersten beiden Schritte der ZIMT-Formel. Ihre Vorschläge werden am ehesten akzeptiert, indem Sie sie mit Vorteilen für den Kunden verbinden. Im ersten Dialog 96 besteht der Vorteil in der gleich schnellen Verbuchung der Schecks. Dieser Vorteil wird vom Kunden allerdings erst nach zustimmenden Äuße-

rungen wahrgenommen. Verbinden Sie Ihre „konstruktiven Vorschläge"
mit einer Kontrollfrage. Sie geben damit die Entscheidung über den
Vorschlag an Ihre Kunden weiter. Sie betonen Ihre partnerschaftliche
Haltung.

7. Beweise gegen Einwände

Kunden bringen wiederholt Einwände vor, die Sie sofort aufgrund Ihres
Wissens widerlegen können und wollen. Hier besteht die Gefahr, dass
spontane Antworten zu weiterer Eskalation führen, da der Kunde durch
das Widerlegen bloßgestellt wird. Und welcher Kunde wünscht sich das
schon?

Mit der Kombination aus bedingter Zustimmung und anschließendem
„Beweisen" können Sie eine Ausweitung von Auseinandersetzungen vermeiden. Sie werden nicht immer mit Ihrer ersten zustimmenden Äußerung die Basis für die folgende Argumentation legen. Mit aktivierendem
Zuhören und erneuten zustimmenden Äußerungen können Sie den Kunden für Ihren schlüssigen Beweis öffnen. Achten Sie immer darauf, dass
Ihre Kunden ihr Gesicht wahren können.

Ein Dialogbeispiel für bedingte Zustimmung mit „Beweisen":

107 K: … dann melden Sie noch alles über mich an die Schufa – und
das ohne meine Zustimmung.

B: Ja, Kreditinstitute geben Daten ihrer Kreditnehmer an die
Schufa weiter. (Z)

K: Und viele Daten, die weitergegeben werden, sind auch noch
falsch, wie ich gelesen habe.

B: Das kann in Ausnahmefällen vorkommen. (Z) Haben Sie
schon in der Vergangenheit Kredite aufgenommen? (I)

K: Nein, bisher noch nicht.

B: Schauen Sie, ich habe hier einen Kreditantrag. (M)

K: So sieht der aus?

B: Ja. Und da steht: „Über diesen Kredit werden der Schutzge-
meinschaft für allgemeine Kreditsicherung (Schufa) Daten
zur Speicherung … übermittelt". (M + Beweisen)

K: Und das muss ich unterschreiben?

B: Ja, dies ist ein Teil des Kreditvertrages. Was … (T)

Beweise haben auch einen großen Nachteil: Sticht der Beweis, dann wird der Kunde sich leicht wie ein Verlierer fühlen. Das kann nicht Ihr Ziel sein! Deshalb: Verwenden Sie den Weg Beweise gegen Einwände zurückhaltend und setzen Sie die Beweise wie faire Informationen für den Kunden ein.

8. Kompensieren des Einwandes

Die Techniken 1 bis 3 zur Einwandbeantwortung werden von der Gesprächstaktik des Beraters bestimmt, die Techniken 5 bis 7 eignen sich eher als Antwort auf stark emotional vorgetragene Einwände und die Techniken 8 bis 12 können Sie bevorzugt bei sachlichen Einwänden, die relativ ruhig vorgetragen werden, einsetzen.

Diese Techniken orientieren sich an einer zweiten Merkformel der Einwandbeantwortung, der ZWAR-Formel:

Z = Zustimmung/Bestätigung/positive Zuwendung W = Weiche/Wende/Argumentationsrichtung A = Argument/Vorteil/Nutzen R = Reaktion/Kontrollfrage/Übergang zu weiterem Thema

Wie bei der ZIMT-Formel reagieren Sie auch nach der ZWAR-Formel mit zustimmenden Äußerungen auf den Einwand. ZWAR will ebenfalls eskalierende Reaktionen vermeiden. Auf die Zustimmung folgt eine Weichenstellung durch den Berater, die die Richtung des sich anschließenden Arguments bestimmt.

Die Techniken 8 bis 12 unterscheiden sich vor allem durch die Arten der Weiche/Wende zum folgenden Argumentationsschritt. Das Argument wirkt intensiv auf den Kunden, wenn es als erlebbarer Vorteil bzw. persönlicher Nutzen empfunden wird. Der Berater kann in diesem Schritt gezielt die einzelnen Kaufmotive ansprechen. Im abschließenden vierten Schritt fragt er nach einer Reaktion auf sein Argument. Diese Kontrollfrage bildet den Übergang von der Einwandbeantwortung zu weiteren Gesprächsthemen.

Mit der Technik „Kompensieren" gleichen Sie einen Nachteil, den der Kunde mit seinem Einwand angesprochen hat, durch einen Vorteil aus. Die Formulierung der Weiche lautet „dafür". Ein Beispiel:

108 K: ... bei einem solchen Darlehen mit variablen Zinsen muss ich doch mit einer steigenden Belastung rechnen.

B: Ja, das ist schon möglich. Variable Zinssätze können auch angehoben werden. (Z) Dafür (W + Kompensieren) kann sich der Zinssatz bei sinkendem Zinsniveau auch zurückbilden. Dann sparen Sie Zinsen durch den variablen Zinssatz. (A)

K: Ah ja.

B: Kann ich Ihnen die Auswirkungen bei Ihrem Darlehensbetrag einmal durchrechnen? (R)

K: Ja, bitte.

B: ... Auf diese Chance (bei einem hohen Zinsniveau) wollen Sie doch nicht verzichten? (R)

Im Beispiel 108 gibt der Berater den Nachteil zu – das gilt generell für die Technik „Kompensieren". Durch die Änderung der Formulierung von „muss steigen" in „kann steigen" verbessert er seine Argumentationsbasis. Die Kompensation wird mit „dafür" eingeleitet; ein Wort, das dem Kunden Vorteile signalisiert. Diese werden ihm auch sofort aufgezeigt. Der Berater überprüft die Reaktion, nachdem die betragsmäßige Chance und das betragsmäßige Risiko gegenübergestellt wurden. Am Ende der Schritte von ZWAR überwiegt der Vorteil deutlich den ursprünglichen Nachteil. Der Kunde reagiert positiv; der Einwand ist entkräftet.

9. Andere Gesichtspunkte zu Einwänden anführen

Die Technik „andere Gesichtspunkte nennen" in Verbindung mit der ZWAR-Formel geht nicht näher auf die Einwände der Kunden ein. Mit einem „andererseits", „auf der anderen Seite" oder „dem steht gegenüber" wird die Weiche zu den nächsten Argumenten gestellt. Unabhängig vom Einwand erhält der Kunde zuerst Zustimmung, der Berater berücksichtigt die Gedanken seines Kunden. Anschließend argumentiert der Berater, wie zuvor beabsichtigt, weiter. Im Beispiel:

109 K: ... und für den Überziehungskredit verlangen Sie dann 14 Prozent Zinsen von mir.

B: Ja, wir berechnen zur Zeit für vereinbarte Überziehungen 14 Prozent. (Z) Andererseits (W + Andere Gesichtspunkte) zahlen Sie nur für den tatsächlich in Anspruch genommenen Beitrag Zinsen und jeder Zahlungseingang reduziert Ihren Kreditbetrag Sie brauchen sich um keine monatlichen Raten zu kümmern und können jederzeit im Dispositionsrahmen Ein- und Auszahlungen vornehmen. Außerdem können Sie auch mit Schecks, Überweisungen und Daueraufträgen über … (A) … Können wir das so machen? (R)

Die Technik „Andere Gesichtspunkte nennen" kann auch ohne W-Formulierungen im Verkaufsgespräch eingesetzt werden: Nach der zustimmenden Aussage, die den Einwand schon etwas relativiert, lässt der Berater eine kurze Pause und erläutert die weiteren Vorteile der angesprochenen Bankleistungen.

„Andere Gesichtspunkte" wirkungsvoll ansprechen, setzt Selbstsicherheit voraus. Einwände bringen den Berater nicht aus dessen Gesprächsrhythmus. Er unterbricht kurz, stimmt mit Einschränkungen, Bedingungen oder vollständig zu und fährt nach seiner ursprünglichen Konzeption fort. Seine Dynamik und Zuversicht steckt viele Kunden an – er überzeugt durch Aktion.

10. Einwände zurückgeben

Eine beachtliche Zahl von Einwänden sind im Gegensatz zu der Vorstellung des Kunden Vorteile für Bankleistungen. Sie können sie mit der ZWAR-Formel und der Technik „Zurückgeben" nutzen. Hören Sie sich jeden Einwand genau an und entnehmen Sie ein positives Element als Argument für den Kunden. W-Formulierungen wie „gerade deshalb", „gerade weil" und „gerade das" erleichtern Ihnen die Rückgabe. Im Z-Schritt werden Sie den Einwand meist etwas stärker als bei den bisherigen Techniken umformulieren.

Ein Beispiel: Der Kunde reagiert auf den Vorschlag, einen Teil seines Festgeldes in Wertpapieren anzulegen – bei sinkenden Zinsen.

110 K: … ich möchte die guten Zinsen des Festgelds weiter nutzen. Außerdem laufen festverzinsliche Wertpapiere viel zu lang Die sind für mich nicht überschaubar.

B: Ich kann Sie verstehen, wenn Sie die hohen Zinsen des Festgelds weiter nutzen wollen. (Z) Gerade deshalb (W + Zurückgeben) spreche ich Sie an. Die Zinsen beginnen allgemein zu sinken. Wenn Sie jetzt festverzinsliche Wertpapiere erwerben, sichern Sie sich den hohen Zins für mehrere Jahre. Die Festgeldzinsen werden sich in absehbarer Zeit ... (A)

... Wollen wir uns einmal gemeinsam einige günstige Wertpapiere anschauen? (R)

Der Schritt A besteht aus einem logischen Schluss, der an den positiven Teil des Einwands anknüpft. Die negativen Teile des Einwands treten zurück. Am Beispiel der konkreten Bankleistung können sie später ausgeräumt werden. Die Technik „Zurückgeben" ist besonders wirkungsvoll, weil Ihre Argumente Bestandteil des Einwands sind. Der Kunde gibt sowohl den Einwand als auch den Rahmen der Einwandbeantwortung vor.

11. Erlebnisse und Referenzen anführen

Die Technik „Erlebnisse/Referenzen anführen" eignet sich in erster Linie als Entscheidungshilfe für den Kunden. Sie erinnern sich bestimmt an die Unterteilung der Einwände in Vorwände, sachliche und unsachliche Einwände. Bei einem Vorwand bringt der Kunde eine Ausrede für sein tatsächliches Hemmnis. Dazu zwei Beispiele:

111 K sagt: Da kann ich mich nicht so schnell entscheiden.

K denkt: Ich kann mich nicht für X entscheiden. Irgend etwas ist daran nicht in Ordnung. Wenn ich frage, dann meint der Berater bestimmt, dass ich keine Ahnung von Bankgeschäften habe ...

112 K sagt: Eigentlich brauche ich die Kreditkarte überhaupt nicht

K denkt: Bei einer Jahresgebühr von X Euro lohnt sich die Kreditkarte für mich nicht; das braucht der Berater aber nicht zu wissen.

Mit der Technik „Erlebnisse/Referenzen anführen" bieten Sie Ihren Kunden eine Plattform an, die Gedanken zu äußern, die bei Vorwänden zurückgehalten werden. Der Kunde soll sich mit den Personen in den geschilderten Erlebnissen bzw. den Referenzgebern identifizieren. Mit der Identifikation wird die Entscheidung des Kunden beschleunigt – meist mit positivem Ergebnis. Negative Entscheidungen der Kunden resultieren vor allem aus ungeeigneten Referenzen und Erlebnissen. Das Bankgeheimnis engt Sie insbesondere in der Namensnennung der angesprochenen Personen ein. Doch Erlebnisse und Referenzen lassen sich auch ohne Namen der Beteiligten anführen.

Ein Beispiel: Der Berater hat die neue Multifunktionskarte seines Kreditinstituts angeboten.

113 K: ... da haben Sie sich aber wieder mal eine modische Spielerei einfallen lassen.

B: Ich kann verstehen, dass Sie eine solche Multifunktionskarte als Spielerei ansehen. (Z) Das habe ich auch gedacht, als die Karte vor einigen Monaten neu eingeführt wurde. (Z) Dann habe ich die Multifunktionskarte doch einmal getestet. Es ist schon angenehm, rund um die Uhr und auch am Wochenende an Bargeld zu kommen. (W + Erlebnis anführen + A) Zum Beispiel, wenn es kurz entschlossen zu einem Wochenendausflug gehen soll ... (A)
... Wollen Sie sich nicht auch für einen Test der Multifunktionskarte entscheiden? (R) oder

B: Ich kann verstehen, dass Sie eine solche Karte als Spielerei ansehen. (Z)   Das haben viele Kunden bei der Einführung der Karte zu mir gesagt. (Z) Dann haben sie sich doch für die Karte entschieden – und alle, die ich bisher gesprochen habe, sind sehr zufrieden damit. Sie schätzen besonders ... (W + Referenzen anführen + A)
... Wollen Sie sich nicht auch für einen Test der Multifunktionskarte entscheiden? (R)

Mit der Wahl der Referenz- und Erlebnispersonen bestimmen Sie den Erfolg dieser Technik der Einwandbeantwortung. Sie können jeweils ohne Namensnennung

- bestimmte Kunden,
- eine Vielzahl von Kunden und
- einen bestimmten Kundenkreis, dem sich der Kunde zugehörig fühlt
- sowie sich selbst

anführen. Achten Sie darauf, dass die Referenz- und Erlebnispersonen aus der Sphäre des Kunden kommen, dass sie für ihn nicht eine „Nummer" bedeuten oder zu gering sind.

Meiden Sie sehr konkrete Referenzen und detaillierte Erlebnisse. Ihr Kunde könnte sehr neugierig werden und nach weiteren Fakten und Namen fragen. Und Sie können aus Diskretionsgründen nicht konkreter werden.

12. Einwände in Wünsche transformieren

Mit der Technik „Transformieren" schließen wir die Formen der bedingten Zustimmung ab. Sie richtet sich weder exakt nach der ZIMT- noch nach der ZWAR-Formel.

Der Einwand wird vom Berater in einen Wunsch umgewandelt – transformiert. Dieser Wunsch ist erfüllbar oder weist den Weg zu einer gemeinsamen Lösung. Gefährlich wird es für den Berater, wenn der Wunsch nicht erfüllbar ist oder der Einwand so stark umformuliert wird, dass der Kunde die Transformation nicht akzeptiert.

114 K: ... bei diesen hohen Zinsen muss ich ja enorme Kapitalerträge versteuern.

B: Wenn ich Sie richtig verstanden habe, möchten Sie möglichst wenig Steuern auf Ihre Kapitalerträge zahlen, ja? (Transformieren + R)

K: Ja, das ist richtig. Aber lohnen soll es sich doch.

B: Das ist möglich. (Z) Sie erwerben festverzinsliche Wertpapiere zu einem niedrigen Nominalzins sowie einem Kaufkurs unter dem Nominalwert. Sie erzielen dabei neben den Zinsen beachtliche Kursgewinne, die Sie nicht versteuern müssen. (A) ... Entspricht das Ihren Vorstellungen? (R)

13. Selbstbehauptung auf Einwände zeigen

Mit dem Einsatz der vorangegangenen Techniken der bedingten Zustimmung bringen Sie jeweils großes Verständnis für das Verhalten Ihrer Kunden auf. Selbst bei aggressiven, provozierenden und stark emotionsgeprägten Äußerungen unfairer Art reagieren Sie fair mit zustimmenden Antworten. Sie vermeiden mögliche Eskalationen von Ihrer Seite. In wenigen extremen Gesprächssituationen führt das verständnisvolle Reagieren nicht zu dem gewünschten Argumentationserfolg. Der Gesprächspartner versteht die Zustimmung als Zeichen der Schwäche des Beraters und führt Eskalationen von seiner Seite herbei.

Gespräche finden auf zwei Ebenen statt: Auf der Inhaltsebene mit emotionsfreien Einwänden und Argumenten, mit Zahlen, Daten und zweifelsfreien Fakten sowie auf der Beziehungsebene mit Gefühlen wie emotionsgeladene Einwände, Zuneigung und Ablehnung, Bewunderung und Widerwille, Begeisterung und Verachtung. Die Inhaltsebene wird von der Logik geprägt, die Beziehungsebene von Gefühlen.

Unfaire Angriffe werden auf der Beziehungsebene vorgetragen. Der Kunde drückt dem Berater aus: „Sie sind nicht o. k." (vergleichen Sie noch einmal den Abschnitt „3.6 Zuwendung durch Kommunikation"). Seiner eigenen Person ordnet er „Ich bin o. k." zu. Akzeptiert der Berater diese Über-Unter-Ordnung, gibt er Schwächezeichen und damit das Signal weiterer Eskalation. Reagiert er auf den abwertenden Angriff mit harter Gegenwehr, besteht die Gefahr, dass der angreifende Kunde unterliegt – die Geschäftsverbindung kann daran zerbrechen.

Die konstruktive Reaktion des Beraters verdeutlicht dem Kunden, dass sowohl Kunde und Berater „o. k." sind. Das setzt hohes Einfühlungsvermögen des Beraters in die Situation des Kunden voraus. Dem Kampfangebot kann er entgehen, wenn er Selbstbehauptung zeigt: Mit seiner Reaktion drückt er aus: „Ihr Angriff ist für mich ohne Bedeutung". Da längere Antworten eher den Eindruck des Schwächezeichens „Rechtfertigung" erwecken, fallen Antworten der Selbstbehauptung kurz und prägnant aus. Nach der Antwort setzt der Berater das Gespräch auf der weniger konfliktträchtigen Inhaltsebene fort.

115 K: ... und gerade Sie wollen mir bei meinem Gehalt noch eine Kreditversicherung aufschwatzen. Sie könnten mein Buchhalter sein; der ist genauso kleinkariert wie Sie.

B: Herr Kunde, wenn Sie Personen, die vorteilhafte Bankleistungen nutzen, als kleinkariert bezeichnen, bin ich es gerne. Entscheiden Sie über die Kreditversicherung. Sie bringt Ihnen ...

116 K: ... ich wollte mit einem Kreditsachbearbeiter und nicht mit einer Sekretärin verhandeln. Wo wollen Sie denn Erfahrung in diesem komplizierten Geschäft erworben haben?

B: Ich habe mehrere Jahre erfolgreich im Industriekreditgeschäft bei der X- und der Y-Bank gearbeitet. Ich bin sicher, dass ich Sie umfassend beraten kann.

K: In Ihrem Alter gehören Sie an den Herd und zur Familie. Das Kreditgeschäft ist immer noch Männersache.

B: Wollen Sie auf Informationen über günstige Finanzierungsvarianten verzichten, nur weil der Berater zufällig kein Mann ist? … Welche Bedingungen soll die Finanzierung erfüllen?

117 K: … der Mitarbeiter bei meiner anderen Bank ist bei solchen Nebensächlichkeiten wie der Schätzgebühr immer großzügiger als Sie. Ihnen fehlen wohl noch der Überblick und auch die Kompetenzen?

B: Mhm, Herr Kunde, da sehen Sie, dass bei uns das Gesamtangebot und bei anderen dagegen die Nebensächlichkeiten stimmen. Möchten Sie den Kredit …

Sie spüren bei den Antworten in den Dialogen 115–117, dass überzeugende Formulierungen nach der Technik „Selbstbehauptung zeigen" im Unterton einen kleinen Angriff auf den Kunden enthalten können. Dem Kunden wird durch die deutlichen Reaktionen schnell klar, dass er Grenzen gegenüber dem Bankmitarbeiter überschritten hat. Verwenden Sie diese Technik erst

● wenn es mit den Techniken 1 bis 12 keinen Weg gibt und

● höchstens als Vorwarnung im Sinne: Ich kann auch gefährlich Ihnen gegenüber werden.

Vermeiden Sie längere Diskussionen mit Kunden aufgrund Ihrer Selbstbehauptung. Dies erreichen Sie mit dem umgehenden Übergang von der Beziehungs- auf die Inhaltsebene.

5.4.3 Preiseinwände

Für die weit überwiegende Zahl von Bankleistungen hat der Kunde einen Preis zu zahlen. Die unterschiedlichen Preise werden bei unterschiedlichen Berechnungsmethoden mit Zinsen, Gebühren, Provisionen, Konditionen und anderen Begriffen bezeichnet. In unserem Zusammenhang begnügen wir uns mit dem Sammelbegriff Preis. Alternativ verwenden wir Kondition mit dem gleichen begrifflichen Inhalt.

So wie es Ihnen von vornherein bekannt ist, ist es auch Ihren Kunden bekannt, dass die meisten Bankleistungen etwas kosten. In Verkaufsgesprächen muss deshalb auch über die Preise gesprochen werden. Der Gesprächsteil mit den Preisverhandlungen ist ein besonders kritischer Abschnitt. Aus der systematisch aufgebauten und gepflegten Geschäftspartnerschaft droht eine Gegnerschaft zu werden. Sie bauen Preiseinwänden vor, indem Sie

- den Preis einer Bankleistung erst dann ansprechen, wenn Sie deutliche Zeichen des Interesses beim Kunden beobachtet haben,
- den Preis nicht allein in den Raum stellen, sondern eng mit den Vorteilen der Bankleistung verbinden und
- den Preis möglichst in übliche und kleine Zahlenangaben fassen.

Bei einer Konditionenangabe von „12 Promille" als Provision für die Bank empfindet der Kunde den Preis höher als bei „1,2 Prozent". Preise mit kleinen Zahlen lassen sich schneller „verkaufen".

Auf frühzeitige Fragen nach dem Preis einer Bankleistung können Sie mit unserer Technik 2 „Zurückstellen" antworten:

118 K: Was kostet bei Ihnen zur Zeit eine Hypothek?
B: Ich komme gleich auf Ihre Frage nach den Kosten zurück. Kann ich erst einige Angaben von Ihnen über ... erhalten?

Technik 3 „Überhören" ist einmal in einem Verkaufsgespräch für Sie einsetzbar. Bei wiederholten Fragen nach dem Preis sollten Sie andere aufschiebende Reaktionen zeigen oder wenn vertretbar, den Preis nennen. Mit Gegenfragen können Sie die Frage nach dem Preis einige Momente zurücklegen:

119 K: Was kostet bei Ihnen zur Zeit eine Hypothek?
B: Um Ihnen ein maßgeschneidertes Angebot zu unterbreiten, benötige ich von Ihnen einige Angaben: Was möchten Sie mit der Hypothek finanzieren? Wie ...?

Preiseinwände lassen sich auf die Kundenaussagen „... ist zu teuer" und „... der Zins ist zu niedrig" reduzieren. Sie verbessern Ihre Verhandlungsposition, wenn Sie nach einer zustimmenden Äußerung die Technik 4 „Fragen" einsetzen:

120 B: Mhm, Frau Kunde, gut, dass Sie das so offen sagen. (Z)
Womit vergleichen Sie? (I + Fragen)
Oder: Woran orientieren Sie sich?
Oder: Was ist Ihr Vergleichsmaßstab, wenn Sie sagen ‚zu teuer'?

Auf die lenkende Frage wird der Kunde sehr unterschiedliche Antworten geben können. Er kann zum Beispiel

1. mit „anderen Kreditinstituten",
2. mit „anderem Angebot/Produkt",
3. mit „anderem Betrag",
4. mit „anderem Zeitpunkt",
5. mit „den viel höheren Kreditzinsen",
6. mit „der Inflationsrate",
7. mit „seinen persönlichen Vorstellungen",
8. mit „Medien" (Presse, Radio, Fernsehen),
9. mit „Äußerungen anderer Personen" (Bekannte, Freunde, Geschäftspartner Nachbarn, Arbeitskollegen) oder
10. mit „Zinsen in einem anderen Land"

vergleichen. Jede Antwort gibt dem Berater wichtige Hinweise, auf die er seine anschließende Argumentation aufbauen kann. Am erfolgverspre- chendsten sind gezielte Fragen. Hier einige Beispiele zu den aufgeführ- ten Kundenantworten:

121 B: 1. ● Unter welchen Bedingungen gilt dieses andere Ange- bot?
- ● Kann es sein, dass das vorliegende andere Angebot eine (kurzfristige) Einstiegskondition ist?
- ● Ich kann es mir im Moment nicht vorstellen. Gilt der Zinssatz für den Betrag von Euro …? (oder) Gilt der Zinssatz für die gesamte Laufzeit bis …?
- ● Welche Einzelheiten hat Ihnen der Kollege von dem anderen Institut genannt?
2. ● Was ist Ihnen angenehmer: Die kürzere Laufzeit und der geringere Zins oder die längere Laufzeit mit dem entsprechend höheren Zinssatz?
- ● Sie stellen sich vor, dass …? Dann empfehle ich Ih- nen …
- ● Welchen Zinssatz haben Sie sich vorgestellt? Das kann ich Ihnen mit … auch bieten.
3. ● Gilt das auch für einen niedrigeren (höheren) Anlage-/ Kreditbetrag?

- Bei einem Betrag von Euro ... kann ich Ihnen auch ... % bieten.
4. - Kann es sein, dass dieses Angebot Ihnen schon vor einigen Wochen gemacht wurde?
   - Kann es sein, dass diese Kreditkondition schon vor einigen Monaten vereinbart wurde?
5. - Welchen Kredit-/Sparzinssatz meinen Sie? (Sachliche Darstellung der Zinsspanne mit Hinweis auf Handelsspannen)
   - Sind Sie bereit ...? Dann können Sie auch wesentlich höhere Sparzinsen erhalten.
6. - Sie wünschen auf alle Fälle eine höhere Verzinsung als die aktuelle Inflationsrate? Dann schlage ich Ihnen ... vor.
   - Sie wollen eine Nettorendite erzielen. Ist das richtig? Dann rate ich Ihnen zu ...
7. - Was haben Sie sich im einzelnen vorgestellt?
   - Was hat Sie zu Ihren jetzigen Vorstellungen geführt?
8. - Wo haben Sie es gelesen/gehört?
   - Wann war das?
   - Für welchen Betrag? (Laufzeit, Bedingungen, usw.)
   - War das auch Ihre persönliche Situation?
9. - Bauen Sie Ihren Kunden „goldene Brücken", da Äußerungen von Freunden, Bekannten, Arbeitskollegen und Nachbarn oft „geschönt" sind:
   - Kann es sein, dass es sich um ... gehandelt hat? (anderer Betrag, Zeitraum, anderes Angebot, andere Absicherung, usw.)
   - Ist es möglich, dass ...?
10. - Möchten Sie diese Leistungen auch nutzen? Ich zeige Ihnen ...
   - Ich kann Ihnen gerne ... (Auslandsanleihen) erläutern. Haben Sie den Mindestbetrag von ... zur Verfügung?
   - Sind Sie sich des Wechselkursrisikos bewusst?

Mit der Abbildung 14 haben Sie im vorangegangenen Abschnitt am Beispiel des Hypothekarkredits bereits ein überzeugendes Hilfsmittel für Ihre Preisargumentation kennengelernt. Nach Antworten auf Ihre Frage „Womit vergleichen Sie?" können Sie die einzelnen Techniken der Einwandbeantwortung auch für Ihre Reaktionen auf Preiseinwände verwenden.

Lassen Sie in Zweifelsfällen den Kunden Preis und Leistung mit ihren Vorteilen abwägen. Nicht der isolierte Preis kann für den Kunden zu hoch sein, sondern der Preis im Vergleich zu einem anderen Kriterium. Ändern Sie die Kondition (= Preis) nur dann, wenn Sie auch ein Element der Leistung abändern. Nachgeben, ohne eine Gegenleistung zu fordern, führt nur zu weiterem Handeln des Kunden bei künftigen Gesprächen. Kommen Sie mit der reinen Preisargumentation nicht zum Ziel, dann können Sie noch durch allgemeine Argumentation (= allgemeine Vorteile Ihres Kreditinstitutes) den Preisnachteil ausgleichen.

Bei ungünstigen Argumentationssituationen (ein Angebot eines Wettbewerbers ist objektiv günstiger!) lohnen sich noch zwei Argumente:

1. Bitte beachten Sie: Wenn ein Anbieter besonders billig ist, dann muss er Nachteile ausgleichen. So bieten wir Ihnen gegenüber einer Direktbank die räumliche Nähe, einen persönlichen Berater und individuelle Beratung in allen Geldangelegenheiten …
2. Bitte bedenken Sie: Wenn Sie jedesmal das günstigste Angebot nutzen, müssen Sie über kurz oder lang mit fünf, sieben oder gar zehn Kreditinstituten zusammenarbeiten. Da werden Bankgeschäfte schnell unübersichtlich und sehr kompliziert.

5.5 Reklamationen

Der Volksmund sagt, dass bei Geldangelegenheiten die Freundschaft aufhört – dies besonders, wenn Kunden Vertrauen in die Leistungsfähigkeit von Kreditinstituten und deren Mitarbeitern setzen und zu ihrer Überraschung Grund zu Reklamationen sehen. Fehler und Unzulänglichkeiten, die mit der Beratungsleistung oder bei der Leistungserstellung anfallen, werden sehr schnell aufgegriffen. Der Berater wird mit einer Reklamation konfrontiert.

5.5.1 Ziele der Reklamationsbearbeitung

Die Begriffe Beschwerde und Reklamation sind deckungsgleich; Reklamation ist das Fremdwort für Beschwerde. Beanstandung ist eine leichte Beschwerde. Einwände und Beschwerden bezeichnen unterschiedliche Sachverhalte:

- Der Einwand ist ein Hemmnis vor einem Geschäftsabschluss, zum Beispiel ist der Kunde von einer Bankleistung (noch) nicht genügend überzeugt und
- die Beschwerde ist eine Verhaltensweise nach einer Beratung oder der Nutzung einer Bankleistung, bei der der Kunde über einen Beratungs- oder Bearbeitungsfehler des Kreditinstituts Klage führt.

Als Berater verbinden Sie mit einer erfolgreichen Reklamationserledigung folgende Absichten:

- Sie wollen Ihren Kunden behalten,
- Sie wollen, dass Ihr Kunde weiter positiv von Ihnen spricht,
- Sie wollen, dass Ihr Kunde weiter positiv von Ihrem Kreditinstitut spricht,
- Sie wollen, dass Ihr Kunde ein Multiplikator bleibt oder wird,
- Sie wollen Aufwand und Ertrag der Reklamationserledigung in ein sinnvolles Verhältnis bringen,
- Sie wollen aus eigenen Fehlern, die zu Reklamationen führen, lernen und
- Sie wollen, dass Fehler und Unzulänglichkeiten von Kollegen künftig vermieden werden.

Das Verhalten Ihrer Kunden bei Reklamationen spiegelt die Bandbreite der unterschiedlichen Kundencharaktere wider: Einige Kunden tragen ihre Beschwerde unsicher und schüchtern vor, andere sachlich und ruhig, die nächsten kühl und kalkulierend, wiederum andere aggressiv und bestimmend.

Wenn Sie Ihre Absichten mit der Reklamationserledigung realisieren wollen, muss Ihr Verhalten dem Kunden Zeichen der Höflichkeit und Freundlichkeit senden: Unsichere und schüchterne Kunden werden sicherer, sachliche und ruhige Kunden werden offener, kühle und kalkulierende Kunden freundlicher, aggressive und bestimmende Kunden werden zurückhaltender.

Aus der Sicht des Kunden ist jede Reklamation berechtigt. Häufig kennt er nicht alle Zusammenhänge und trägt seine Klage voller innerer Überzeugung vor. Aus Ihrer Sicht können Reklamationen berechtigt oder unberechtigt sein. Einige werden auch „teilweise" oder „mehr oder weniger berechtigt" sein. Den Grad der Berechtigung kennen Sie selten schon zu Beginn der Reklamation. Im Regelfall ergibt er sich im Laufe Ihrer Reaktion auf die Reklamation.

5.5.2 Erledigung von Reklamationen

1. Schritt: Verständnis für die Reklamation aufbringen

Der Kunde ist meist aufgebracht; die anstehende Beschwerde bewegt ihn. Reagieren Sie mit Gesprächsförderern und Gesprächssteuerern. Achten Sie besonders auf den Gesprächsförderer 1 „Kunde(nwunsch) geht vor". Sie zeigen Ihrem Kunden, dass Sie die Reklamation so ernst nehmen, wie er sie auch nimmt. Mit dem Satzbeginn „Ich verstehe ..." drücken Sie Ihr Verständnis aus.

Bitten Sie Ihren Kunden bei umfangreicheren Beschwerden an einen ungestörten Platz, vor allem wenn andere Kunden mithören können. Sehen Sie sich um – Sie finden bestimmt einen geeigneten Platz. Unter „vier Augen" spricht es sich leichter; der Ablauf an den anderen Beratungs- und Serviceplätzen wird nicht gestört; Kunden hören weniger über Fehler Ihrer Bank bei anderen Kunden und Ihr Kunde trägt wahrscheinlich seine Reklamation in gemäßigterer Form vor.

Sprechen Sie nicht von „Beanstandungen", „beanstanden", „Reklamation", „reklamieren", „Beschwerde" und „beschweren". Sie würden Ihren Kunden mit diesen Begriffen bestärken, die Reklamation würde härter vorgetragen. Ersetzen Sie die genannten Begriffe durch Umschreibungen:

122 B: Statt: Die Beschwerde können wir in aller Ruhe im Besprechungszimmer erörtern.
Besser: Ihre Frage können wir ungestört im ...
Statt: Wie bringen wir die Reklamation aus der Welt?
Besser: Wie kann ich Ihnen helfen?

Ziehen Sie sehr früh eine Führungskraft oder einen kompetenten Kollegen hinzu. Das stärkt Ihre Position gegenüber dem Kunden. Der Kunde wird weniger aggressiv und emotional sprechen. Das Hinzuziehen eines zweiten Bankmitarbeiters zu einem späteren Zeitpunkt stärkt dagegen die Position des Kunden.

2. Schritt: Aktivierend Zuhören und Notizen anfertigen

Mit dem Gesprächssteuerer 1 „Aktivierendes Zuhören" bieten Sie Ihrem Kunden eine Plattform, seinen Ärger abzuleiten. Unterbrechen Sie die Ausführungen nicht; schreiben Sie mit. Selbst wenn die sachliche Seite einfach und klar ist, erreichen Sie zweierlei:

- Sie verdeutlichen Ihrem Kunden, für wie wichtig Sie seine Beschwerde ansehen und
- Ihr Kunde verzichtet eher auf Übertreibungen, da sie sofort zu Protokoll genommen werden würden.

Lassen Sie ausreichend Zeit für die Darstellung der Beschwerde. Vielleicht können Sie währenddessen Unterlagen, die mit der Beschwerde eng verbunden sind, ergreifen und aufschlagen. Ihre Körpersprache unterstützt Ihr aktivierendes Zuhören – Sie zeigen Interesse und Offenheit.

3. Schritt: Zusammenfassen

Der Gesprächsförderer 4 „Zusammenfassen" leitet die Erledigung der Reklamation ein. Langwierige, doppeldeutige und ungenaue Äußerungen, die zudem oft sehr erregt gesprochen werden, könnten zu Missverständnissen führen. Das Zusammenfassen verdeutlicht dem Kunden, was der Berater verstanden hat und für wichtig hält. Nicht wie der Kunde die Reklamation vorträgt, geht in die Zusammenfassung ein, sondern was der Kunde ausführt. Für den Berater bringt das Zusammenfassen eine Zeitersparnis.

Stimmen Sie den Inhalt Ihrer Zusammenfassung mit Ihrem Kunden ab. Kontrollfragen eignen sich besonders gut:

123 B: • Habe ich das so richtig verstanden?
- Ist das der Kern Ihrer Aussage?
- Habe ich den Sachverhalt vollständig erfasst?

Vergessen Sie nicht die Namensnennung des Kunden. Sie ist bei allen angespannten Gesprächssituationen noch wichtiger als sonst.

Am Ende des 3. Schrittes können Sie feststellen, ob die Reklamation berechtigt oder unberechtigt ist. Für die nächsten Schritte unterstellen wir jeweils eine berechtigte Reklamation. Bei Beanstandungen mit Fragecharakter entfällt dieser 3. Schritt. Zum Beispiel bei der Kundenaussage: „Mir fehlt die Festgeldabrechnung des letzten Monats. Wo ist die geblieben?"

4. Schritt: Entschuldigen und Bedanken

Bei berechtigten – und auch nur teilweise berechtigten – Beschwerden entschuldigen Sie sich für die Fehler, die Ihr Kreditinstitut gemacht hat.

Entschuldigen Sie sich bei Ihren Kunden ohne „wenn und aber", ohne Einschränkungen und Bedingungen. Richten Sie sich dabei möglichst nach der Formulierung „Herr/Frau Kunde, ich entschuldige mich bei Ihnen für ..." Entschuldigen Sie sich auch dann in der Ich-Formulierung, wenn der Fehler bei Ihren Kollegen lag. Der Kunde sieht Ihr Kreditinstitut als Gesamtheit. Da er gerade mit Ihnen spricht, erwartet er auch von Ihnen die Entschuldigung, stellvertretend für das Institut.

Entschuldigungen, die

- für andere Personen getroffen werden – „Das ist meinem Kollegen unterlaufen. Ich entschuldige mich für ihn." –,
- für die Bank getroffen werden – „Unser Haus entschuldigt sich bei Ihnen vielmals." –,
- mit Einschränkungen verbunden werden – „Für den Teil des Fehlers entschuldige ich mich." – und
- mit Bedingungen verknüpft werden – „Wenn Sie mit der Lösung einverstanden sind, entschuldige ich mich bei Ihnen." –

sind keine günstigen Voraussetzungen für das weitere Gespräch. Wahrscheinlich eskaliert dieses Gespräch sehr schnell nach solchen „Entschuldigungen".

Nach einer „echten" Entschuldigung bedanken Sie sich für die Informationen des Kunden. Er gibt Ihnen mit seiner Reklamation eine Chance, den Fehler auszubessern. Das sollte Ihnen schon einen Dank wert sein. Der Kunde könnte auch die Informationen zurückhalten, bei höherer Stelle vortragen, einen Beschwerdebrief schreiben, sich in seinem Freundes- und Bekanntenkreis über den Fehler auslassen oder sich an die nächste Bank wenden und die Zusammenarbeit mit Ihrem Haus beenden.

Der Dank kann sich auf die Informationen, auf die Mitarbeit oder Mithilfe, auf die Schnelligkeit und das Verständnis des Kunden sowie auf die Tatsache, dass er gerade zu Ihnen kommt, beziehen.

5. Schritt: Reklamation bereinigen

Nach der Entschuldigung und dem Dank erwartet der Kunde die Korrektur des Fehlers. Bereinigen Sie die Reklamation in Anwesenheit des Kunden. Ist dies nicht möglich, leiten Sie die ersten Schritte ein und erläutern Sie Ihr weiteres Vorgehen. Die sofortige Erledigung erspart spätere Bearbeitungszeiten und gibt dem Kunden Sicherheit, dass der Fehler behoben wird.

Vermeiden Sie möglichst Schriftstücke und Briefwechsel zu mündlich vorgetragenen Beschwerden. Die Beschwerde würde weit länger nachwirken, als es nötig ist. Zeigen Sie besonders in Zweifelsfällen Kulanz. Mit Großzügigkeit werben Sie nachhaltig für Ihr Kreditinstitut. Die Beschwerde wirkt positiv nach.

6. Schritt: Vereinbarung und Fehlerursache abstellen

Sie haben im 5. Schritt die Reklamation abgestellt. In diesem Schritt sichern Sie sich gegen weitere Reklamationen des gleichen Kunden ab. Befragen Sie Ihren Kunden nach Ihrem Erledigungsvorschlag. Holen Sie seine Zustimmung zu Ihrer Verfahrensweise ein:

124 B: • Können wir das so vereinbaren?
- Sind Sie mit dieser Lösung einverstanden?
- Sind Sie damit zufrieden?
- Ist jetzt wieder alles in Ordnung?

Mit einer positiven Antwort haben Sie die Zustimmung des Kunden zur Erledigungsvereinbarung. Jetzt sorgen Sie noch bankintern für das Abstellen der Fehlerursache. Nichts wäre peinlicher für die gerettete Beziehung zu Ihren Kunden als wiederholte Reklamationen der gleichen Kunden aufgrund gleicher Fehlerquellen.

Die sechs Schritte gelten für berechtigte Reklamationen. Im 3. Schritt stellen Sie fest, ob der Kunde berechtigt oder unberechtigt bei Ihnen reklamiert. Bei unberechtigten Reklamationen entfällt die Entschuldigung des 4. Schritts; der Dank erfolgt auch bei diesen Reklamationen:

- Vielen Dank, dass Sie gleich zu mir gekommen sind.
- Vielen Dank, dass Sie mit mir darüber gesprochen haben.

Anschließend gehen Sie zum 6. Schritt weiter und treffen eine Vereinbarung mit Ihrem Kunden. Mit dem Einsatz der Gesprächsförderer und -steuerer sowie den Techniken der Einwandbehandlung legen Sie gemeinsam die weitere Vorgehensweise fest.

Ein Beispiel für die Erledigung einer Reklamation:

125 K: Guten Tag, ich möchte mich beschweren. Es geht um mein Festgeld. Erst wollte Ihr Kollege von der Hauptstelle mir keine Sonderkondition gewähren, dann hat er sie doch zugesagt und jetzt bekomme ich die Abrechnung mit der Normalkondition. Das geht doch zu weit!

B: Ich kann Sie verstehen, Herr ...

K: Schulze ist mein Name, Klaus Schulze.

B: Herr Schulze, über Ihr Festgeld sollten wir in Ruhe sprechen. Kommen Sie bitte mit in unser Besprechungszimmer. Da können wir ungestört alles klären.

K: Ja, danke.

(Im Besprechungszimmer)

B: Bitte nehmen Sie Platz. – Was haben Sie im einzelnen mit meinem Kollegen vereinbart?

K: Tja, das war so: Ich hab' da ein Festgeld von 40.000 Euro ...

B: ... darf ich mir das gerade notieren, Herr Schulze?

K: Ja, bitte. Und dieses Festgeld habe ich telefonisch um 3 Monate verlängert. Erst wollte ich nur um einen Monat verlängern ...

B: ... mhm ...

K: ... doch da hat mir Herr Müller, Ihr Kollege, nur die Normalkondition von 7,5 Prozent gegeben.

B: Siebeneinhalb Prozent?

K: Ja, und da haben wir uns auf 8 Prozent und 3 Monate geeinigt.Und jetzt erhalte ich mit der Post diese Abrechnung: 7,5 %! Sehen Sie selbst!

B: Ja, das stimmt. Hier steht 7,5 % und 30 Tage Laufzeit.

K: Was? 30 Tage? – Ich wollte doch 3 Monate.

B: Herr Schulze, habe ich Sie richtig verstanden, dass Sie mit 8 % Zinsen für 3 Monate verlängern möchten?

K: Ja, so ist es richtig.

B: Einen Moment bitte, ich kläre das für Sie ab. Ich bin gleich wieder zurück, ja?

K: Bitte.

(Berater verlässt für zwei Minuten das Besprechungszimmer)

B: Herr Schulze, das geht so, wie Sie gesagt haben, in Ordnung. Lassen Sie bitte die alte Abrechnung bei mir. Sie erhalten in den nächsten Tagen Ihre neue Abrechnung mit 8 % Zinsen und 3 Monaten Laufzeit. Herr Schulze, ich entschuldige mich bei Ihnen für das Versehen.

K: Na, das ging ja schneller als erwartet.

B: Und vielen Dank, dass Sie gleich zu mir gekommen sind. Sie erhalten ab dem 1. Tag der Verlängerung die höheren Zinsen. Sind Sie mit dieser Lösung zufrieden?

K: Ja, das hatte ich mit Ihrem Kollegen auch so vereinbart.

B: Schön. Was kann ich weiter für Sie tun? ...

Telefonische Reklamationen können Sie nach den gleichen sechs Schritten erledigen. Wenn Sie in der Eile am Telefon die Einordnung der Reklamation in berechtigt oder unberechtigt nicht treffen können, bieten Sie Ihrem Kunden einen Rückruf an. Sie können dann intern, ohne durch den laufenden Telefongebührenzähler und den am anderen Hörer wartenden Kunden zur Hetze gedrängt zu werden, die Reklamation in aller Ruhe überprüfen.

Ist die Reklamation nach einer halben Stunde noch nicht aufgeklärt, geben Sie Ihrem Kunden eine telefonische Zwischennachricht. Er soll spüren, dass Sie sich um seine Beschwerde kümmern. Denken Sie immer daran, dass er mit Hochspannung auf das Ergebnis wartet. Geben Sie nur schriftliche Antworten, wenn der Kunde es ausdrücklich wünscht. Im Normalfall genügen der telefonische Kontakt und eine Vereinbarung zur Erledigung der Reklamation mit Ihrem Kunden am Telefon.

Bei brieflichen Reklamationen greifen Sie am besten auch zum Telefon. Sie können sofort Rückfragen stellen, der Kunde kann weitere Fragen an Sie richten, es geht schneller und ist kostengünstiger als schriftliche Vorgänge.

Schriftliche Beschwerden, die an leitende Stellen Ihres Hauses gerichtet werden (Vorstand, Geschäftsführung), sollten von diesen Stellen beantwortet werden. Der Beschwerdebrief duldet keine langen Beantwortungszeiten – der Postweg ist für den Kunden schon ein sehr langer Wartezeitraum. Zwischennachrichten können die endgültige Antwort für wenige Tage ersetzen. Hier gilt: Bedanken, die Unannehmlichkeiten bedauern und um Geduld bitten, bis der Sachverhalt geklärt ist.

Wenn nach der Reklamationserledigung weder Ihr Kunde noch Sie sich als Gewinner oder Verlierer fühlen, werden Sie die zu Beginn des Abschnitts „Reklamationen" aufgeführten Ziele erreicht haben. Die Reklamation ist für beide Gesprächspartner zufriedenstellend gemeistert.

5.6 Der Nein-Verkauf

In der weit überwiegenden Zahl Ihrer Verkaufsgespräche ist es das wichtigste Gesprächsziel, Bankleistungen oder Leistungen der Kooperationspartner Ihrer Bank zu verkaufen. Im Gegensatz dazu werden vor allem in Kreditgesprächen und nach der Prüfung von Kreditanträgen ablehnende Entscheidungen getroffen. Sie, als der Berater oder die Entscheidungsgremien Ihres Hauses, verzichten auf einen Geschäftsabschluss. Die Ablehnung, das Nein „verkaufen", wird zu einer Aufgabe, die Fingerspitzengefühl verlangt.

Schroffe und direkte Ablehnungen von Kundenanträgen ohne kundenorientierte Verhaltenselemente des Beraters können eine Reihe unangenehmer Folgen auslösen:

● Der Kunde ist verärgert,
● der Kunde trägt Verärgerung in seinen Bekanntenkreis weiter,
● der Kunde sucht nach realisierbaren Alternativen zu seinem ursprünglichen Wunsch,
● der Kunde beendet seine Zusammenarbeit mit der Bank,
● der Kunde verzichtet auf andere Geschäfte mit der Bank, die von der Ablehnung nicht berührt werden und
● der Kunde schließt künftig Geschäfte bei anderen Banken ab.

Die schnellen und unüberlegten Absagen von heute können morgen Marktverluste bewirken. Nutznießer von wenig kundenorientierten Ablehnungen sind immer Ihre Mitbewerber, da verärgerte Kunden schnell mit anderen Kreditinstituten Kontakt aufnehmen. Je dringender der Bedarf nach einer Bankleistung vom Kunden empfunden wird, desto eher ist er bereit, auch weniger günstige alternative Leistungen zu akzeptieren. Berater anderer Banken sehen die gesamte zu gewinnende Bankverbindung – Sie verzichten nicht nur auf das abgelehnte Geschäft, sondern auch auf die bisherige Verbindung.

Der kundenorientierte Nein-Verkauf berücksichtigt folgende Grundsätze:

1. Grundsatz: Alternativen statt Ablehnung

Haben Sie grundsätzlich Verständnis für das Anliegen und das Verhalten Ihres Kunden. Ablehnungen lösen in den seltensten Gesprächssituationen

Verständnis bei Ihrem Partner aus. Je nach dessen Temperament wird er eher resignieren, verärgert sein oder sich unverstanden fühlen. Häufig empfinden Kunden eine Ablehnung als erhebliche Kränkung ihres Geltungsbedürfnisses.

Ersetzen Sie Ablehnungen wie „Leider können Sie keine Eurocheque-Karte erhalten, da Sie keinen festen Arbeitsplatz haben" durch Möglichkeiten. Selbst wenn die Chancen des Kunden schlecht sind, klingt eine Aussage wie „Sie erhalten eine Eurocheque-Karte, wenn Sie einen festen Arbeitsplatz haben und drei Monatsgehälter auf Ihrem Konto eingegangen sind." viel freundlicher.

Zeigen Sie Alternativen zu Ihrer Ablehnung auf; selbst dann, wenn der Kunde die Voraussetzungen der Alternativen nicht vollständig erfüllen kann: Wenn die Kreditraten nicht tragbar sind, sprechen Sie längere Laufzeiten, einen geringeren Kreditbetrag oder eine andere Kreditform an. Wenn das Objekt Mängel aufweist, zeigen Sie Verbesserungsmöglichkeiten auf usw.

2. Grundsatz: Der Kunde soll die Entscheidung treffen

Versetzen Sie sich in die Lage des Kunden. Argumentieren Sie so, dass es in seinem Sinne ist, wenn sein Antrag nicht zum Geschäftsabschluss mit der Bank führt. Wenn Sie kundenorientiert den Vorteilen insbesondere die Risiken und Nachteile gegenüberstellen, kommt der Kunde oft schnell zum Entschluss, dass beispielsweise sein Kreditwunsch unrealistisch ist. Gehen Sie ihm entgegen mit Äußerungen wie

126 B: • Überprüfen Sie noch einmal das … und …
- Bedenken Sie in aller Ruhe die Auswirkungen … Ihres Antrags.
- Überlegen Sie sich bitte zu … alternative Lösungen. Aus meiner Sicht wäre … denkbar.

Anschließend bieten Sie Ihrem Kunden ein Folgegespräch an, in dem Sie über den abgeänderten Geschäftswunsch sprechen können.

3. Grundsatz: Argumente für Alternativen

Nachdem Ihr Kunde seinen Antrag zurückgezogen hat oder zumindest noch einmal überprüfen will, sollten Sie ihm Argumente für alternative

Lösungen/Bankleistungen nahebringen. Sie erbringen eine Beratungsleistung, die Sie als universellen und versierten Berater ausweist. Denken Sie an unsere kundenspezifischen Argumente und die Kaufmotive. Vermeiden Sie alle Gesprächsstörer und Reizworte.

In Ausnahmesituationen können Sie keine Alternativen vorschlagen, da Sie selbst nach überarbeitetem Antrag keine Möglichkeit der Zusammenarbeit sehen. Der Dank für den Kundenwunsch nach Zusammenarbeit, der Dank für das entgegengebrachte Vertrauen in Ihr Haus leitet das Gespräch auf die Verabschiedung über. Bekräftigen Sie, dass das Objekt/Projekt und nicht die Person des Kunden Gegenstand der Ablehnung ist. Erinnern Sie den Kunden noch einmal an den Nutzen, den er aus dem nicht getroffenen Abschluss zieht.

4. Grundsatz: Gemeinsames Verfahren

Suchen Sie mit Ihrem Kunden ein gemeinsames Verfahren für das weitere Vorgehen. Dieses Vorgehen wird von den vorgeschlagenen und akzeptierten Alternativen und Bedingungen bestimmt. Eine gute Grundlage für die künftige Zusammenarbeit ist die Überzeugung des Kunden, dass Sie ihn vor einer Fehlentscheidung geschützt haben.

Betonen Sie abschließend das Interesse an einer weiteren kontinuierlichen Zusammenarbeit. Gerade Kreditkunden, die eine Ablehnung erfahren haben, sind abwanderungsgefährdet. Pflegen Sie diese Kunden intensiv: Bei privaten Kunden möchten Sie nach der Ablehnung des Kleinkredites weiter das Privatgirokonto führen, den vermögenswirksamen Sparvertrag führen und Reisezahlungsmittel verkaufen, bei Firmenkunden führen Sie gerne das Geschäftsgirokonto weiter, übernehmen den Zahlungsverkehr, den Außenhandels-Service usw.

Ablehnungen, die die vier Grundsätze des Nein-Verkaufs berücksichtigen, werden von Ihren Kunden akzeptiert. Ihre Kunden sind Ihnen dankbar für die Entscheidungshilfe und bleiben treue Kunden Ihres Hauses. Kundenorientierte Ablehnungen belasten somit nicht die geschäftliche Zusammenarbeit; sie führen häufig zu einer engeren Bindung des Kunden an die Bank.

Die Argumentation in Verkaufsgesprächen ist einem Hebelwerkzeug vergleichbar: An der richtigen Stelle, im richtigen Moment und mit der entsprechenden Energie angesetzt, kann der Handwerker unvorstellbare Lasten bewegen; bei dem richtigen (= geeigneten) Kunden, im richtigen Gesprächsmoment und mit der entsprechenden (= kundenspezifischen) Formulierung bewegen Sie Ihre Kunden zu Entscheidungen.

Bereiten Sie Ihre Argumentation sorgfältig vor und setzen Sie die Argumente kundenspezifisch ein – Ihre Gespräche werden überzeugender.

Die wichtigsten Tipps aus Kapitel 5:

Tipp 134: Erarbeiten Sie sich Argumente für Ihre Beratungs- und Verkaufsgespräche.

Tipp 135: Beachten Sie die Kaufmotive der Merkformel ER SANGS: Ertrag, Rationalisierung, Sicherheit, Ansehen, Neugierde, Gesundheit und Soziales Mitgefühl.

Tipp 136: Erkennen Sie die einzelnen Kaufmotive im Verhalten Ihrer Kunden.

Tipp 137: Sammeln Sie Merkmale und Eigenschaften Ihres Kreditinstituts. In Verbindung mit den Kaufmotiven erhalten Sie Argumente.

Tipp 138: Verwenden Sie Vorteilsformulierungen.

Tipp 139: Setzen Sie die zentralen Begriffe für Vorteilsformulierungen ein.

Tipp 140: Erfassen Sie die Wettbewerbssituation Ihres Hauses.

Tipp 141: Sprechen Sie sachlich über andere Kreditinstitute.

Tipp 142: Teilen Sie Ihren Kunden die Stärken Ihres Hauses mit.

Tipp 143: Vermeiden Sie Begriffe wie „Konkurrenz" und „Konkurrent".

Tipp 144: Verwenden Sie „Mitbewerber", „Wettbewerber" oder „andere Banken", „andere (Kredit)Institute".

Tipp 145: Verhalten Sie sich so, als gäbe es nur Ihr Kreditinstitut als möglichen Geschäftspartner für Ihre Kunden.

Tipp 146: Seien Sie fair zu Ihren Mitbewerbern.

Tipp 147: Stellen Sie keine unbelegbaren Behauptungen auf.

Tipp 148: Werden Sie nicht persönlich, indem Sie über bestimmte Mitarbeiter anderer Banken sprechen.

Tipp 149: Sammeln Sie Merkmale und Eigenschaften der Leistungen Ihrer Bank. In Verbindung mit den Kaufmotiven erhalten Sie Argumente.

Tipp 150: Erstellen Sie sich Argumentationstableaus zu Bankleistungen.

Tipp 151: Erstellen Sie sich und Ihren Kunden Vergleichstabellen.

Tipp 152: Vergleichen Sie Bankleistungen auch in den Nebenbedingungen.

Tipp 153: Überzeugen Sie sich von der Vorteilhaftigkeit der Leistungen Ihres Hauses; anschließend argumentiert es sich leichter.

Tipp 154: Verwenden Sie zur Argumentation eine allgemeinverständliche Sprache.

Tipp 155: Bedenken Sie, dass Einwände das Interesse Ihrer Kunden ausdrücken.

Tipp 156: Beantworten Sie Einwände als Geschäftspartner.

Tipp 157: Nehmen Sie Einwände als Herausforderung an.

Tipp 158: Beantworten Sie die „üblichen" Einwände vorweg.

Tipp 159: Stellen Sie bestimmte Einwände zurück und beantworten Sie diese zu einem geeigneteren Zeitpunkt.

Tipp 160: Überhören Sie unbedeutende Einwände.

Tipp 161: Stimmen Sie Einwänden bedingt zu. Sie vermeiden Eskalationen.

Tipp 162: Beachten Sie die Merkformel „ZIMT".

Tipp 163: Stellen Sie auf Einwände Fragen.

Tipp 164: Machen Sie konstruktive Vorschläge.

Tipp 165: Treten Sie Beweise an.

Tipp 166: Beachten Sie die Merkformel „ZWAR".

Tipp 167: Kompensieren Sie Einwände.

Tipp 168: Führen Sie andere Gesichtspunkte auf.

Tipp 169: Geben Sie Einwände zurück.

Tipp 170: Führen Sie Erlebnisse oder Referenzen an.

Tipp 171: Wandeln Sie Einwände in Wünsche um (transformieren).

Tipp 172: Beachten Sie die Inhalts- und Beziehungsebene von Äußerungen.

Tipp 173: Zeigen Sie Selbstbehauptung.

Tipp 174: Seien Sie sich bewusst, dass selbstbehauptende Antworten einen kleinen Angriff enthalten können.

Tipp 175: Vermeiden Sie Eskalationen aufgrund Ihrer Selbstbehauptung.

Tipp 176: Bauen Sie Preiseinwänden vor.

Tipp 177: Sprechen Sie den Preis erst bei Interesse des Kunden an.

Tipp 178: Verbinden Sie den Preis mit den Vorteilen der Bankleistung.

Tipp 179: Geben Sie den Preis in üblichen und kleinen Zahlen an.

Tipp 180: Stellen Sie die Preis-Gegenfrage: „Womit vergleichen Sie?".

Tipp 181: Senden Sie bei Reklamationen Zeichen der Höflichkeit und Freundlichkeit.

Tipp 182: Bedenken Sie, dass aus der Kundensicht jede Reklamation berechtigt ist.

Tipp 183: Bringen Sie Verständnis für Reklamationen auf.

Tipp 184: Hören Sie aktivierend zu.

Tipp 185: Fertigen Sie Notizen an.

Tipp 186: Fassen Sie Reklamationen zusammen.

Tipp 187: Entschuldigen und bedanken Sie sich.

Tipp 188: Bereinigen Sie Reklamationen schnell.

Tipp 189: Treffen Sie mit Ihren Kunden eine Vereinbarung.

Tipp 190: Stellen Sie die Fehlerursachen der Reklamation ab.

Tipp 191: Verkaufen Sie Ablehnungen mit Fingerspitzengefühl.

Tipp 192: Bieten Sie Alternativen statt direkter Ablehnung an.

Tipp 193: Lassen Sie die Kunden die ablehnenden Entscheidungen treffen.

Tipp 194: Führen Sie Argumente für Alternativen auf.

Tipp 195: Finden Sie mit Ihren Kunden ein gemeinsames Verfahren.

Kapitel 6

Die Formen des aktiven Verkaufs

In Kapitel 6 geht es vor allem um:

- Den gezielten Zusatzverkauf
- Den Mehrverkauf
- Das Nachfassen
- Die aktive Kundenbetreuung
- Den künftigen Grobbedarf des Kunden
- Das Ankündigen künftiger Geschäfte
- Das Rüberholen von anderen Anbietern
- Die Interessentendatei
- Das Einholen von Empfehlungen

6. Die Formen des aktiven Verkaufs

Nach dem systematischen Gesprächsaufbau und der Argumentation konzentrieren wir uns in diesem Kapitel auf das aktive Verkaufen, also Verhaltensweisen, bei denen die Initiative vom Mitarbeiter (= Verkäufer) zum Kunden ausgeht. Sie werden auf den nächsten Seiten die verschiedenen Wege des aktiven Verkaufens näher kennen lernen.

Auch wenn hier jeder einzelne aktive Weg wegen der besseren Verständlichkeit isoliert dargestellt wird, steht keine dieser Vorgehensweisen isoliert im Raum. Sie können fast jeden aktiven Weg mit reaktiven Situationen im Kundenkontakt oder mit anderen aktiven Verkaufswegen situationsabhängig kombinieren.

6.1 Der gezielte Zusatzverkauf

Im Abschnitt 4.5 wurde der Zusatzverkauf als ein fester Bestandteil eines systematischen Beratungs- und Verkaufsgesprächs beschrieben. Dennoch wird der gezielte Zusatzverkauf hier noch einmal, allerdings wesentlich ausführlicher, als erster Weg des aktiven Verkaufens dargestellt.

Die erfolgversprechende Vorgehensweise bei Zusatzverkäufen, die durch direkte zusätzliche Beratungswünsche des Kunden initiiert werden, entspricht dem schrittweisen Vorgehen des Beratungs- und Verkaufsgesprächs im Kapitel 4: Sie greifen den Zweit- oder gar Drittbedarf des Kunden direkt nach dem Abschluss zu seinem Erstbedarf auf. Dann werden erneut die Schritte drei (= Bedarfsermittlung), vier (= Angebotspräsentation) und fünf (= Abschluss) durchlaufen. Ist schließlich jeder einzelne Zusatzbedarf des Kunden gedeckt, folgt dann die Kontaktsicherung und die Nachbereitung des Gesprächs.

Für die weiteren Darstellungen konzentrieren wir uns auf echte „aktive Zusatzverkäufe", also Zusatzverkäufe die von Ihnen als Verkäufer initiiert werden. Es gilt dabei, den Kunden erst noch für das Zusatzverkaufsthema zu gewinnen.

Kunden haben oft zusätzliches Interesse an Informationen oder auch aktuelles Abschlussinteresse an Finanzdienstleistungen (= latenter Bedarf).

Dennoch ist die Schwelle zum direkten Ansprechen – bei dem Kreditinstitut oder direkt bei dem persönlichen Berater – sehr hoch. Diese Hemmschwelle kann sehr verschiedene Ursachen haben:

- Der Kunde konzentriert sich auf ein dominantes Thema und „vergisst" dabei die anderen Themen,
- der Kunde ist unsicher oder gar ängstlich und will keine „dummen" Fragen stellen,
- der Kunde hat keinen festen Ansprechpartner und möchte nicht „rumirren" oder „weitergeschickt" werden,
- der Kunde sieht zur Zeit ungünstige Rahmenbedingungen (z. B. Angst vor Arbeitslosigkeit, Unsicherheit an den Börsen usw.),
- der Kunde „vergisst", dass er eigentlich noch finanzielle Fragen oder konkreten Leistungsbedarf hat
  sowie
- der Kunde ist einfach nur bequem und „drückt" sich absichtlich vor weiteren finanziellen Fragen und Entscheidungen.

Das bedeutet für Sie und für den aktiven Verkauf, dass Ihnen Ihre Kunden eine Vielzahl oft verdeckter zusätzlicher Ansatzpunkte und Chancen bieten. Wichtig ist letztendlich nur, dass Sie den bereits latent vorhandenen Bedarf wahrnehmen und ihn Ihren Kunden verdeutlichen, also bewusst machen.

Ihr Kunde – mit seinem latenten Bedarf – ist bereits Ihr Kunde. Deshalb ist es für ihn ganz normal, wenn Sie Ihn aktiv auf Interessantes rund um Geldangelegenheiten ansprechen. Erstaunlich wird es aus Kundensicht, wenn ihm absolut fremde Finanzdienstleister Ideen und Vorschläge zu Themen unterbreiten, die von dem eigenen Institut, von seiner Hausbank, noch nie angesprochen wurden. Eine gefährliche Kundenreaktion gegenüber dem alten Partner wie „Für die bin ich ja sowieso nur eine kleine Nummer!" mit Abwanderungsgedanken folgt schnell.

Und noch ein wichtiger Grund spricht für gezielte Zusatzverkäufe. Mit jedem weiteren Geschäft, mit jeder zusätzlichen Geldanlage, mit jedem neuen Spar-, Finanzierungs-, Versicherungs- oder Bausparvertrag, mit jeder weiteren Kunden-, Euroscheck- oder Kreditkarte usw., binden Sie Ihren Kunden an Ihr Kreditinstitut. Überspitzt und rein statistisch argumentiert:

- Tätigt ein Kunde zehn Geldgeschäfte verteilt auf Ihr Haus und neun weitere Institute, dann ist die statistische Wahrscheinlichkeit, dass er das nächste, das elfte Geldgeschäft, bei Ihnen tätigt nur zehn Prozent.
- Hat er die gleichen zehn Geschäfte hälftig auf zwei Häuser verteilt, steigt die Abschlusschance auf das nächste Geschäft für Sie schon auf 50 Prozent.
- Ist er ein Vollkunde, er hat bisher alle zehn Geschäfte bei Ihnen abgeschlossen, dann ist die Chance auf das elfte Geschäft für Sie praktisch 100 Prozent.

Die verkäuferische Strategie für erfolgsorientierte Verkäufer kann deshalb nur lauten:

> Mit aktiven Zusatzverkäufen gilt es, Ein-Produkt- oder Wenig-Produkt-Kunden sukzessive zu Viel- oder Alle-Produkte-Kunden zu machen!

Und dass es viel leichter ist, ein zusätzliches Geschäft mit einem bestehenden Kunden zu vereinbaren, als das gleiche Geschäft mit einem neuen Kunden zu tätigen, wissen Sie bereits.

6.1.1 Der Zusatzbedarf zwischen den Zeilen

Ein einfacher Weg für den Einstieg in das aktive Verkaufen besteht in der Verkäuferneugierde gegenüber Kunden und in der Verkäuferneugierde, zusätzliche Geschäfte bei Kunden auszuloten. Ausgangspunkt ist dabei jeder direkte Kundenkontakt: Das beiläufige Geplauder mit dem Kunden, das Verkaufsgespräch, die Telefonate, eine gemeinsame Veranstaltung, das zufällige Treffen, die Entgegennahme von Aufträgen usw.

Die zentrale Frage für gezielte Zusatzverkäufe lautet:

Welche verkäuferische Chance steckt – zwischen den Zeilen – hinter der Aussage des Kunden?

Erfolgreiche aktive Verkäufer hören im übertragenen Sinne bei Ihren Kunden „das Gras wachsen". Sie wollen das Interesse und den Bedarf an potentiellen Geldgeschäften hinter – auf den ersten Blick – belanglosen und neutralen Aussagen entdecken. Das setzt das fachliche Wissen des Bankkaufmanns, aber vor allem auch das methodische Wissen des Verkäufers voraus. Beachten Sie dazu die Übersicht mit einigen Beispielen von einzelnen Wahrnehmungen beim Kundenkontakt und damit verbundenen, allerdings verdeckten, Chancen auf zusätzliche Finanzgeschäfte.

Kunde ändert Mietdauerauftrag	– Interesse an Immobilie? Interesse an dem Ansammeln von Eigenkapital?
Kunde nörgelt über Kontoauszugsdrucker („außer Betrieb")	– Interesse an elektronischer Kontoführung? – Interesse an Alternativen zum Kontoauszugsdrucker?
Kunde ist ungehalten, weil Freistellungsbetrag geändert werden muss	– Interesse an Geldanlagen ohne Ertragsausschüttung? – Interesse an Zusammenfassung aller Anlagen bei einem Institut?
Kunde erzählt, dass er Arbeitgeber gewechselt hat	– Interesse an vermögensbildenden Leistungen? – Interesse an einem allgemeinen Finanz-Check?
Kunde berichtet, dass er eine Fernreise tätigt	– Interesse an Geldversorgung? – Interesse an Versicherungen rund um die Reise?

Abbildung 17: Wahrnehmungen und Verkaufschancen

Ihnen ist bei der Übersicht sicher sofort aufgefallen, dass auf der rechten Seite jeweils eine Frage („Interesse an …?") und noch kein bestimmtes Produkt oder Angebot steht. Diese Einstellung ist eine wesentliche Voraussetzung für die Bedarfsorientierung beim aktiven Verkaufen.

Das aktive Verkaufen durch gezielte Zusatzverkäufe durchläuft vier Schritte:

1. Nehmen Sie das Interesse des Kunden und die verkäuferische Chance wahr.

2. Prüfen Sie das Interesse oder den Bedarf Ihres Kunden.
3. Bei einer positiven Reaktion: Konkretisieren Sie den tatsächlichen Kundenbedarf.
4. Jetzt unterbreiten Sie ein individuelles Produktangebot.

Hier Vorschläge für die schrittweise gezielten Zusatzverkäufe mit zwei Beispielen aus der Übersicht:

zu 1.: Sie nehmen wahr, dass ein Kunde seinen Mietdauerauftrag ändern möchten:

zu 2.: Sie sprechen ihn gezielt an: „Interessiert es Sie, wie Sie in wenigen Jahren die monatliche Miete in die eigene Tasche zahlen können und so künftig viel Geld sparen?"

zu 3.: Der Kunde antwortet: „Na klar, das klingt gut!"; Sie bieten eine umfassende Beratung an, beispielsweise: „Dann sollten wir gleich einen Termin vereinbaren, bei dem ich Ihnen einen persönlichen Weg zu den eigenen vier Wänden erarbeiten kann …"

zu 4.: Der konkrete Vorschlag hängt dann von den individuellen Vorraussetzungen des Kunden ab.

zu 1.: Ein Kunde berichtet Ihnen, dass er in einigen Wochen eine Fernreise tätigen wird.

zu 2.: Sie schlagen ihm vor: „Ich gebe Ihnen gerne einige Tipps, wie Sie sich gegen Überraschungen während Ihrer Reise absichern können und Vorschläge, wie Sie dort sicher Zahlungen vornehmen können. Interessiert Sie das näher?"

zu 3.: Ihr Kunde antwortet: „Na klar, das klingt gut!"; Sie bieten eine umfassende Beratung an, beispielsweise: „Dann nehmen Sie bitte Platz, damit ich Ihnen gleich zeigen kann, was für Sie am besten ist …"

zu 4.: Die konkreten Vorschläge hängen dann von den individuellen Voraussetzungen und Wünschen des Kunden ab.

Meiden Sie Produktnennungen und/oder Beratungen für Zusatzverkäufe ohne vorherige Zustimmung des Kunden. Nur mit dem Interesse des Kunden werden auch Abschlüsse über aktive Verkäufe wahrscheinlich. Mit verkäuferischen Aktivitäten ohne Kundenzustimmung, im Extremfall gegen das Kundeninteresse oder den Kundenbedarf, belasten Sie nur unsere Waage der Geschäftspartnerschaft und vergeuden zusätzlich wertvolle Zeit.

6.1.2 Die logische Bedarfsergänzung

Sie kennen sinnvolle und logische Bedarfsergänzungen aus anderen Branchen als Kunde: Gute und kundenorientierte Bekleidungsverkäufer bieten zu einer neuen Hose mindestens einen Gürtel, oft das passende ergänzende Kleidungsstück an, Verkäufer in Elektronikhäusern verkaufen neben dem Videorecorder als Standard zusätzlich Kassetten und darüber hinaus eine Videokamera, der Autohändler denkt nach dem PKW-Verkauf an zusätzliche Ausstattungen wie den Dachträger, den Winterreifen oder eine Freisprecheinrichtung für das Telefon.

Mit der Entscheidung eines Kunden für eine Finanzdienstleistung bieten sich sehr oft logische Zusatzangebote an. Der verkäuferische Erfolg liegt zum einen in der Initiative und zum anderen in der Vorgehensweise begründet. Auch hier hat sich das schrittweise Vorgehen, leicht abgewandelt gegenüber dem vorangegangenen Abschnitt, bewährt:

1. Lassen Sie sich eine logische Ergänzung zum Erstangebot einfallen.
2. Prüfen Sie das Interesse Ihres Kunden an dieser sinnvollen Ergänzung.
3. Bei einer positiven Reaktion: Konkretisieren Sie den tatsächlichen Kundenbedarf.
4. Jetzt unterbreiten Sie ein individuelles Produktangebot.

Eröffnet ein Kunde ein Gehaltskonto (= Erstangebot) bei Ihnen, dann können die weiteren Schritte zu einer logischen Ergänzung (= Zusatzverkauf) beispielsweise so aussehen:

zu 1.: Sie beabsichtigen, dass der Kunde bei Ihnen auch seine vermögenswirksamen Leistungen und Karten nutzt.

zu 2.: Sie sprechen ihn gezielt an: „Ich habe noch einige Tipps für Sie, wie Sie Ihr neues Konto in wenigen Tagen noch bequemer nutzen können. Darf ich Ihnen zeigen, wie das möglich ist?" oder „ ... einige Tipps für Sie, wie Sie möglichst viele Vorteile als Arbeitnehmer ausnutzen können und damit eine sichere Spitzenverzinsung erzielen. Interessiert Sie das näher, wie das möglich ist?"

zu 3.: Ihr Kunde antwortet jeweils: „Na klar, das klingt gut!"; Sie arbeiten dann in einer Bedarfsüberprüfung den tatsächlichen Bedarf mit Ihren Kunden heraus.

zu 4.: Der konkrete Vorschlag hängt schließlich von den individuellen Vorraussetzungen und Erwartungen Ihres Kunden ab.

Da bei dem Zusatzverkauf als sinnvolle Ergänzung zu einem Erstbedarf das Interesse des Kunden fast immer ausgesprochen hoch ist, fällt die Bedarfsüberprüfung eher kurz aus. Aber trotz aller Logik sollten Sie das tatsächliche Kundeninteresse prüfen und nicht einfach unterstellen.

Sie erleichtern sich Zusatzverkäufe als sinnvolle/logische Ergänzung, wenn Sie eine „Wenn-Dann-Liste" für Ihren Tätigkeitsbereich erarbeiten. Abbildung 18 gibt Ihnen dazu erste Anregungen. Ergänzen Sie die allgemeine Übersicht mit Ihren typischen Ausgangsprodukten und Produktgruppen.

Wenn ... (Erstabschluss)	Dann ... (Ziel für Zusatzverkauf)
Wertpapierkauf	Zinseszinseffekt auf Ertragskonto
Einmalige Anlage	alle Anlageformen mit regelmäßigen Beiträgen
Pkw-Finanzierung	Versicherungen Sparvertrag für nächsten Pkw
...	...
...	...

Abbildung 18: Wenn-Dann-Liste für logische Zusatzverkäufe

6.1.3 Die Leistungsübersicht und der Zusatzverkauf

Viele Mitarbeiter von Kreditinstituten sind von Ihren (langjährigen) Stammkunden sehr überrascht, wenn diese Kunden Geschäfte bei anderen Anbietern abschließen oder Sie eine Aussage wie „Oh, ich wusste ja überhaupt noch nicht, dass Sie auch ... (Versicherungen, Leasing usw.) anbieten!" hören. Das Wissen vieler Kunden über die detaillierte Angebots- und Leistungsbreite von Kreditinstituten ist ziemlich begrenzt.

Und gerade dieses Defizit ist eine weitere Chance, Zusatzverkäufe zu initiieren. Leistungs- und Angebotsübersichten eignen sich als optische

Einstiegshilfe: Ihr Kunde hat sich bei Ihnen beraten lassen, Ihr Kunde hat ein Geldgeschäft getätigt oder Ihr Kunde nutzt eine Serviceleistung Ihres Hauses. Jetzt bietet sich Ihnen die Gelegenheit in die Offensive zu gehen; beispielsweise durch eine Botschaft wie

127 B: „Danke für Ihren Besuch. Ich habe Ihnen gerne geholfen. – Jetzt habe ich noch einen besonderen Hinweis für Sie. Bitte schauen Sie einmal: Sie finden hier einen Überblick über die wichtigsten Angebote unseres Hauses, von der Geldanlage über Finanzierungen bis hin zu sonstigen attraktiven Leistungen ... !"

Sie sprechen ganz bewusst die Augen Ihrer Kunden nach dem Motto „Aus dem Auge, aus dem Sinn! – In das Auge, in den Sinn!" an. Der Aufforderungscharakter einer Angebots- oder Leistungsübersicht ist wesentlich größer, als ein isolierter sprachlicher Hinweis ohne jede optische Hilfe.

Die Wirkung von Leistungsübersichten kann durch verschiedene Ergänzungen noch gesteigert werden:

- Handschriftliche Ergänzungen wie Beratername, Telefonnummer oder Öffnungszeiten,
- die Visitenkarte und das Vermerken des nächsten Termins,
- Markierungen oder Ankreuzungen auf der Übersicht: Angebote, die der Kunde bereits nutzt und Angebote, die er gerade neu abgeschlossen hat,
- Markierungen oder Ankreuzungen auf der Übersicht: Angebote, die für den Kunden besonders vorteilhaft oder aktuell sind oder
- der verstärkende Hinweis, die Übersicht intensiv zu lesen und zu den Vertragsunterlagen zu nehmen.

Typische Schlüsselfragen parallel zum Einsatz von Leistungsübersichten lauten

128 B: „Was interessiert Sie in nächster Zeit besonders?" oder „Worüber darf ich Sie ausführlicher informieren?".

Sie erhalten oft von Kunden konkrete Hinweise auf allgemeines Interesse oder gar schnellen Bedarf. Außerdem signalisieren Sie Ihren Kunden durch die Kombination von Übersicht und Frage, dass Sie gerne mehr Geschäft mit ihm machen möchten.

Doch Achtung: Angebots- und Leistungsübersichten sollten für die Kunden überschaubar sein. Broschüren mit seitenlangen Leistungsbeschreibungen, Nebenbedingungen oder allgemeinen Geschäftsbedingungen überfordern und verwirren Kunden dagegen sehr schnell. Ideal sind Übersichten mit Stichwortcharakter und Vorteilsdarstellungen auf einer Seite, einer Doppelseite oder auf wenigen noch überschaubaren Faltseiten.

6.2 Der Mehrverkauf

Die große Bedeutung der individuellen Bedarfsermittlung für das kundenorientierte und geschäftspartnerschaftliche Verkaufen haben wir ausführlich dargestellt. Unser eindeutiges Ziel ist es, nicht gegen den Willen des Kunden zu handeln. Deshalb wird Sie die nächste Aufforderung zum aktiven Verkaufen erst einmal überraschen:

> Nehmen Sie konkrete Zahlenangaben Ihrer Kunden nicht ganz so ernst!

Ja, Sie lesen hier richtig. –

In Ihrer Kundenberatung und -betreuung hören Sie immer wieder ganz konkrete Zahlenangaben über Anlegesummen, regelmäßige monatliche Anlagebeträge oder einen ganz bestimmten exakten Finanzierungsbedarf. Stufen Sie solche Angaben nicht als unveränderbare Vorgaben des Kunden ein. Sehen Sie die einzelnen Beiträge eher als eine erste Orientierung, als eine grobe Annäherung an den tatsächlichen Bedarf des Kunden an.

Wählen Sie dann, in Abhängigkeit von dem jeweiligen Kunden und der individuellen Situation, eine glatte Summe, einen geraden Betrag oder eine runde Anzahl, jeweils mit einem sinnvollen Abstand über der ursprünglichen Vorgabe. Der konkrete Betrag oder die exakte Stückzahl müssen sich harmonisch den Vorstellungen und Erwartungen der Kunden anpassen. Konsequent angewendet verkaufen Sie mit dem Aufrunden sehr einfach und ohne großen zusätzlichen Zeitaufwand in aller Regel mehr.

Solche Mehrverkäufe durch Aufrundungen sind auch ganz im Sinne Ihrer Kunden. Sie kennen solche Situationen aus der täglichen Verkaufspraxis: Eine Anlagesumme setzt sich aus mehreren Einzelbeträgen zusammen; beispielsweise ergibt sich dadurch ein „schiefer", ein unrunder Anlagebetrag von insgesamt 8.400 €. Viele Kunden überlegen kurz und schlagen dann von sich aus eine Aufrundung auf glatte 10.000 € vor. Der hier vom Kunden ausgelöste Mehrverkauf beträgt stattliche 1.600 €, also fast 20 % zusätzliches Volumen.

Übertragen wir diesen Kundenvorschlag zum Aufrunden auch auf andere Situationen, dann bedeutet das

- Mehrverkauf durch das Aufrunden einmaliger Anlagesummen,
- Mehrverkauf durch das Aufrunden regelmäßiger Anlagesummen,
- Mehrverkauf durch das Aufrunden von Vertragssummen,
- Mehrverkauf durch das Aufrunden von Stückzahlen

und

- Mehrverkauf durch das Verlängern der Laufzeit.

Schiefe Beträge und krumme Stückzahlen erschweren Kunden Kaufentscheidungen. Das bewusste Aufrunden auf glatte Beträge und runde Stückzahlen ist damit gleichzeitig unser zweiter Weg des aktiven Verkaufens und eine Abschlusshilfe für den Kunden. Hier noch einige weitere Beispiele für den Mehrverkauf durch Aufrunden:

Kunde 1 möchte regelmäßig monatlich einen festen Betrag „für einen längeren Zeitraum – rund zehn Jahre" anlegen und nennt „drei- oder vierhundert Euro" zu Beginn des Gesprächs – Impuls für den Mehrverkauf durch eine längere Laufzeit und einen höheren Betrag:

129 B: „… Ich rechne Ihnen gerne Ihr voraussichtliches Anlageergebnis nach zwölf Jahren und einem Betrag von monatlich 500 € aus …" und gleichzeitig fragender Blickkontakt zum Kunden („Ist das für Sie o.k.?").

Kunde 2 nennt einen Anlagebetrag von 24.000 € bei einem aktuellen Aktienkurs (Fondskurs) von 85 € – Impuls für das Aufrunden der Stückzahl:

130 B: „… Bei der von Ihnen genannten Summe kommen wir auf 282,3 Stück; ich schlage Ihnen einen Kauf von glatten 300 Aktien (Fondsanteilen) vor …"

Ein bonitätsmäßig guter Kunde 3 bittet um einen neuen Überziehungsrahmen von 3.000 € – Impuls für das Aufrunden der Vertragssumme:

131 B: „… Ich richte Ihnen gerne einen persönlichen Überziehungsrahmen ein. Was halten Sie davon, wenn wir gleich auf 5.000 €
gehen? Da haben Sie dann in der Zukunft einen noch größeren finanziellen Spielraum …"

Besonders bedeutsam ist das gezielte Aufrunden bei allen regelmäßigen
Ratenzahlungen (Sparverträge, Versicherungen, Bausparleistungen usw.):
Die weit überwiegende Zahl von Kunden bedient zuverlässig auch etwas
größere – allerdings immer angemessene – Raten und erreicht so über die
Jahre ein größeres Endkapital. Damit hat sich die Initiative zum Mehr-
verkauf auch für den Kunden, das heißt für beide Seiten gerechnet.

Verzichten Sie dagegen als Berater auf Aufrundungsversuche und Ihre
Kunden bleiben bei dem ursprünglichen Betrag, ist die Wahrscheinlichkeit einer späteren Vertragserhöhung nicht sehr groß. Auch wenn, im
Laufe der Jahre, der alte regelmäßige Betrag nicht mehr angemessen (=
oft erheblich zu klein!) ist, wird eine spätere Betragsanpassung nach oben
nicht mehr vorgenommen.

Und in der umgedrehten Situation gibt es eine erstaunliche Erfahrung mit
Kunden: Die etwas höheren Beträge werden häufig durchgehalten, auch
wenn es Kunden anfangs manchmal sehr schwer fällt. Und sollte wirklich
einmal das Aufrunden in Extremsituationen allzu großzügig ausgefallen
sein – was absolut nicht unser Ziel ist! – können die Beträge immer noch
reduziert werden.

Die hohe Kunst des Zusatzverkaufs durch Aufrunden liegt in der passenden Höhe des Aufrundens. Ideal sind immer Vorschläge mit Beträgen
oder Stückzahlen, die eine merkliche Erhöhung des Ausgangsniveaus erreichen und dennoch vom Kunden ohne Zögern sofort akzeptiert werden.
Beide Seiten müssen einen Vorteil im Aufrunden sehen: Der Verkäufer erzielt einen höheren Abschluss und der Kunde erhält ein Mehr an Nutzen,
zum Beispiel einen höheren Zinsertrag oder eine größere Zusatzrente.

Der Mehrverkauf durch das Aufrunden hat eine Grenze. So gibt es Kunden, die Ihnen ganz klare Aufträge im persönlichen Gespräch oder am Telefon geben:

132 K: „… Bitte kaufen Sie für mich 175 Stück Siemens-Aktien mit der
Wertpapierkennnummer 723 610 an der Börse Stuttgart mit dem
Limit 66,20 € bis Ende dieser Woche zu Lasten von meinem Pri-
vatkonto … und zu Gunsten meines Wertpapierdepots …"

Hier hat der Kunde absolut keinen zusätzlichen Beratungs- oder Über-
prüfungsbedarf für einen Wertpapierkauf; er erwartet vielmehr die
schnelle und konkrete Ausführung seiner Order.

Doch auch in solchen eindeutigen Auftragssituationen ist noch ein – vor-
sichtiger – Versuch zum Mehrverkauf angebracht. Das verkäuferische
Ziel ist dann nicht mehr das Aufrunden, sondern ein zusätzlicher (Infor-
mations-) Bedarf. Fragen wie

133 B: „Was kann ich (heute) noch für Sie tun?"
          „Wie kann ich Ihnen zusätzlich helfen?"
          oder
          „Wobei kann ich Sie noch unterstützen?"

signalisieren Interesse am Kunden und Interesse an zusätzlichem Geschäft. Der eine oder andere Kunde wird neben einem freundlichen
„Danke" einen weiteren Wunsch („Gut, dass Sie mich ansprechen. Ich
habe da noch eine Frage zu …") nennen.

6.3 Die aktive Kontaktpflege

Für viele Verkäufer ist mit der Verabschiedung eines Kunden das Geschäft getätigt und die Kundenbeziehung beendet. Damit verzichten sie –
meistens unbewusst – auf einen nächsten Kundenkontakt mit guten Möglichkeiten zu weiteren Geschäftsabschlüssen.

Aktive Verkäufer spannen deshalb schon am Ende eines Kontaktes den
Bogen zu dem nächsten Kontakt mit dem gleichen Kunden: Sie bitten den
Kunden ganz formell um weitere Kontakte und kündigen außerdem die
Initiative zu weiteren Kontakten, die Kontaktpflege an. Dazu ein Formu-
lierungsbeispiel:

134 B: „Wenn Sie in der nächsten Zeit Fragen zu Geldangelegenhei-
          ten haben (oder: Hilfe benötigen, Unterstützung suchen, In-
          formationen wünschen usw.), sprechen Sie mich bitte an. Ich
          helfe Ihnen gerne. – Ansonsten komme ich wieder auf Sie zu,
          wenn ich etwas Interessantes (oder: Günstiges, Vorteilhaftes,
          Attraktives, Wichtiges usw.) für Sie habe. Darf ich das tun?"

Die Botschaft an den Kunden ist ehrlich, offen und klar:

„Ich möchte als Mitarbeiter meines Kreditinstitutes mit Ihnen als Kunde in Kontakt bleiben!"

Der Folgekontakt kann vom Kunden ausgehen, was sicher sehr erfreulich ist und zu einer sehr angenehmen Ausgangssituation führt. Oder der nächste Kontakt wird ganz selbstverständlich vom Berater ausgehen, wenn der Kunde sich in einem angemessenen Zeitraum nicht gemeldet hat.

Für die aktive Kontaktpflege ist die Zustimmung des Kunden notwendig. Es macht wenig Sinn, Kunden durch unerwartete oder gar unerwünschte Aktivitäten zu überraschen oder gar zu bedrängen. In unserem Formulierungsbeispiel haben Sie die Frage „Darf ich das tun?" gelesen. In der weit überwiegenden Zahl von Kontakten stimmen die Kunden dieser Frage zu. Damit ist auch eine formelle Genehmigung für den nächsten Kontakt gegeben.

Die aktive Kontaktpflege ist ein Teil des Nachverkaufs. Letztendlich lautet die verdeckte Botschaft an den Kunden, dass er auch nach einem Geschäftsabschluss für seinen Berater weiter als Kunde und als Mensch interessant ist. Er will bewusst aufkeimende Reuegedanken wie „Erst war mein Berater sehr an mir interessiert. Doch nachdem ich jetzt den XY-Vertrag abgeschlossen habe, bin ich nicht mehr interessant – er wollte nur eine schnelle Provision bei mir verdienen!" vermeiden.

Die Ankündigung weiterer Kontakte ist mehr als nur eine verkäuferische Floskel. Das „… ich komme auf Sie zu, wenn ich etwas Interessantes für Sie habe!" ist ein deutliches Leitungsversprechen gegenüber dem Kunden. Dieses Leistungsversprechen muss dann auch tatsächlich eingehalten und damit für den Kunden spürbar eingelöst werden. Orientieren Sie sich konsequent nach dem Motto „Versprochen ist Versprochen!".

Ist eine aktive persönliche Kontaktpflege bei einem Kunden nicht möglich (zum Beispiel wegen fehlender Zeit!) oder nicht sinnvoll (z. B. wegen fehlendem Ertragspotential!), dann variieren Sie am besten Ihr Versprechen etwas ab:

135 B: „… Wenn sie in der nächsten Zeit Fragen zu Geldangelegenheiten haben (oder: Hilfe benötigen, Unterstützung suchen, Informationen wünschen usw.), sprechen Sie mich bitte an. Ich helfe Ihnen gerne. – Ansonsten erhalten Sie von unserem Haus schriftliche Hinweise, wenn sich Interessantes (oder: Günstiges, Vorteilhaftes, Attraktives, Neues usw.) für Sie ergibt."

Das ist ein realistisches Leistungsversprechen, das recht sicher gegenüber allen Kunden eingehalten werden kann.

Für die folgenden Anregungen unterstellen wir, dass ein persönlicher Kontakt angekündigt wurde. Wie kann nun die aktive Kontaktpflege aussehen, wenn sich der Kunde nicht mehr meldet und sich auch kein offensichtlicher Anlass für die Kontaktpflege ergibt?

Sprechen Sie Kunden in einem angemessenen zeitlichen Abstand nach einem bedeutenderen Geschäftsabschluss in der Geschäftsstelle spontan oder gezielt telefonisch an. Die Kernaussagen können dann beispielsweise

136 B: „... Sie haben vor einigen Tagen bei mir einen ... (konkretes vereinbartes Geschäft nennen!) abgeschlossen (oder: vereinbart). Welche Fragen (oder: Informationen geben) kann ich Ihnen dazu noch beantworten?"

lauten. Drei grundsätzliche Reaktionen können Sie auf diesen Impuls von Ihren Kunden erwarten:

1. Ihr Kunde ist zufrieden

Sie erfahren durch die aktive Kontaktpflege die Zufriedenheit Ihres Kunden. Er wird sich über die Ansprache freuen, oft bedankt er sich für die Beratung und Hilfe, oft erzählt er über die Zeit zwischen dem Abschluss und dem Kontakt. – Gönnen Sie sich diese Erfolgserlebnis, Sie haben ja auch vorher alles dafür getan.

Es ist eine Zeitspanne seit dem Geschäftsabschluss vergangen. Jetzt entsteht der verkaufsunterstützende Eindruck, dass Sie sich auch nach dem Abschluss um den Kunden kümmern. Die aktive Kontaktpflege vermittelt die Sicherheit, dass auch künftig ein Partner für Fragen und Hilfen vorhanden ist.

Und eine wichtige verkäuferische Situation hat sich jetzt eingestellt: Sie können zufriedene Kunden locker nach potentiellen Kunden (= Empfehlungen) aus seinem Umfeld fragen. Nähere Einzelheiten finden Sie dazu im Abschnitt 6.9 dieses Kapitels.

2. Ihr Kunde ist unzufrieden

Sie erfahren durch die aktive Kontaktpflege die Unzufriedenheit Ihres Kunden über Formalitäten, Bearbeitungsdauer, Kollegen usw. Mit der aktiven Kundenpflege geben Sie ihm die Möglichkeit, seinen Ärger über die tatsächliche oder vermeintlich schlechte Leistung zu artikulieren. Er kann so bei Ihnen seinen „Dampf ablassen!" statt bei anderen Kunden oder seinem Bekanntenkreis.

Bedanken Sie sich für die offenen Worte des Kunden. Sagen Sie ihm Abhilfe zu, kümmern Sie sich persönlich um die Mängel. Mit der Kontaktaufnahme und dem anschließenden Aktivitäten, die künftige Verärgerung vermeiden sollen, können Sie unzufriedene Kunden für Ihr Haus retten. Oft tätigen unzufriedene Kunden nach einer zufrieden stellenden Klärung überraschend neue Geschäfte.

3. Ihr Kunde hat weitere Fragen

Sie erfahren durch die aktive Kontaktpflege von weiteren Fragen oder gar zusätzlichem Bedarf des Kunden. Sie können zum einen offene Punkte schnell gemeinsam besprechen und zum anderen erhalten Sie Hinweise, die Ihnen eine direkte Chance zu einer weiteren Beratung geben.

Mit der aktiven Kontaktpflege erleichtern Sie Ihrem Kunden zusätzliche Leistungen nachzufragen und gleichzeitig erschweren Sie die Akquisitionsbemühungen anderer Kreditinstitute. Alle drei Antwortrichtungen erreichen zwei gemeinsame Ziele: Die persönliche Bindung zwischen Berater und Kunde wird intensiviert und gleichzeitig ergibt sich die Gelegenheit für zusätzliche Geschäfte.

Bei der aktiven Kontaktpflege werden gerne die Fragen

137 B: „Waren Sie zufrieden?"
oder
„Ist alles gut gegangen?"

gegenüber den Kunden verwendet. Diese Fragen sind geschlossen und zielen somit auf ein schnelles „Ja!" oder „Nein!" des Gegenüber. Außerdem klingen gefühlsmäßig Botschaften wie „Kunden sind bei uns oft unzufrieden" oder „Oft geht es bei uns nicht gut" mit. Allerdings: Solche riskanten Fragen sind natürlich immer noch besser als überhaupt keine aktive Kontaktpflege und damit keine Fragen an den Kunden.

Der Erfolgsweg sind allerdings W-Fragen, also offen gestellte Fragen an Ihre Kunden:

138 B: „... Welche Fragen kann ich Ihnen noch zu Ihrem ... beantworten?",

„... Worüber darf ich Sie noch informieren?"

oder

„Welche Informationen darf ich noch zu ... geben?"

Die Wahrscheinlichkeit für umfassendere Antworten und damit für weitere verkäuferische Ansatzpunkte wird mit offenen Fragen deutlich größer.

6.4 Die aktive Kundenbetreuung

Was unterscheidet die aktive Kundenbetreuung von der im letzten Abschnitt behandelten aktiven Kundenpflege?

Beiden Wegen des aktiven Verkaufs ist gemeinsam, dass sie in die Zukunft gerichtet sind. Die aktive Kundenpflege bleibt dabei noch sehr offen und fast unverbindlich, während bei der aktiven Kundenbetreuung ganz konkrete Vereinbarungen mit den Kunden getroffen werden. Damit ist die Betreuung ein deutliches Mehr für den Kunden gegenüber der Kundenpflege.

Ein Kunde nimmt einen gelegentlichen aktiven Kontakt seines Finanzpartners noch nicht als Betreuung wahr. Zu einer aktiven und persönlichen Kundenbetreuung, damit Sie auch tatsächlich für den Kunden spürbar wird, gehören

- eine feste Kundenzuordnung zu einem Berater,
- verschiedene Wege des Betreuungskontaktes,
- Absprachen über die Erreichbarkeit des Kunden,
- geplante Betreuungsintervalle
  und
- die Zustimmung des Kunden zur Betreuung.

6.4.1 Die Kundenzuordnung

Eine notwendige Voraussetzung für eine individuelle aktive Kundenbetreuung ist die persönliche Zuordnung von einzelnen Kunden zu einzelnen Mitabeitern des Kreditinstituts. Nur durch die Kundenzuordnung ist eine planvolle Vorgehensweise, vor allem eine Koordination aller Aktivitäten, gegenüber dem einzelnen Kunden tatsächlich möglich.

Das bedeutet im Umkehrschluss, dass eine persönliche aktive Kundenbetreuung für eine Reihe von potenzialschwachen Kunden durch eine standardisierte und meist zentrale Betreuung ersetzt wird. Dies gilt vor allem für extrem „schwache" und „schlechte" Kunden. Die Ausschlusskriterien für die individuelle Betreuung sind dabei von Kreditinstitut zu Kreditinstitut sehr unterschiedlich. Sie kennen sicher für solche Nicht-Betreuungskunden institutsspezifische Bezeichnungen wie Basis-, Mengen-, Standard-, oder auch C-Kunde.

Durch die Kundenzuordnung übernimmt ein Mitarbeiter die Betreuungsverantwortung für eine abgegrenzte Kundengruppe. Er wird zum festen Ansprechpartner für „seine" Kunden. Im Bild wird er zum finanziellen Coach der ihm zugeordneten Kunden.

Damit die Kundenzuordnung auch zum Kunden getragen wird, hat er einige generelle Informationen zu geben und auch grundsätzliche Ansprachen zu treffen:

- Der Kunde muss die Zuordnung kennen: Persönliche Vorstellung als individueller Berater,
- der Kunde muss ihn erreichen: Kontaktwege aufzeigen,
- der Kunde muss die Aufgaben seines Beraters kennen: Beratungspalette präsentieren,
- der Kunde muss zusätzliche Angebote des Kreditinstituts wahrnehmen: weitere Ansprechpartner wie Spezialisten nennen.

Persönliche Kundenzuordnung darf den Kunden nicht einengen. Sie ist ein Privileg für besonders interessante Kunden. Die Kundenzuordnung wertet wichtige Kunden auf. Eine persönliche Kundenzuordnung heißt nicht, dass der Kunde nur noch mit dem ihm zugeordneten Berater sprechen darf. Er kann weiterhin mit vielen (Service-)Stellen Kontakt aufnehmen, doch alle Fäden laufen bei seinem persönlich zugeordneten Berater zusammen.

Für den alltäglichen Kundenkontakt ist deshalb eine klare Absprache mit jedem einzelnen Kunden zu treffen; beispielsweise:

139 B: „… Bitte wenden Sie sich künftig bei allen wichtigen Geldangelegenheiten die über das Tagesgeschäft hinausgehen, zum Beispiel bei … (konkrete Beispiele aus der bisherigen Zusammenarbeit mit diesem Kunden anführen wie „Ihr Kauf von Fondsanteilen" oder „Der Abschluss Ihrer Lebensversicherung") an mich. Alle anderen Geschäfte, vor allem rund um ihr Konto, können Sie natürlich bei jedem Kollegen, bei jeder Geschäftsstelle oder Online tätigen …"

Um die Beratungsqualität zu steigern, sollten Sie gezielt Ihre Kunden um Terminvereinbarungen bitten:

140 B: „… Bitte vereinbaren Sie künftig Gesprächstermine. Dann bin ich auch sicher für Sie da und ich kann mich für Sie vorbereiten."

Ein regelmäßiger Kontakt zu den verschiedenen serviceleistenden Stellen sichert gegenseitig Informationen über die persönlich zugeordneten Kunden.

Kundenzuordnung bedeutet gegenüber dem Kunden, die Rolle des finanziellen Coachs einzunehmen. Sie wollen die finanzielle Sphäre des Ihnen zugeordneten Kunden kontinuierlich zu beiderseitigem Nutzen ausbauen. Kundenzuordnung bedeutet für Sie, dass Sie zum Verantwortlichen für diesen Kunden werden. Begriffe wie Aktivität gegenüber dem Kunden, Informationen des Kunden, Vordenken für den Kunden, Unterstützen des Kunden und auch das Einbinden von Spezialisten Ihres Hauses sind fester Bestandteil dieser Rolle.

Kundenzuordnung bedeutet für Ihr Kreditinstitut systematisches Vorgehen bei chancenreichen Kundengruppen. Gedankliche Kategorien wie Verkaufsplanung, Potenzialausnutzung, Kosten- und Ertragsrelationen, Effizienzsteigerung und Dokumentation des Kundenkontaktes für Dritte werden verkäuferisch umgesetzt.

6.4.2 Die Betreuungswege und -intervalle

Eine wirkungsvolle individuelle Kundenbetreuung erfordert einen bewussten Mix der Betreuungswege und der geplanten Betreuungsintervalle. Der Kunde muss bei seinem Kreditinstitut einen großen Unterschied zu anderen aktiven Verkaufsunternehmen wie eine Klassenlotterie wahrnehmen. Damit ist das penetrante Nutzen eines Betreuungsweges, zum Beispiel nur regelmäßige Mailings oder immer wieder Telefonate, wenig geeignet.

Stellen Sie – am besten mit dem jeweiligen Kunden – eine kundenspezifische Kombination von Betreuungswegen zusammen. Als Bausteine bieten sich Ihnen vier alternative und ergänzende Betreuungswege an:

1. Persönliche Einladung zu einer Veranstaltung

Laden Sie Ihre Kunden zu Veranstaltungen Ihres Hauses persönlich ein. Ideal sind Veranstaltungen mit überschaubarem Publikum und hohem Nutzwert für den Kunden. Die Inhalte können nahe beim Thema Geld („Erben und Vererben") liegen oder auch allgemein („Fit im Beruf") gehalten sein. Wichtig ist ein zeitlicher und organisatorischer Rahmen, der persönliche Kontakte zu den einzelnen Kunden fördert.

Weniger geeignet für die aktive Kundenbetreuung sind Groß- oder gar Massenveranstaltungen. Sie werden als unpersönlich wahrgenommen und intensive Betreuungskontakte sind kaum möglich.

Achten Sie auf die Form der Einladung. Ein gedrucktes Einladungsschreiben ohne persönliche Anrede oder Unterschrift, eine Ankündigung wie „Wir veranstalten am ..." oder gar nur eine Zeitungsanzeige oder ein Werbeplakat widersprechen dem Gedanken der individuellen aktiven Kundenbetreuung. Ideal ist ein persönlicher Brief oder eine persönliche (telefonische) Ansprache mit der Kernbotschaft.

„Ich habe für Sie (... und Ihre Gattin) Karten für die ...-Veranstaltung reserviert".

Damit steht nicht die Veranstaltung oder das Kreditinstitut, sondern der Kunde im Mittelpunkt.

Nicht alle Veranstaltungen müssen von Ihrem Kreditinstitut ausgerichtet oder organisiert werden. Es bieten sich auch öffentliche Veranstaltungen mit begrenztem Kartenangebot oder von Ihrem Haus gesponserte Veranstaltungen an.

2. Betreuungstelefonat

Rufen Sie Kunden gezielt an und unterbreiten Sie eine vorteilhafte finanzielle Idee:

141 B „... Heute rufe ich Sie an, um Ihnen einen Tipp zu geben, wie Sie künftig ... (... Ihre Altersvorsorge verbessern können). Interessiert Sie das näher?"

Die einzelnen Anlässe für die aktive telefonische Ansprache finden Sie

- im Kundenverhalten (z. B. hohes Guthaben auf einem Konto),
- in Kundenmerkmalen (z. B. Alter des Kunden),
- in Veränderungen beim Kunden (z. B. Geburt eines Kindes),
- in Ihrem Kreditinstitut (z. B. neues Angebot) oder
- im gesamtwirtschaftlichen Umfeld (z. B. neue oder geänderte staatliche Förderungen/Zuschüsse).

Stellen Sie den Kundenvorteil in den Vordergrund und noch nicht ein bestimmtes Produkt. Nach der Zustimmung zu Ihrer verkäuferischen Idee nehmen Sie mit der bewährten Vorgehensweise den konkreten Bedarf auf und unterbreiten schließlich eine maßgeschneiderte Lösung.

3. Gedrucktes für den Kunden

Senden Sie Ihren Kunden Gedrucktes im Rahmen der aktiven Kundenbetreuung zu. Das kann ein individueller Brief, aber auch eine persönliche Kurzmitteilung sein, eine Unterlage oder Broschüre mit einer handschriftlichen Ergänzung, eine Fax-Mitteilung oder eine E-Mail. Wichtig ist vor allem die individuelle Form und der passende Inhalt des Gedruckten.

Der größte Vorteil von schriftlichen Unterlagen liegt in dem überschaubarem zeitlichen Aufwand. Sie können mit einer Unterlage schnell mehrere Dutzend Kunden aktiv ansprechen und durch wenige persönliche oder handschriftliche Ergänzungen den individuellen Eindruck unterstreichen.

4. Grundsatz- oder Jahresgespräch

Vereinbaren Sie ein jährliches grundsätzliches Gespräch mit Ihren Kunden. Kündigen Sie bei dem Start Ihrer Zuordnung oder Ihrer Betreuung das Jahresgespräch an:

142 B: „… Und möchte künftig einmal im Jahr mit Ihnen ohne einen direkten Anlass über aktuelle Entwicklungen und interessante Möglichkeiten für Sie und Ihre Angehörigen rund um finanzielle Angelegenheiten sprechen."

Gerade in einem Grundsatz- oder Jahresgespräch ergeben sich sehr konkrete zusätzliche Verkaufsmöglichkeiten. Aus der Analayse der vergangenen Zusammenarbeit und einem Check-up des Aktuellen folgt der Blick in die persönliche (finanzielle) Zukunft – und damit auf die verkäuferischen Ansatzpunkte. Viele Kreditinstitute unterstützen solche Gespräche inzwischen mit standardisierten Hilfsmitteln vor allem zur Dokumentation und Datensicherung („Finanz-Check", „Persönliche Vermögensanalyse" usw.) sowie zur Ideenfindung.

Verbinden Sie Grundsatz- und Jahresgespräche nicht mit einem aktuellen Beratungsbedarf des Kunden. Die Gefahr ist groß, dass Ihr Kunde sich nur auf seinen aktuellen Wunsch konzentriert und damit die Qualität des allgemeinen Grundsatzgesprächs leidet.

Sie können neben diesen vier Wegen auch weitere ergänzende Betreuungswege wie den geplanten Außendienst oder das regelmäßige Zusenden von Spezialinformationen einbauen. Wichtig ist insgesamt, dass Sie die einzelnen Wege miteinander kombinieren und sich nicht auf einen Weg konzentrieren.

Neben der Wahl der Betreuungswege ist eine Entscheidung mit dem Kunden über die Betreuungsabstände, die Betreuungsintervalle, zu treffen. Zu viele aktive Betreuungsimpulse bei einer großen Anzahl von zugeordneten Kunden ist theoretisch denkbar, praktisch aber nicht umsetzbar. Für Individualkunden- oder Firmenkundenbetreuer und vergleichbare Berater hat sich eine grobe Orientierung mit vier aktiven Impulsen bewährt:

Kunden nehmen aktive Betreuung positiv als individuelle Betreuung wahr, wenn sie pro Quartal eines Jahres einmal angerufen, einmal persönlich angeschrieben, einmal eingeladen werden und einmal eine grundsätzliche Finanz-Analyse (Jahresgespräch) stattfindet – also vier aktive Impulse pro Jahr.

Durch diese sinnvolle Kombination verschiedener Betreuungswege werden zeitintensive (Grundsatzgespräch) und weniger aufwendige aktive Kontakte (Gedrucktes, Einladung) möglich. Der mehrmonatige Abstand zwischen den Impulsen ist ein ausgewogener Kompromiss aus Verkaufspenetranz und Interessenlosigkeit gegenüber dem Kunden.

Bitte beachten Sie: Die vier Aktivitäten auf unterschiedlichen Wegen pro Kunde und Jahr sind eine Orientierung. Die tatsächliche Betreuung vereinbaren Sie am besten individuell mit jedem Kunden im Rahmen Ihrer Jahresplanung.

6.4.3 Die Betreuungsabsprache

In den Ausführungen zu den Betreuungswegen und -intervallen lesen Sie wiederholt die Aufforderung „… ist eine Entscheidung mit dem Kunden zu treffen". Die aktive Kundenbetreuung soll vom Kunden mitgetragen werden; Betreuung gegen den Wunsch der Kunden wird sehr schnell zur Kundenverärgerung oder gar zur Kundenvertreibung führen.

Sprechen Sie mit der Aufnahme eines Kunden in Ihrer aktive Betreuung intensiv über dessen künftige Betreuung. Die Kernbotschaft an den zugeordneten und betreuungswürdigen Kunden kann dann

143 B: „Sie sind ein sehr wichtiger Kunde für mich. Künftig möchte ich noch regelmäßiger und intensiver für Sie da sein, Ihnen interessante und vorteilhafte Informationen liefern. Deshalb sollten wir etwas genauer absprechen, wie das künftig für beide Seiten am besten möglich wird…"

lauten. Holen Sie sich bewusst die Zustimmung zu den einzelnen Betreuungswegen ein. Gehen Sie die einzelnen Kontaktwege durch und zeigen Sie dem Kunden jeweils seine Vorteile durch die aktive Betreuung auf:

Betreuungstelefonat	– Schnelle Informationen erhalten – Aktuelle Chancen nutzen – Interesse/Bedarf überprüfen – Schutz vor überflüssiger Werbung
Gedrucktes	– Schnelle Information auch bei persönlicher Nichterreichbarkeit – Nachlesen und Vertiefen möglich – Bequem auf dem Laufenden bleiben
Einladung	– Ausgewählter Kundenkreis – Know-how von Spezialisten – Neue Ideen und Anregungen – Gespräche mit ähnlichen Kunden – Ansprechender Rahmen für Kontakte
Grundsatz-/ Jahresgespräch	– Zeit und Ruhe für Finanzthemen ohne Abschlusszwang – Analyse der bisherigen Entscheidungen (alle Chancen genutzt?) – Anregungen: Trends, Aktuelles, Pläne, Zukunft

Abbildung 19: Beispiele für Kundenvorteile der klassischen Betreungswege

Ihr Ziel ist es, dass Sie durch die vorteilsorientierte Präsentation die volle Akzeptanz der einzelnen Betreuungswege von Ihren Kunden erhalten. In der späteren Kundenbetreuung sollten Sie auf diese Akzeptanz zurückgreifen können; beispielsweise beim Betreuungsweg Telefon:

144 B: „... Wir haben vereinbart, dass ich Sie bei besonders interessanten Möglichkeiten anspreche. Deshalb rufe ich Sie heute an. Sie haben jetzt die Gelegenheit ...“

Damit ist die aktive Ansprache zu einer beidseitigen Angelegenheit geworden. Der Kunde wird bei der Kontaktaufnahme schnell „Ja, wir haben das vor einiger Zeit vereinbart!“ denken. Damit ist er offen für die folgenden verkäuferische Initiative.

Klären Sie mit den Kunden die vielen kleinen Selbstverständlichkeiten, die Sie für die künftige reale Betreuung benötigen. Sie finden hier einige erste – unvollständige – Anregungen rund um Betreuungswege:

- Telefonnummer mit Durchwahl,
- Handynummer (erwünscht?),
- Dienst- (wie melden?) oder Privatnummer,
- günstige und ungünstige Anrufzeiten,
- weitere Ansprechpartner (Ehepartner?),
- Fax-Nummer,
- E-Mail-Adresse
- usw.

Vergessen Sie nicht, Ihre eigene Erreichbarkeit und die von Ihnen gewünschten Kontaktwege und -zeiten zu besprechen. Die gedankenlose Verkäuferfloskel

145 B: „Ich bin jederzeit für Sie da ...!“

ist weder inhaltlich richtig noch vertrauensfördernd. Besser sind klare Orientierungen für die Kunden wie

146 B: „Sie erreichen mich am besten telefonisch zwischen ... und ... Uhr unter der Nummer ...“,
„Bitte sprechen Sie mit ... (Beraterassistenz, Kollege), wenn Sie mich nicht sofort erreichen sollten ...“,
„Ich stelle häufiger mein Telefon auf ... (Name eines anderen Mitarbeiters) um. Geben Sie ihm eine kurze Nachricht und ich rufe Sie möglichst bald zurück ...“,

„Manchmal läuft meine Mail-Box auch während des Tages. Bitte sprechen Sie Ihren Wunsch auf das Band, damit ich mich bei Ihnen melden kann …"
oder
„Wenn Sie eine Beratung oder eine längere Information wünschen, vereinbaren Sie bitte wenige Tage vorher einen Termin bei mir oder bei … damit ich dann auch genügend Zeit für Sie habe …".

Die einzelnen Betreuungsabsprachen werden nicht mit jedem Kunden sofort reibungslos funktionieren. Sie sind allerdings die Grundlage für eine beiderseits zufriedenstellende Zusammenarbeit.

Einige Kunden sprechen sich klar gegen bestimmte Betreuungswege aus (Häufiger gegen das Telefon: „Ich möchte nicht angerufen werden!"). Nehmen Sie diese Aussagen ernst und suchen Sie mit dem betreffenden Kunden nach akzeptierten Alternativen. Oft reicht schon die kurze Frage

147 B: „Das verstehe ich. Und wie kann ich Sie am besten erreichen, wenn ich Sie schnell wegen … (einer Rückfrage, einer kurzfristigen/besonderen Chance usw.) kontaktieren möchte?"

und Sie erhalten einen konkreten Hinweis wie „Bei wichtigen (eiligen) Dingen können Sie natürlich anrufen!", „Dann schicken Sie mir eine E-Mail oder eine SMS! Ich schaue mehrmals am Tag nach solchen Nachrichten" oder „Schreiben Sie eine kurze Mitteilung und ich melde mich bei Ihnen!".

Betreuungsabsprachen können Sie dem Kunden auch schriftlich bestätigen. Nach der Vereinbarung über die künftige Zusammenarbeit erhält der Kunde einen Brief nach dem Muster:

Sehr geehrte …,

herzlichen Dank für das Gespräch am … in … . Ich werde Sie künftig in allen wichtigen Geldangelegenheiten beraten und betreuen.

Sie haben besonderes Interesse an … und an … . Auf dem Weg zu diesen Zielen werde ich Sie künftig gerne begleiten. Mein Ziel ist es, Ihnen sowohl wichtige aktuelle Informationen zu liefern als auch Ihnen individuelle Vorschläge zu erarbeiten.

Wir haben vereinbart, dass ich Sie künftig vor allem mit ... (bevorzugte Betreuungswege) über Entwicklungen und Veränderungen informieren werde. Einmal im Jahr werden wir unsere Zusammenarbeit überprüfen, aktualisieren und zusätzliche Möglichkeiten besprechen.

Ich freue mich auf den weiteren Kontakt mit Ihnen.

Freundliche Grüße

Abbildung 20: Brief zur Betreuungsabsprache

Doch denken Sie an das schon erwähnte Motto und versprechen Sie Ihren Kunden bei der Betreuung nichts, was Sie nicht auch später ganz sicher einhalten können.

6.5 Der künftige Bedarf des Kunden

Dieser aktive Weg greift einen bewährten und bereits dargestellten Teil des reaktiven Verkaufens, die Bedarfsermittlung, auf. Während die klassische Bedarfsermittlung sich auf einen gegenwärtigen Bedarf eines Kunden konzentriert, steht hier beim aktiven Verkaufen der voraussichtliche Bedarf des Kunden in der nahen oder auch der fernen Zukunft im Mittelpunkt.

Vereinzelt sprechen Ihre Kunden ganz offen von ihrer „finanziellen Zukunft" und signalisieren Ihnen damit künftigen Beratungs- und Leistungsbedarf. Diese Situation wollen wir dem Abschnitt 6.1.1 „Der Zusatzbedarf zwischen den Zeilen" zuordnen. In diesem Abschnitt geht es um das gezielte aktive Herausarbeiten von künftigem – wahrscheinlichen – Kundenbedarf.

Der Erfahrungswert, dass der schnellere Verkäufer meistens das Geschäft macht, ist der gedankliche Ausgangspunkt dieses Weges. Es ist von elementarer Bedeutung, sehr früh einen sich entwickelnden Kundenwunsch und damit künftigen Beratungsbedarf zu erfahren. Nur so besteht die Möglichkeit, Kunden als schneller Verkäufer zu weiteren Geschäftsabschlüssen zu führen.

Wie können Sie den künftigen Bedarf Ihres Kunden möglichst früh erfahren?

Die Vorgehensweise ist ganz einfach: Erklären (= begründen) Sie kurz dem Kunden Ihren Wunsch und fragen Sie ganz direkt nach der finanziellen Zukunft des Kunden, zum Beispiel:

147 B: „… Damit ich Sie in den nächsten Monaten und Jahren umfassend beraten und betreuen kann, bitte ich Sie heute noch um einen wichtigen Hinweis: Was interessiert Sie in nächster Zeit am meisten rund um Geldangelegenheiten?"
oder
„… Damit ich Ihnen auch künftig den einen oder anderen persönlichen Tipp geben kann, bitte ich Sie noch um eine Information: Auf was, rund um finanzielle Dinge, sind Sie besonders neugierig?"

Fragen Sie ganz bewusst nach dem Interesse oder der Neugierde des Kunden. Fragen Sie nicht direkt nach konkreten Wünschen oder konkretem Bedarf. Denn direkte Fragen wie

148 B: „Was brauchen Sie künftig?"
oder
„Wo haben Sie künftig Beratungsbedarf?"

erschrecken oft und der Kunde verschließt sich schnell, statt dass er sich wunschgemäß öffnet.

Doch auch die offenen Fragen führen nicht immer zu sofortigen Antworten und zu Informationen über die Zukunft von Kunden. Gehen Sie gelassen vor; bieten Sie am besten eine kleine Wirkungspause an und schieben Sie dann zwei oder drei alternative Möglichkeiten – im Sinne eines annähernden Angebotes – nach:

149 B: „… Was interessiert Sie in nächster Zeit am meisten rund um Geldangelegenheiten?" – Wirkungspause – „Interessieren Sie eher rentable Anlagemöglichkeiten, günstige Finanzierungen oder eher aktuelle Dienstleistungen als Ergänzung zu Ihrem Gehaltskonto wie beispielsweise das aktuelle Home Banking?"

Wählen Sie die ergänzenden Alternativen in Abhängigkeit vom jeweiligen Kunden. Achten Sie darauf, dass es Interesserichtungen und nur in Ausnahmefällen bestimmte Produkte sind.

Viele Kunden haben schon recht genaue Vorstellungen über Ihre Zukunft. Deshalb können Sie auch danach fragen:

147 B: „… Damit ich in nächster Zeit umfassend beraten und betreuen kann, bitte ich Sie noch um einen Hinweis: Was haben Sie für größere persönliche Ziele, bei denen ich Sie in finanziellen Angelegenheiten unterstützen kann?"

Auch hier bietet sich bei etwas zurückhaltenden Kunden wieder eine kleine, aber absichtliche Wirkungspause und anschließend ein gezielter Gedankenanstoß an:

147 B: „… Was haben Sie für persönliche Ziele, bei denen ich Sie … unterstützen kann?" – Wirkungspause – „Denken Sie beispielsweise eher an ein Eigenheim, die gute Ausbildung Ihrer Kinder oder der systematische Vermögensaufbau?"

Die „persönlichen Ziele des Kunden" können Sie auch durch Bezeichnungen wie „Pläne", „Absichten", „Vorhaben", „größere Wünsche", „Träume" oder auch „Visionen" ersetzen. Stimmen Sie die jeweilige Wortwahl auf jeden einzelnen Kunden ab. Zögern Kunden mit Informationen, dann können Sie auch deutlich argumentieren:

149 B: „… Ich kann Sie nur dann umfassend sowie optimal beraten und betreuen, wenn ich auch Ihre persönliche Pläne und wichtigen Ziele genauer kenne."

Hat Ihr Kunde Ihnen schließlich sein Interesse, sein persönliches Ziel, seinen groben Bedarf für die Zukunft oder gar einen ganz konkreten Bedarf genannt, streben Sie eine Vereinbarung über die weitere Vorgehensweise an. Sie konkretisieren die Ziele des Kunden und machen einen Vorschlag für die Einzelschritte des Weges zum persönlichen Kundenziel. Mit dieser Vereinbarung legen Sie die Grundlage für diverse Geschäftsabschlüsse, die gleichzeitig die Zielerreichung des Kunden fördern.

Gestern	>	Heute	>	Morgen	>	Übermorgen	>	Zukunft
Üblicher Kunde		Persönl. Ziel erfahren		Vereinbarung mit Kunde zum Ziel		Einzelne Geschäfte zur Zielerreichung		Zielerreichung

Abbildung 21: Kundenziele und aktives Verkaufen

Je früher Sie von den wichtigsten persönlichen Zielen Ihrer Kunden erfahren, desto größer wird Ihre Chance sein, den Kunden auf der finanziellen Seite zu seinen Zielen begleiten zu können. Das ausgeprägte Interesse an Menschen, das generelle Interesse an Kunden und die gesunde Neugierde auf deren Absichten und Pläne helfen Ihnen dabei.

6.6 Das Ankündigen künftiger Geschäfte

Der im letzten Abschnitt dargestellte Weg des aktiven Verkaufens führte schon weit in die finanzielle Zukunft Ihrer Kunden. Das Ankündigen künftiger Geschäfte, der sechste Weg, zielt ebenfalls zeitlich nach vorne. Doch zwei erhebliche Unterschiede grenzen die beiden Wege gegeneinander ab:

- Das aktive Verkaufen über den künftigen Bedarf richtet sich meist deutlich in die weitere Zukunft und setzt eine eindeutige Bedarfsbestätigung des Kunden voraus

  und

- mit dem Ankündigen künftiger Geschäfte geht es eher in die nähere Zukunft, meist direkt auf den nächsten Kontakt zu.

Kunden neigen bei einer aktiven Ansprache durch den Banker oft zu schnellen, eigentlich vorwiegend vorschnellen, ablehnenden Reaktionen. Ganz typisch ist die spontane „Nein, Danke"-Antwort.

Und was sind die häufigsten Ablehnungsgründe trotz grundsätzlichem Interesse? – Die angesprochenen Kunden rechnen nicht mit einer Verkäuferinitiative, sie sind mit Ihren Gedanken bei ganz anderen Dingen. Deshalb gehen sie den schnellen bequemen Weg und lehnen spontan ab.

Diese Ablehnungserfahrungen macht sich der 6. Weg des aktiven Verkaufens zu nutze. Der Verkäufer spricht seinen Kunden an und vertagt das – noch überraschende – Thema. Er kündigt den aktuellen und interessanten Themenkreis mit Vorteilen für seinen Kunden erst für einen der nächsten Kontakte an. Damit wird der Kunde schon etwas eingestimmt und kann sich zeitlich sowie inhaltlich mit dem unerwarteten neuen Thema auseinandersetzen. Hier zwei Beispiele für das Ankündigen:

150 B: „… Und ich freue mich schon auf unseren nächsten Kontakt Ende des Monats. Bitte bringen Sie dann etwas zusätzliche Zeit mit. Ich gebe Ihnen gerne noch einige Tipps, wie Ihre beiden Kinder nach der Schulzeit über eine größere Summe verfügen können. Beispielsweise für den Führerschein und ein erstes/gebrauchtes Auto, für eine erste eigene Wohnung, für die Berufsausbildung oder auch ein Studium …"

151 B: „… Ich halte noch einmal fest: Wir treffen uns dann am … um … und besprechen gemeinsam … . Bei dieser Gelegenheit habe ich noch ein wichtiges Thema für Sie. Ich informiere Sie gerne über einen bewährten Weg zu den eigenen vier Wänden mit einer großen staatlichen Förderung von einigen tausend Euro. Deshalb sollten wir dafür auch genügend Zeit einplanen …"

Kunden lehnen solche Initiativen ganz selten ab. Voraussetzung ist allerdings, dass der Verkäufer das grobe Interesse und den wahrscheinlichen Bedarf seines Kunden richtig einschätzt. Die spontane unausgesprochene Kundenreaktion sollte „Oh ja, das ist eine sehr gute Idee von Ihnen!" lauten. Das ist in der körpersprachlichen Reaktion, vor allem im Gesichtsausdruck, ablesbar. Damit gibt der Kunde eine Bestätigung für sein Interesse an dem angesprochenen zusätzlichen Thema.

Versierte Verkäufer nehmen auch die seltenen ablehnenden Reaktionen wahr und greifen sie sofort auf:

152 B: „Oh, ich sehe bei Ihnen eine gewisse Skepsis (Überraschung, Zurückhaltung, abwartende Haltung usw.) gegenüber dem Themenkreis … (z. B. Geldanlage für Ihre Kinder; Investition in ein Eigenheim; systematischer Vermögensaufbau usw.)?"

Ein fragender Blick fordert den Kunden zu einer erklärenden Antwort heraus. Mit ergänzenden Argumenten kann der Kunde meistens für das Thema gewonnen werden. Lehnt er ab, bietet sich ein bedarfsorientierter Umstieg an:

153 B: „… Das verstehe ich. – Wie kann ich Ihnen dann helfen? Was ist für Sie in nächster Zeit rund um Geldangelegenheiten interessanter (aktueller, wichtiger)?"

Beachten Sie dabei die Grundeinstellung der Geschäftspartnerschaft: Wir wollen nicht gegen den Kunden, sondern mit und für den Kunden aktiv verkaufen!

Bei einigen Kunden können Sie auch das Ankündigen künftiger Geschäfte wortwörtlich nehmen:

154　B: „... Bei unserem nächsten Geschäftstermin sollten wir dann auch noch über die besonderen Vorteile des vermögenswirksamen Sparens für Sie sprechen. Die stattlichen Zuschüsse vom Staat und von Ihrem Arbeitgeber muss man einfach mitnehmen. – Wir machen dann am besten Nägel mit Köpfen!"

Das ganz geradlinige Zusteuern auf konkrete Geschäfte darf dem Kunden keine Angst machen. Es soll vielmehr seine Unsicherheit schmälern und dadurch einen – sehr sinnvollen und für ihn vorteilhaften – Abschluss beschleunigen und erleichtern. Der Mut von Verkäufern zur kundenspezifischen Direktheit wird immer wieder belohnt. Ängstliches und unsicheres Verhalten bestellt das Feld meistens nur für Wettbewerber.

6.7 Das Rüberholen von anderen Anbietern

Traditionell wird das gezielte „Rüberholen" von anderen Finanzdienstleistern zu Kreditinstituten zum einen sehr zurückhaltend vorgenommen und zum anderen als nicht ganz seriös eingeordnet. Doch dieser Weg des aktiven Verkaufs wird von Nichtbanken, vor allem von freien Finanzdienstleistern, gegenüber Kreditinstituten sehr gezielt eingesetzt und selbst von den Kunden voll akzeptiert. Er bietet erhebliche Potenziale für zusätzliches Geschäft. Und nicht zuletzt lässt sich das Rüberholen auch ganz solide bewerkstellen.

Unter dem Rüberholen verstehen wir zum einen, dass wir vor allen neuen Geschäftsabschlüssen das Zusammenfassen mit bestehenden Geschäften bei anderen Anbietern prüfen. Da der Anteil von Kunden mit Mehrfachbankverbindungen kontinuierlich wächst, steigt auch die Bedeutung des gezielten Rüberholens. Mehrere Geschäftskonten von Firmenkunden sind der Normalfall, mehrere Wertpapierdepots (auch bei Brokern und Direktanbietern) von Anlegern sind üblich, die private Autofinanzierung oder der Ratenkauf bei Möbel- oder Elektronikhändlern sind weit verbreitet und auch bei Privatkunden ist eine Doppelbankverbindung keine Seltenheit mehr.

Das Rüberholen zielt auf solche Fremdgeschäfte. Bevor ein neues Geschäft mit einem Kunden abgeschlossen wird, gilt es deshalb das potenzielle Abschlussvolumen zu erfassen, zu bewerten und möglichst zu vergrößern:

155 B: „… Bevor wir Ihre Anlage-/Finanzierungsbetrag endgültig fixieren, sollten wir noch prüfen, ob es nicht für Sie sinnvoll ist, Anlagen/Finanzierungen bei anderen Instituten mit dem heutigen Betrag zusammenzufassen …"

Und jetzt sollte die aktive Ansprache noch mit einem Vorteil für den Kunden ergänzt werden:

155 B: „… Ihre Anlagen werden dann für Sie überschaubarer. Außerdem muss Ihr Freistellungsauftrag nicht bei jeder neuen Geldanlage erneut angepasst werden."
oder
„… Sie haben dann nur noch einen Finanzierungsbetrag. Das ist für Sie viel übersichtlicher; Sie brauchen nur eine monatliche Finanzierungsrate zu begleichen, die wahrscheinlich sogar deutlich niedriger als Ihre addierten Einzeldaten ist."

Unter dem Rüberholen verstehen wir aber auch, dass bereits bestehende Geschäfte oder die logischen Folgegeschäfte von bestehenden Geschäften auf das eigene Kreditinstitut übertragen werden. Dabei werden auch Geschäfte bei Dritten vorzeitig beendet und/oder gekündigt. Unseriös ist dieses Vorgehen allerdings, wenn der Kunde dadurch kaum Vorteile, aber deutliche – finanzielle – Nachteile erleidet. Für eine langfristige gedeihliche Kundenbeziehung ist es absolut notwendig, dass beide Geschäftspartner einen Vorteil aus dem Rüberholen ziehen.

Bei einer Einsicht in die aktuelle Kontoführung Ihrer Kunden (zum Beispiel durch eine Umsatzabfrage) bieten sich Ihnen in aller Regel viele sehr offensichtliche Ansätze für das gezielte Rüberholen an. Beispielsweise

● bei einfachen Privatkunden regelmäßige Ratenzahlungen an Dritte für Anschaffungen wie das Auto und die gehobenen Güter des Konsums,
● bei vermögenderen Individualkunden Überträge auf oder Erträge von anderen Häusern oder
● beim mittelständischen Firmenkunden monatliche Leasingraten an Spezialanbieter.

Unter der Grundvoraussetzung, dass Sie diese Geschäfte auch gerne zusätzlich für Ihre Kunden abwickeln würden (Bonität des Kunden? – Kosten/Ertragsrelation?), ist die Initiative zum Rüberholen angebracht. Gehen Sie beim Rüberholen am besten schrittweise vor. Die Vorgehensweise für die drei oben erwähnten Ansätze kann dann so aussehen:

1. Schritt: Das Erkennen von chancenreichen Situationen

Konzentrieren Sie sich auf die Kunden, bei denen Sie von Fremdgeschäften wissen oder bei denen Sie Geschäfte mit anderen Anbietern vermuten. Sehen Sie sich deren Kontobewegungen genauer an. Suchen Sie gezielt nach erfolgversprechenden Ansätzen wie in unseren drei Beispielen: Privatkunde mit mehreren Finanzierungsraten, Individualkunde mit Geldabgängen oder Fremderträge und Firmenkunde mit Leasingraten an Dritte.

2. Schritt: Vorteilhaftes Angebot für den Kunden skizzieren

Bereiten Sie jeweils ein individuelles Alternativangebot für Ihre ausgewählten Kunden vor. Halten Sie vor allem die Vorteile des Rüberholens für jede Situation fest:

- Ihr Privatkunde fasst die Raten zusammen, hat alle Geschäfte bei einem Partner und reduziert nebenbei seine monatliche Leistungsrate.
- Der Individualkunde erhält aufgrund eines höheren Gesamtanlagebetrages einen besseren Zinssatz, erspart sich die Dispositionen bei mehreren Finanzpartnern und die Änderungen seines Freistellungsauftrages.
- Der Firmenkunde erfährt die Leistungsfähigkeit seines Kreditinstituts auch beim Leasing und wird bei seinem Lieferanten möglicherweise zum Barzahler mit erheblich besseren Chancen auf Rabatte.

3. Schritt: Kunden aktiv ansprechen

Jetzt sollen die Kunden für die verkäuferischen Ideen, das Rüberholen von den anderen Anbietern, gewonnen werden. Der Privatkunde kann mit

156 B: „… Ich habe einen Tipp für Sie, wie Sie Ihre Ratenzahlungen künftig zusammenfassen können und Sie zusätzlich die Raten noch deutlich verringern können."

vorteilsorientiert angesprochen werden. Bei dem Beispiels-Individualkunden bietet sich

157 B: „... Ich arbeite Ihnen gerne einen Vorschlag aus, wie Sie künftig Ihr Geld wesentlich bequemer anlegen können und damit Ihre Zinserträge noch steigern können."

an. Für den das Fremdleasing nutzenden Firmenkunden bietet sich eine ähnliche direkte Vorgehensweise an:

158 B: „... Ich habe Ihre Leasingraten an ... (Fremdinstitut) gesehen. Gerne zeige ich Ihnen, wie Sie künftig Leasing auch bei uns bequem nutzen können und vielleicht sogar richtig Geld bei Ihrem Lieferanten sparen können."

4. Schritt: Gemeinsames Verfahren absprechen (= das eigentliche Rüberholen)

Akzeptiert der jeweilige Kunde den Vorschlag, dann wird die weitere Vorgehensweise abgestimmt. Die optimale Lösung ist das prompte Rüberholen, ein großer Erfolg ist das Rüberholen nach dem Vertragsende der Fremdgeschäfte und ein kleiner Erfolg ist das Ausarbeiten eines Vergleichsangebots.

Verschaffen Sie sich rund um das Rüberholen ein gutes Gefühl. Ihre Initiative wird bei den meisten Kunden zumindest auf eine erste freundliche Reaktion treffen. Der Kunde fühlt sich aufgewertet, er spürt Ihr Interesse an weiteren Geschäften mit ihm. Viele Kunden sind auch dankbar, weil sie bisher nur begrenzte Informationen über das Leistungsangebot hatten (Typische Reaktion: „Ich wusste gar nicht, dass sie auch ... anbieten!").

Bei einigen Kunden werden durch die Initiative zum Rüberholen sehr offene Türen eingerannt. Der Kunde hat bereits eine große Wechselbereitschaft, doch von alleine wechseln Kunden eher selten. Er braucht – im übertragenen Sinne – einen „Schubs" von außen. Deshalb schafft die Initiative zum Rüberholen schnell den entscheidenden Anstoß.

Und noch eine Warnung: Wenn Ihre Wettbewerber schneller die Initiative zum Rüberholen ergreifen, dann laufen Sie Gefahr, dass Sie einzelne Geschäfte oder gar die komplette Kundenbeziehung verlieren! Damit gilt auch für die aktive Ansprache zum Rüberholen:

Der schnellere, der aktive Verkäufer macht das Geschäft!

6.8 Die Interessentendatei

Mit diesem und dem im nächsten Abschnitt folgenden Wegen des aktiven Verkaufens gehen wir den Schritt von der Intensivierung von Kundenbeziehungen hin zur Extensivierung, das heisst der Gewinnung von Neukunden: Zuerst als systematische und geplante Reaktion auf Nichtkundenanfragen und im folgenden Abschnitt des Buches als bewusste und geplante Aktion in Richtung Nichtkunden.

Sie erhalten über längere Zeiträume immer wieder, allerdings recht unregelmäßig, meist telefonische Anfragen, von Nichtkunden Ihres Kreditinstitutes. Die häufigsten Anfragewünsche beziehen sich auf aktuelle Zinsen, Preise und Konditionen nach dem Muster

159 K: „Was zahlen Sie zur Zeit ... (Geldanlagen)?"
oder
„Was verlagen Sie für ... (Baufinanzierungen)?"
sowie auch auf Dienstleistungspreise
„Wie teuer ist bei Ihnen ein XY-Konto?".

Nichtkunden, genauer Interessenten, muss Ihr Kreditinstitut bereits aufgefallen sein oder sie kennen es schon länger – sonst würden sie nicht bei Ihnen anfragen. Sie stehen dadurch Ihnen und Ihrem Arbeitgeber näher, als die große Zahl anonymer potenzieller Kunden. Außerdem können sie eine gewisse zeitliche Nähe zu einem konkreten Bedarf für eine Anlage, eine Finanzierung oder eine Dienstleistung bei den Anfragern unterstellen – sonst würde eine Anfrage kaum einen Sinn machen.

Nutzen Sie diese Ausgangssituation für das systematische aktive Verkaufen mit einer Interessentendatei. Orientieren Sie sich an der folgenden chronologischen Vorgehensweise:

1. Erstellen einer Interessentendatei

Bauen Sie sich ein Hilfsmittel für die Erfassung von Interessenten, das ist die eigentliche Interessentendatei, auf. Das kann eine sehr einfache Erfassungsliste (z. B. in Spaltenform) für handschriftliche Einträge oder eine althergebrachte Kartei, aber auch eine entsprechende computergestützte Datei sein.

Wichtiger als die äußere Form ist die Festlegung der zu erfassenden Daten. Hier einige Anregungen:

- Datum der Anfrage
- Vorname und Name des Interessenten
- Anfragethema möglichst mit Detailinformationen
- Erreichbarkeit: Adresse, Telefonnummer, Handy, Fax, E-Mail
- Gesprächstermin oder nächster Kontakt
- Veranlassungen oder Absprachen
- Abschluss des Kunden bei anderem Anbieter
- Künftige Betreuungsschritte

Testen Sie Ihre Interessentendatei einige Monate aus und überarbeiten Sie dann am besten Ihr Hilfsmittel.

2. Erfassen chancenreicher Interessenten

Füllen Sie die Interessentendatei mit Informationen aus den (telefonischen) Anfragen von Nichtkunden. Oft ist sofort klar, dass der Anfrager ein Nichtkunde ist. Manchmal nennt der Anfrager allerdings keinen Namen oder Sie sind über seinen Status einfach unsicher. Fragen Sie dann nicht nach der Kontonummer oder direkt „Sind Sie bereits Kunde?". Das wirkt eher verwaltungs- und innenorientiert.

Geeigneter sind offene Fragen nach dem bisherigen Betreuer oder der betreuenden Geschäftsstelle:

160 B: „Wer ist bisher Ihr Gesprächspartner in der ...-Bank?"
oder
„In welcher Geschäftsstelle sind Sie Kunde?"

Nichtkunden können keine Antworten geben und werden so schnell erkannt. Kunden können Sie nach den Antworten an deren Geschäftsstelle und deren zugeordneten Betreuer weiterleiten.

Haben Sie einen Interessenten als Nichtkunden identifiziert, danken sie am besten für seine Anfrage. Laden Sie ihn dann zu einem Gesprächstermin ein. Allerdings werden die meisten Anfrager den ersten Kontakt auf das Telefonat beschränken wollen. Die Terminquote mit anfragenden Nichtkunden ist leider äußerst gering.

Streben Sie dennoch nach möglichst umfassenden Informationen über die Interessenten (siehe Anregungen unter 1. = Einzelpunkte der Interessentendatei). Mit jeder zusätzlichen Angabe wird die Chance auf ein Erstgeschäft größer. Die Standardbegründung für Ihre Fragen kann

161 B: „Damit ich Sie über Veränderungen und neue Möglichkeiten schnell informieren kann, bitte ich Sie um einige Hinweise: Wie sind Sie (telefonisch) erreichbar? usw."

lauten. Oft hilft auch eine Begründung wie

162 B: „Ich schicke ihnen gerne nähere Informationen zu … . Bitte geben Sie mir deshalb Ihre Adresse …"

Erfassen Sie aus Effizienzgründen in Ihrer Interessentendatai vor allem die Anfrager, bei denen

- größere Einzelgeschäfte
  und/oder
- günstige Rahmenbedingungen (= Chancen auf einen späteren erfolgreichen Verkauf)

bestehen. Verzichten Sie bewusst auf die sehr „zugeknöpften" Anfrager, also Interessenten die Ihnen kaum oder ganz zögerlich weitere Informationen geben. Bei dieser Nichtkundengruppe ist das vermutliche Verhältnis von Zeitaufwand zu späteren Abschlüssen sehr ungünstig.

3. Interessentenbetreuung

Erreichen Sie bei Interessenten einen Gesprächstermin, haben Sie schon einen großen verkäuferischen Erfolg erzielt. Bleiben Sie dennoch realistisch: In aller Regel werden Sie vorerst nur als zusätzlicher Informant ausgenutzt und das anstehende Geschäft wird wahrscheinlich bei der bisherigen Hausbank getätigt.

Jetzt gilt es einen Betreuungsplan für den Interessenten auszuarbeiten, der das eindeutige Ziel „Neukundengewinnung" hat. Dazu ist es wichtig, Einzelheiten über den Fremd-Abschluss von dem Interessenten zu erfahren. Besonders wichtig ist dabei die Zeitachse: Vor allem die Dauer der Geldanlage oder der Kündigungs- sowie Zinsfestschreibungstermin.

Ein Anruf, einige Tage oder wenige Wochen nach dem ersten Kontakt ist der erste aktive Betreuungsimpuls gegenüber dem Interessenten. Einige Nichtkunden halten sich mit Informationen zurück; sie sind kaum bereit, Ihnen Näheres über ihren Abschluss zu berichten. Dann kann Ihnen noch eine vorteilsorientierte Begründung helfen:

163 B: „… Ich würde Ihnen gerne bei der Wiederanlage (oder: An-
schlussanlage, -finanzierung, usw.) ein Vergleichsangebot
unterbreiten. Deshalb bitte ich Sie heute noch um …"
oder
„… Ich würde Sie gerne künftig über Aktuelles und besonders
Interessantes rund um Geldangelegenheiten informieren.
Deshalb bitte ich Sie heute um …"

Erhalten Sie Konkretes vom Nichtkunden, dann sollte das von Ihnen bei
einem der nächsen Betreuungsschritte aufgegriffen werden. Beispielsweise:

164 B: „… Sie sagten mir vor einigen Wochen, dass Sie Ihren Anlagebetrag bis Dienstag nächster Woche festgelegt haben.
Gerne erstelle ich Ihnen ein individuelles Angebot für die Wiederanlage oder berate Sie auch umfassend zu anderen Geldangelegenheiten …"

Ansonsten kündigen Sie Ihr weiteres geplantes Vorgehen an und bitten
den Interessenten um Zustimmung:

165 B: „… Ich halte gerne weiter Kontakt zu Ihnen und komme bei einem besonders interessanten oder auch aktuellen Anlass
gerne wieder auf Sie zu. Sollten Sie Fragen zu Finanzangelegenheiten haben, bitte sprechen Sie mich an. Ich helfe
Ihnen selbstverständlich dabei. – Können wir so verbleiben?"

Denken Sie bei der Neukundengewinnung über die Interessentendatei an
die alte Regel

> „Steter Tropfen höhlt den Stein!"

und lassen Sie sich nicht vorschnell entmutigen. Mit nur ein oder zwei Be-
treuungsimpulsen werden Sie nur ganz selten einen neuen Kunden gewinnen können.

Doch irgendwo ist auch eine (wirtschaftliche) Grenze. Wenn Sie nach
fünf oder sechs Betreuungskontakten immer noch keine näheren Kontu-
ren für eine konkrete Chance auf ein erstes Geschäft sehen, sollten Sie
langsam zum geordneten Rückzug übergehen. Am besten drücken Sie
dem potenziellen Kunden Ihre Hoffnung auf eine künftige Zusammenarbeit aus, bieten noch einmal Ihre Beratung und die Kontaktmöglichkeiten

an und reduzieren die Nichtkunden-Betreuung auf – weniger aufwändige – schriftliche Kontakte.

6.9 Das Einholen von Empfehlungen

Dauerhaft reicht es für Kreditinstitute und deren Mitarbeiter nicht, sich nur auf die bestehenden Kunden zu konzentrieren. Im Zeitablauf gehen, gerade bei Häusern mit sehr hohen Marktanteilen, Kunden kontinuierlich verloren;

- Privatkunden werden älter und sterben,
- Firmen werden von Dritten übernommen, lösen sich auf oder gehen in die Insolvenz,
- Privat- und Firmenkunden wechseln mit einigen Geschäften zum Wettbewerb und gehen teilweise verloren,
- Kunden lösen aus unterschiedlichsten Gründen Ihre komplette Bankverbindung auf und gehen damit komplett verloren,
- Privatkunden wechseln den Arbeitgeber und/oder Wohnort, Firmenkunden verändern ihren Standort und suchen bald in der neuen Umgebung nach einem anderen Kreditinstitut.

Auf neue Kunden einfach nur zu warten, führt zu ganz unsicheren (wenn überhaupt!) neuen Geschäftsverbindungen. Deshalb ist gerade auch bei der Neukundengewinnung Ihre Initiative und Aktivität gefordert. Neben der klassischen Akquisition (Kalt-Akquise!) ist das Einholen von Kundenempfehlungen der bewährte und effiziente Weg zu neuen Kunden.

Eine Empfehlung besteht aus einer direkten Ansprache von Kunden. Sie enthält die Bitte nach einer Kontaktanbahnung zu Nichtkunden, vor allem zu Wunschkunden.

Was spricht für das gezielte Einholen von Empfehlungen?

- Sie verbreitern Ihren Kundenkreis,
- Sie streben gezielt nach neuen Kunden,
- Sie nutzen die Zufriedenheit von Kunden,
- Sie greifen auf bestehende Kontakte Ihrer Kunden zurück,
- Sie erhalten frühzeitig Informationen über Wunschkunden,
- Sie erhöhen die Kontaktchance über Ihre Kunden,
- Sie akquirieren mit relativ niedrigem Zeitaufwand und

- Sie werten nebenbei Ihre Kunden durch Ihre Bitten um Empfehlung persönlich auf.

6.9.1 Einzelne Schritte der Empfehlung

Spontane, rituelle und damit auch eher unüberlegte pauschale Aufforderungen, zum Beispiel der floskelhafte Standardsatz „Bitte empfehlen Sie mich (oder: uns, die Bank, usw.) weiter!" zum Ende eines Kundenkontaktes, sind sicher nicht der Erfolgsweg. Rund um Empfehlungen ist mehr Einfallsreichtum und auch Sensibilität gefordert.

Schritt 1: Wen nutze ich als Empfehlungsgeber?

Gehen Sie am besten von dem Gedanken aus, dass Ihre Kunden in aller Regel Kontakte zu Kunden mit ähnlichen Merkmalen haben:

- Junge Erwachsene kennen weitere junge Erwachsene,
- junge Familien haben mit anderen jungen Familien Kontakt,
- Wertpapierbesitzer kennen noch andere Wertpapierinteressenten oder -besitzer,
- Hausbauer oder -verkäufer haben weitere Immobilieninteressenten in ihrem Bekanntenkreis,
- Unternehmer haben in aller Regel mit weiteren Unternehmern Kontakt
- usw.

Folgen Sie konsequent diesem Erfahrungswert, dann sind Sie sehr schnell bei Ihren erfolgversprechenden Empfehlungsgebern. Sie konzentrieren sich vor allem auf Ihre „guten" Kunden. Sicher wünschen Sie sich zusätzliche gute Neukunden. Die Chance ist groß, dass Ihnen Ihre Kunden bei der Suche und der Kontaktanbahnung helfen können.

Schritt 2: Welchen Aufhänger nutze ich?

Greifen Sie alltägliche Situationen im Kundenkontakt auf. Sprechen Sie das Thema Neukundengewinnung ganz direkt an. Ein Großteil Ihrer Kunden hat für Ihren Wunsch Verständnis. Andere Kunden können oder wollen Ihnen nicht helfen. Bei einer negativen Reaktion scheidet der Empfehlungsgeber – zumindest in nächster Zeit – für Sie aus.

Als konkrete Anlässe haben sich der formelle Dank des Kunden, das Ende einer intensiven Zusammenarbeit, der Einblick in besondere Kundensituationen und die Visitenkarte besonders bewährt. Nähere Einzelheiten erfahren Sie dazu in den nächsten Abschnitten.

Schritt 3: Wie bitte ich um die Empfehlung?

Nutzen Sie die unterschiedlichen Anlässe und gehen Sie mit einer direkten Bitte in die Offensive:

166 B: „... Ich habe heute noch eine persönliche Bitte an Sie: Wenn Sie jemand in Ihrem Bekannten-, Freundes- oder Kollegenkreis (Firmenkunde: Geschäftspartner, Lieferanten oder Kunden) kennen, der ähnliche finanzielle Pläne hat, bitte geben Sie mir einen Hinweis. Ich freue mich über jeden neuen Kunden und helfe ihm gerne weiter ...“

Damit wird der Wunsch nach einer Empfehlung durch den Kunden klar ausgesprochen. Doch dies reicht nur in den seltensten Fällen zu einer erfolgreichen neuen Adresse.

Schritt 4: Wie geht es weiter?

Die erste Initiative muss noch verstärkt werden. Der angesprochene Kunde soll die Ernsthaftigkeit der Bitte sehr deutlich wahrnehmen. Beispielsweise:

167 B: „... Ich werde Sie in einigen Tagen noch einmal ansprechen. Sicher fällt Ihnen in der Zwischenzeit der eine oder andere Name ein. Ich würde mich wirklich sehr darüber freuen. ...“

Natürlich darf es nicht bei dieser pauschalen Ankündigung bleiben. Das angekündigte Nachfassen muss auch tatsächlich erfolgen.

Wenn Sie dann Neukunden-Empfehlungen durch Ihre Kunden erhalten haben, müssen sie noch das Thema Diskretion mit jedem Kunden als Empfehlungsgeber klären. Lassen Sie sich eine formelle Einwilligung, zum Beispiel durch eine direkte Frage, geben:

168 B: „Darf ich mich bei ... (empfohlene Person) auf Sie beziehen?“

Empfehlungen ohne Genehmigung des Kunden sind keine Empfehlungen, sondern Unverschämtheiten gegenüber dem Kunden und auch dem Wunschkunden.

Schritt 5: Was passiert nach der Empfehlung?

Die Empfehlungsadresse nutzen sie dann für die eigentliche aktive Neu-kundenansprache. Sie beziehen sich bei dem Wunschkunden auf den ge-meinsamen Bekannten und gehen die bewährten Stufen durch das klassi-sche Beratungs- und Verkaufsgespräch – immer auf der Suche nach einer ersten Geschäftsmöglichkeit.

Vergessen Sie in der Zwischenzeit aber nicht Ihren Empfehlungsgeber: Er wird sich sicher über

- eine kurze Rückmeldung, zum Beispiel „Danke für Ihre Hilfe!",
- Ihre Diskretion, zum Beispiel „Ihr Bekannter erfährt natürlich nichts über Ihre Bankgeschäfte so wie ich auch Ihnen gegenüber Vertraulich-keit bewahre" und
- eine kleine Aufmerksamkeit, zum Beispiel „Als Dank für Ihre Unter-stützung erhalten Sie …!"

freuen. Das „Dankeschön" sollte nicht in einer stattlichen Prämie oder ei-ner Vermittlerprovision bestehen, sondern eher eine Geste oder eine indi-viduelle Aufmerksamkeit (Eintrittskarte, ansprechender Stift usw.) sein.

6.9.2 Dank des Kunden und Empfehlungen

Vielen Mitarbeitern von Kreditinstituten fällt die Initiative zum Einholen von Empfehlungen sehr schwer. Doch ein häufiges Verhaltensmuster von Kunden kann ein willkommener „leichter" Anlass sein: Kunden bedan-ken sich sehr oft für eine gute Beratung, für Informationen oder die fach-liche Begleitung zu einer wichtigen finanziellen Entscheidung:

169 K zu B: „Frau …, vielen Dank für Ihre Informationen. Das hat alles prima geklappt."

Manche Banker reagieren auf solche klaren Dankesworte mit eher unü-berlegten spontanen Aussagen:

170 B zu K: „Keine Ursache!"
oder
„War doch selbstverständlich. Das ist doch meine Auf-gabe!"

Das klingt sehr routinemäßig, ja fast abwehrend und abwertend gegenüber dem Kunden. Und was viel wichtiger ist: eine Chanche für einen excellenten Empfehlungsaufhänger wird verpasst. – Die erfolgversprechende Alternative könnte lauten:

170 B zu K: „Das freut mich sehr, dass Sie zufrieden sind, Frau Meister. Ich habe Ihnen gerne dabei geholfen. – Heute habe ich auch eine Bitte an Sie: Wenn Sie jemanden in Ihrem Bekannten-, Freundes- oder Kollegenkreis (Firmenkunde: Geschäftspartner …) kennen, der ähnliche Pläne wie Sie hat, bitte geben Sie mir einen Hinweis. Ich helfe auch ihm gerne weiter …"

Den weiteren Weg kennen sie schon aus dem vorangegangenen Abschnitt. – Auch wenn diese Bitte um Empfehlungen anfangs schwer fällt, werden Sie schnell auf Verständnis bei Ihren Kunden stoßen. Zum Einstieg werden Sie nur den ganz besonderen Dank Ihrer angenehmsten Kunden nutzen, später werden Sie mit fortschreitendem Erfolg auch auf den tagtäglichen Dank weiterer Kunden zurückgreifen.

Übrigens: Viele (zufriedene) Kunden sind gerne hilfsbereit – sie müssen nur angesprochen und aktiviert werden. Einige Kunden sind sogar besonders stolz, wenn sie Ihnen neue Kunden aus ihrem Bekanntenkreis zuführen können.

Und der Aspekt der Bonität von Neukunden: Kunden sind meistens eine recht zuverlässige Auskunftei. „Gute" Kunden legen großen Wert darauf, dass sie Ihnen wirklich „gute" Kunden empfehlen. Sie haben selbst kein Interesse daran, durch „schlechte" Kunden in ein ungünstiges Licht zu geraten. Manchmal hören Sie sogar warnende Aussagen wie „Oh, lassen Sie bei dem … (Name) besser die Finger weg – das bringt Ihnen nur Ärger!". – Damit ist Ihr Wissen über Neukunden durch Empfehlungen fast immer erheblich besser, als über neue Kunden durch die Kaltaquisition.

6.9.3 Weitere Einstiege in Empfehlungen

Durch eine längere und intensivere Zusammenarbeit mit einem Kunden entsteht eine engere, sehr persönliche Bindung. Dennoch besteht ein erheblicher Widerstand, diesen gewachsenen Kontakt für die Anknüpfung weiterer Geschäftskontakte zu nutzen. Dieser innere Widerstand, die Scheu, offen um Unterstützung zu bitten, ist aus Kundensicht unbegründet.

Natürlich werden Kunden für das Einholen von Empfehlungen bevorzugt ausgewählt, mit denen ein besonders gutes Verhältnis besteht, die besonders gute Kontakte vermuten lassen oder mit denen einfach die „Chemie" stimmt. Sie haben mit einem solchen Kunden eine größere und intensivere Zusammenarbeit erfolgreich abgeschlossen: Ein privates Bauvorhaben wurde realisiert, eine bedeutende Erbschaft umgeschichtet und längerfristig angelegt, oder eine gewerbliche Existenzgründung wurde bis zu messbaren ersten Erfolgen begleitet. Jetzt ist es an der Zeit, bei diesen Kunden gezielt nach Empfehlungen zu fragen:

171 B: „Herr Schneider, wir haben jetzt ... erfolgreich abgeschlossen. In Ihrem Bekanntenkreis (Freundes-, Kollegen-, Geschäftspartnerkreis, usw.) kennen Sie sicher Personen, die mit großer Wahrscheinlichkeit an einer ähnlichen Zusammenarbeit interessiert sind. Bitte nennen Sie mir die eine oder andere Adresse, die dafür in Frage kommt ..."

Setzen Sie Ihren Kunden nicht unter Druck, aber fassen Sie einige Tage später nach. Nur so wird Ihr tatsächliches Interesse an Empfehlungen bekräftigt. Denken Sie daran, dass diese Vorgehensweise in anderen Branchen ganz selbstverständlich ist.

Im Alltag haben Sie immer wieder Einblicke in Kundensituationen und -beziehungen. Schon alleine der Zahlungsverkehr bietet eine Fülle von konkreten Anlässen und Aufhängern: hohe Ein- und Auszahlungen, Überweisungen, größere Scheckzahlungen und -einreichungen, Kunden- und Lieferantenbeziehungen usw. Weitere erfolgversprechende Informationen fallen bei allen Kontakten mit Kunden an; höchst ergiebig sind insbesondere Beratungen rund um Finanzierungsgeschäfte.

Wählen sie potenzielle Kunden (= Wunschkunden) aus. Dann suchen Sie innerhalb Ihres Kreditinstitutes nach Verbindungen und Ansatzpunkten. Nutzen Sie Ihre Kontakte zu bestehenden Kunden und gehen Sie in die Offensive:

172 B: „Frau Berger, Sie arbeiten eng mit der Irgendetwas GmbH in Irgendwo zusammen. Dieses Unternehmen würde ich gerne als neuen Kunden für die XY-Bank gewinnen. Darf ich mich auf Sie bei der Kontaktaufnahme beziehen?"

Und ergänzen Sie die Einholung der Empfehlung noch um eine wichtige Bitte:

172 B: „... Geben Sie mir bitte noch einen Hinweis, wie ich am besten Kontakt aufnehmen kann und wen ich am besten in der Irgendwas GmbH anspreche ..."

Sie werden sehr erstaunt sein, wie gut Ihnen nach einer direkten Ansprache bei der Neukundengewinnung von Ihren Kunden voller Engagement geholfen wird. Manchmal erhalten Sie schon erste Hinweise über einen aktuellen Leistungsbedarf, aber auch auf die Zuverlässigkeit und die Bonität von Wunschkunden.

Ein weiterer eleganter Einstieg zu Empfehlungen ist Ihre Visitenkarte. Legen Sie die Karte am besten offen auf Ihrem Beratungsplatz aus. Damit können Ihre Kontaktpersonen ohne jede Zurückhaltung und Scheu schnell zugreifen. Nutzen Sie dann Zugriffe auf Ihre Visitenkarte als Aufhänger:

173 B: „Bitte greifen sie zu, Herr König. Sie können gerne mehrere Visitenkarten von mir mitnehmen. Sicher kennen Sie gute Freunde oder auch Bekannte, denen Sie die Karte weitergeben können. Ich würde mich sehr freuen, wenn so der eine oder andere neue Kontakt entstehen würde ..."

Fragen Sie einige Zeit nach dieser allgemeinen Aufforderung bei Ihren „Visitenkartenkunden" nach:

● An wen wurden die Karten weitergegeben?
● Wie haben die Empfänger reagiert?
● Was hat sich daraus ergeben?
● Ist eine direkte Ansprache der Empfänger erwünscht?

Die Erfahrung belegt, dass rund jeder dritte Beratungskunde nach einer Visitenkarte greift. Bei nicht ausgelegten Karten würden die wenigsten Kunden danach fragen. Der Einstieg in die Empfehlungseinholung wird durch die Visitenkarte erheblich einfacher.

Hat ein neuer Kunde ein Erstgeschäft abgeschlossen, er eröffnet zum Beispiel ein Privat- oder Geschäftskonto bei Ihnen, ist der Einstieg in einen völlig neuen Kundenkreis möglich:

174 B: „… Mit diesem Konto haben Sie die Grundlage für fast alle Bank- und Geldgeschäfte gelegt. Sprechen Sie mich bei weiteren Fragen am besten jeweils direkt an. Ich gebe Ihnen gerne meine Visitenkarte und zwei, drei weitere. Wenn Sie Freunde, Kollegen oder Geschäftspartner haben, die an einer (weiteren, neuen usw.) Bankverbindung interessiert sind, können Sie so leicht den Kontakt zu mir herstellen. Ich würde mich sehr über den einen oder anderen Hinweis von Ihnen freuen …"

Selbst wenn der Neukunde anfangs abwehrt, bleibt ein sehr positiver Gesamteindruck haften. Sie zeigen nicht nur Interesse an der Kontoeröffnung, sondern signalisieren weiteres Interesse durch die Empfehlungsinitiative über die Visitenkarte.

Die wichtigsten Tipps aus Kapitel 6:

Tipp 196: Ergreifen Sie die Chance zum aktiven Verkaufen.

Tipp 197: Kombinieren Sie die verschiedenen Formen des aktiven Verkaufens mit reaktiven Verkaufssituationen.

Tipp 198: Bauen Sie den Zusatzverkauf in Ihre systematischen Verkaufsgespräche ein.

Tipp 199: Gewinnen Sie Ihre Kunden für zusätzliche Themen rund um Bank- und Geldgeschäfte.

Tipp 200: Nehmen Sie latent vorhandenen Bedarf Ihrer Kunden sensibel wahr.

Tipp 201: Binden Sie Ihre Kunden durch zusätzliche Geschäfte an Ihr Kreditinstitut.

Tipp 202: Machen Sie aus Ein-Produkt-Kunden oder Wenig-Produkt-Kunden sukzessive Viel- oder Alle-Produkte-Kunden.

Tipp 203: Seien Sie neugierig gegenüber Kunden.

Tipp 204: Fragen Sie sich immer wieder: Welche verkäuferische Chance steckt hinter der Aussage des Kunden?

Tipp 205: Gehen Sie bedarfs- und nicht produktorientiert beim Zusatzverkauf vor.

Tipp 206: Meiden Sie Initiativen zu Zusatzverkäufen ohne vorherige Zustimmung des Kunden.

Tipp 207: Bieten Sie konsequent logische Bedarfsergänzungen an.

Tipp 208: Erarbeiten Sie sich eine persönliche „Wenn-Dann-Liste" für Ihren Tätigkeitsbereich.

Tipp 209: Informieren Sie über das komplette Leistungsangebot Ihres Kreditinstituts.

Tipp 210: Initiieren Sie Zusatzverkäufe über Angebots- und Leistungsübersichten.

Tipp 211: Nehmen Sie bei der Bedarfsanalyse konkrete Zahlenangaben der Kunden nicht ganz so ernst.

Tipp 212: Streben Sie nach Mehrverkauf durch Aufrunden.

Tipp 213: Ersetzen sie schiefe Beträge und krumme Stückzahlen durch glatte Beträge und runde Zahlen.

Tipp 214: Erstellen Sie Beispielsrechnungen mit realistischen, aufgrundeten Beträgen und Stückzahlen.

Tipp 215: Pflegen Sie systematisch Kontakte zu Kunden.

Tipp 216: Sehen Sie ein Gespräch als ein Glied einer Gesprächskette.

Tipp 217: Suchen Sie die Zustimmung Ihrer Kunden zur weiteren Kontaktpflege.

Tipp 218: Sehen Sie die Ankündigung der Kontaktpflege als ein Leistungsversprechen gegenüber dem Kunden.

Tipp 219: Versprechen Sie nur die Kontaktpflege, die Sie auch sicher erbringen können.

Tipp 220: Pflegen Sie besonders nach bedeutenderen Geschäftsabschlüssen Kontakt zu Kunden.

Tipp 221: Informieren Sie sich über die Zufriedenheit Ihrer Kunden.

Tipp 222: Streben Sie mit der aktiven Kundenbetreuung konkrete Vereinbarungen mit Kunden an.

Tipp 223: Nutzen Sie die feste Kundenzuordnung für das aktive Verkaufen.

Tipp 224: Sehen Sie sich als zugeordneter Betreuer in der Rolle des finanziellen Coachs Ihrer Kunden.

Tipp 225: Sprechen Sie mit zugeordneten Kunden die Wege der Zusammenarbeit ab.

Tipp 226: Bitten Sie Ihre Kunden gezielt um Terminvereinbarungen.

Tipp 227: Streben Sie einen Mix der Betreuungswege an.

Tipp 228: Nutzen Sie wechselweise Einladungen, Telefonate, Gedrucktes und Jahres-/Grundsatzgespräche.

Tipp 229: Treffen Sie Entscheidungen über angemessene Betreuungsintervalle.

Tipp 230: Dokumentieren Sie die Betreuungsabsprache extern und intern.

Tipp 231: Suchen Sie die Akzeptanz Ihrer Kunden für die aktive Kundenbetreuung.

Tipp 232: Informieren Sie Kunden über Ihre Erreichbarkeit.

Tipp 233: Ermitteln Sie den künftigen Bedarf Ihrer Kunden.

Tipp 234: Zeigen Sie Ihre Neugierde am künftigen Bedarf.

Tipp 235: Orientieren Sie sich künftig an den zentralen Zielen und Absichten Ihrer Kunden.

Tipp 236: Kündigen Sie künftig Geschäfte vorzeitig an.

Tipp 237: Bitten Sie bei Terminabsprachen um zusätzliche Zeit für ein weiteres wichtiges Thema.

Tipp 238: Denken Sie daran, aktives Verkaufen wertet Ihre Kunden auf.

Tipp 239: Holen Sie Geschäfte von anderen Anbietern zu Ihrem Kreditinstitut rüber.

Tipp 240: Fassen Sie ähnliche Geschäfte bei unterschiedlichen Anbietern mit Vorteilen für den Kunden zusammen.

Tipp 241: Denken Sie daran: Der schnellere und aktive Verkäufer macht das Geschäft!

Tipp 242 Bauen Sie sich eine Interessentendatei auf.

Tipp 243: Erstellen Sie einen Betreuungsplan für die Interessenten.

Tipp 244: Nutzen Sie Empfehlungen für die Neukundengewinnung.

Tipp 245: Sprechen Sie bevorzugt „gute" Kunden als Empfehlungsgeber an.

Tipp 246: Kündigen Sie den Empfehlungsgebern einen erneuten Kontakt an.

Tipp 247: Nutzen Sie besonders den Dank von Kunden als Einstieg in eine Empfehlungsstrategie.

Tipp 248: Greifen Sie den Einblick in Kundenbeziehungen auf.

Tipp 249: Informieren Sie Empfehlungsgeber über Ihr diskretes Verhalten und bedanken Sie sich für die Hilfe.

Tipp 250: Nutzen Sie die Anregungen dieses Buches.

Literaturhinweise

Geyer, Günther: Verkaufen von A bis Z – Tipps und Ideen zum Verkaufserfolg, Sparkassen Verlag Stuttgart, 2. Auflage 1999

Geyer, Günther: Preise und Konditionen erfolgreich verkaufen – Das Preis- und Konditionengespräch bei Kreditinstituten, Sparkassen Verlag Stuttgart, 2. Auflage 1999

Geyer, Günther: Kredite aktiv verkaufen – Kunden erfolgreich gewinnen und betreuen, Gabler Verlag Wiesbaden, 2. Auflage 1995

Geyer, Günther: Telefontraining in Banken – Finanzdienstleistungen erfolgreich verkaufen, Gabler Verlag Wiesbaden, 4. Auflage 2003

Geyer/Ronzal: Führen und Verkaufen – Mehr Erfolg im Filialgeschäft von Banken und Sparkassen, Gabler Verlag Wiesbaden, 2002

Geyer/Ronzal: Erfolgreicher Führen und Verkaufen in der Zweigstelle – Monatliche Praxistipps für Kreditinstitute, Nafa-Verlag Nürnberg

Sie erhalten alle Publikationen im Fachbuchhandel oder direkt beim Autor (info@geyer-training.de)

Autor

Dipl.-Kfm. Günther Geyer, Jahrgang 1951, ist selbständiger Management-
und Verkaufstrainer sowie Unternehmensberater in Bensheim/Bergstraße.

Nach dem Studium sammelte er Erfahrungen im Wertpapier- und im Kre-
ditgeschäft einer überregionalen Geschäftsbank. Über eine erfolgreiche
Marketingarbeit wurde er Weiterbildungsleiter in der Kreditwirtschaft.
Seit 1980 arbeitet er freiberuflich.

Heute gehört er zu den führenden Trainern im deutschsprachigen Raum.
Er betreut vor allem Kreditinstitute und Verbände der Kreditwirtschaft
von Hamburg über Frankfurt und Zürich bis nach Wien. Sein Leistungsangebot reicht von vertriebsorientierten Führungstrainings über alle Formen des Verkaufstrainings und Vertriebs-Coaching bis hin zu Projektar-
beiten sowie Beratungen. Günther Geyer ist gern gesehener Redner bei
Kongressen für Bankmitarbeiter. Seine Fachbücher sind zu Standardwer-
ken zum Führen und Verkaufen bei Kreditinstituten geworden.

Seit Oktober 1986 bildet er mit Wolfgang Ronzal die Redaktion für den
monatlichen Praxisdienst „Erfolgreicher Führen und Verkaufen in der
Zweigstelle – für Filial-, Geschäftsstellen- und Zweigstellenleiter von
Banken und Sparkassen".

Günther Geyer hat über 30.000 Bank- und Sparkassenmitarbeiter aus über
200 Kreditinstituten in den letzten Jahren trainiert. Als Leser dieses Buches können Sie bei ihm die Broschüre „Angebote zur Zusammenarbeit:
Erfolgreiches Führen und Verkaufen in Kreditinstituten" kostenlos anfor-
dern (Fax: 0 62 51/6 73 92 oder www.geyer-training.de) oder die oben genannten Bücher bestellen.

Stichwortverzeichnis

Weitere Bücher von Günther Geyer

Günther Geyer

Telefontraining in Banken
Finanzdienstleistungen erfolgreich verkaufen

Aktive Kundenansprache am Telefon muss gelernt werden. Dieses Buch zeigt, welche Techniken zum Erfolg führen. Ein unentbehrlicher Ratgeber für Anlageberater und Kundenbetreuer in Banken und Sparkassen.

4. Aufl. 2003, 200 S., geb., € 39,90
ISBN 3-409-49639-4

Wolfgang Ronzal / Günther Geyer

Führen und Verkaufen
Mehr Erfolg im Filialgeschäft von Banken und Sparkassen

150 Tipps zum Führen und Verkaufen in der Bankfiliale – Ideensammlung, Nachschlagewerk und Gesprächsleitfaden.

2002, 322 S.; geb., € 49,00
ISBN 3-409-11892-6

Änderungen vorbehalten. Stand: Februar 2003

Gabler Verlag Abraham-Lincoln-Str. 46, 65189 Wiesbaden, www.gabler.de

GABLER